# 江苏省建筑业高质量发展调研报告（2023）

《江苏省建筑业高质量发展调研报告（2023）》编委会　编

中国建筑工业出版社

图书在版编目（CIP）数据

江苏省建筑业高质量发展调研报告. 2023 /《江苏省建筑业高质量发展调研报告（2023）》编委会编. —北京：中国建筑工业出版社，2024.5
ISBN 978-7-112-29848-8

Ⅰ. ①江…　Ⅱ. ①江…　Ⅲ. ①建筑业—经济发展—调查报告—江苏—2023　Ⅳ. ① F426.9

中国国家版本馆 CIP 数据核字（2024）第 094488 号

责任编辑：杨　允　李静伟
责任校对：姜小莲

江苏省建筑业高质量发展调研报告（2023）

《江苏省建筑业高质量发展调研报告（2023）》编委会　编
*
中国建筑工业出版社出版、发行（北京海淀三里河路9号）
各地新华书店、建筑书店经销
北京建筑工业印刷有限公司制版
天津安泰印刷有限公司印刷
*
开本：787 毫米×1092 毫米　1/16　印张：17¼　字数：256 千字
2024 年 7 月第一版　　2024 年 7 月第一次印刷
定价：**78.00 元**
ISBN 978-7-112-29848-8
（42822）

# 《江苏省建筑业高质量发展调研报告（2023）》
# 编写委员会

主　编：张宁宁

副主编：纪　迅　于国家　成际贵　蔡　杰　任　仲

编　委：王静平　赵铁松　伏祥乾　孙振意　谢　伟

　　　　田　浩　胡　宇

# 前　言

2023 年，江苏省建筑业坚持以习近平新时代中国特色社会主义思想为指导，全面贯彻新发展理念，持续推动建筑业产业结构优化，促进建筑业企业做优做强，推进建筑业工业化、数字化、绿色化发展，建筑业主要经济指标继续保持全国领先，为建设"强富美高"新江苏、推进中国式现代化江苏新实践作出了积极贡献。

调查研究是谋事之基、成事之道，是做好各项工作的基本要求。2023年，为深入学习贯彻习近平总书记关于调查研究重要论述和党中央关于大兴调查研究重要部署，根据江苏省委以及省住建厅党组关于大兴调查研究的工作要求，我会驻会负责人、副会长单位开展了"走进建筑工人、走进建筑工地、走进建筑企业"专题调研活动。调研历经四个多月，采取问计于群众、问计于实践，形成了一系列调研成果。这些调研成果不仅有反映企业转型升级、智能建造、装配式产能等热点情况，还有集中反映民营建筑企业生存发展现状、政府平台拖欠工程款等难点问题的调查；不仅有反映我省建筑业高质量发展的新情况、新经验，还有反映行业诉求、解决难题的新建议。我们根据专家评审意见，将 20 篇优秀成果汇编成册，集中展示给大家。同时，还将我会连续六年在会员单位中广泛开展高质量发展的调研成果和典型案例一并汇编。

集思广益建真言，汇聚众智促发展。本书汇编的每一篇成果，都倾注着撰写人员的心血和智慧。在此，省建筑行业协会向他们一并表示感谢！并希望这些调研成果和典型案例能够为政府部门、行业和企业提供有益参考，为促进全省建筑业高质量发展发挥积极作用。

由于时间仓促，难免有不妥及未尽之处，诚请广大读者批评指正。

江苏省建筑行业协会

2024 年 4 月

# 目　录

调研报告

# 破除藩篱 守正创新 重新激发民营建筑企业活力

## ——关于江苏省民营建筑企业求生存求发展的调研报告

于国家 周文辉 伏祥乾 宋海龙

根据《关于开展"走进建筑工人、走进建筑工地、走进建筑企业"专题调研的通知》（苏建协〔2023〕16号）精神，江苏省建筑行业协会立项了"民营建筑企业如何求生存求发展"的调研课题，组建了专题调研班子。调研组通过问卷调查、企业访谈、召开座谈会等多种方式，对我省民营建筑企业当前生存发展现状进行了深入了解，对美日等发达国家建筑业发展历程和规律作了深入研究。同时，通过召开座谈会和问卷调查，调研组问计于民营建筑企业家，听取破解民营建筑企业生存发展的良策，在此基础上，调研组研究撰写了以下报告。

## 一、课题调研背景

江苏建筑业2022年完成总产值4.38万亿元，占全国比重13.0%，产值规模继续保持全国第一。实现建筑业增加值7377.8亿元，连续16年保持在全省GDP的6%左右。建筑业上缴税金1133.4亿元，年末从业人员895.5万人，人均劳动报酬达71941元，是我省名副其实的支柱产业、优势产业、富民产业。支撑起江苏建筑业的强大基础和主体力量的是省内民营建筑企业。因为我省超过99.9%的建筑企业是民营建筑企业，是他们的大发展托起了江苏建筑业的辉煌成就。但近年来，随着八大央企以及外省市有关大型国企进入，市场竞争进一步加剧，不少民营建筑企业开始出现断崖式下跌。如何破解民营建筑企业的生存发展难题是摆在江苏建筑业面前的一道重大课题。

2023 年 7 月 14 日发布的《中共中央 国务院关于促进民营经济发展壮大的意见》从持续优化民营经济发展环境、加大对民营经济政策支持力度、强化民营经济发展法治保障、推动民营经济高质量发展、促进民营经济人士健康成长、营造关心促进民营经济发展壮大社会氛围六个方面部署了任务，既有"民营经济是推进中国式现代化的生力军"等新提法，也有不少回应民企"要账难""融资难""公平竞争""平等法治保护""政策不连续、不稳定"等关切的新举措。7 月 28 日，国家发展改革委等部门又提出了关于促进民营经济发展的 28 条举措，并明确了责任单位。这些支持民营经济的新动向、新政策从一定程度上提振了民营企业信心。本调研课题的目的是深入剖析我省民营建筑企业的发展难题，探索新形势下生存发展的有效路径，稳固江苏建筑业全国第一的地位，为全省经济社会发展"争当表率、争做示范、走在前列"担起责任，为谱写"强富美高"江苏现代化建设新篇章建新功、做贡献。

## 二、当前我省民营建筑企业的生存发展现状及原因剖析

围绕当前民营建筑企业关心的问题，调研组专门设计了调查问卷，问卷包括企业基本情况、生产管理情况、市场营销情况、发展战略及相关措施、需求及发展建议 5 大方面、28 个题目。截至 2023 年 8 月 10 日，调研组收到问卷反馈 119 份，覆盖了 13 个设区市，受调研企业既有总承包企业，也有专业承包企业，主营业务包括了房建、市政、公路、安装、装修等。从调查问卷反馈情况来看，我省民营建筑企业生存发展现状如下：

**1. 产值规模下滑明显。** 从问卷情况来看，仅有不足 5% 的企业反馈生产经营状况良好，保持平稳增长，这些企业都是省里的龙头建筑。受调研企业中超过 80% 的企业产值规模下滑明显，近 40% 的企业下滑幅度达到了 50% 及以上。从受调研企业填报数据来看，今年上半年完成产值情况与 2022 年同期相比，情况更加不理想，60% 的企业生产经营实现情况是往年同期的 30%～50%，不少企业今年上半年新签合同额仅为 2022 年度的 20%。

**2. 生产经营举步维艰。**根据调查问卷反馈，受到建设单位拖欠工程款、项目材料成本上涨、法律诉讼案件增多、税费负担过重、环保检查约束等多重因素影响，大批民营建筑企业出现生产经营困难情形。不少民营建筑企业因为建设单位拖欠工程款数额巨大，建设单位短时间内无法兑付工程款，导致建筑企业无力支付下游分包商、材料商相关款项，这些企业应诉案件急剧增加，企业账户被冻结、财产被保全，正常生产经营深受影响。

**3. 市场开拓困难重重。**一是在市场招标投标中，建设单位设置的准入门槛过高，比如要求具备一定的资质等级、工程业绩、注册资本金、获奖工程等，有的地方甚至让建筑企业办理地方信用报告，这些隐性壁垒排斥了大部分民营企业参与。二是央企国企凭借自身独特的资金优势，在投标报价上采取低价竞争手段抢占市场，比如市场竞争项目，央企国企在标底基础上平均下浮达到 15%，高的甚至达 25%，这样的中标价正常情况下无法盈利。三是今年上半年市场项目大幅缩减。在调研中，南京市六合区建筑企业反馈，今年上半年整个六合区新开的政府投资项目共 6.1 亿元。多地政府平台因为自身资金状况不佳，甚至要求建筑企业投资拍地，然后政府给配套一些政府项目。大部分民营建筑企业今年新签合同出现断崖式下跌，甚至各地都有大批建筑企业上半年没有一个新签项目。

**4. 流动资金非常紧张。**受调研企业普遍反馈应收账款压力巨大。各地都有不少建筑企业因为房地产商"爆雷"造成大量工程款拖欠。政府要求建筑企业"保交楼"，并且实行"挂旧账、记新账"，这也直接导致前期开发商拖欠的工程款回收更加困难。80% 的企业反馈政府项目拖欠工程款超过房地产商拖欠工程款，如某交通工程公司近年来年度营业收入均在 10 亿多元，但企业总应收账款高达 46 亿元，且拖欠款均为政府项目。这么大的应收账款给建筑企业造成的资金压力可想而知。对于政府项目拖欠工程款，没有多少民营建筑企业会和政府"撕破脸皮"，通过法律程序保护自身权益。一旦企业资金链断裂，企业何以生存？

**5. 企业融资需求很大。**根据调查问卷反馈，民营建筑企业采取的融资方式主要有银行贷款、内部集资、票据融资等，银行贷款期限多为一年期，少部分企业贷款年化利率为3%～4%，大部分企业贷款年化利率为5%～6%，这个利率远高于央企和国企的融资利率。而且民营建筑企业通过银行融资，往往都被要求提供抵押物，民营建筑企业基本上都是轻资产的，能拿到的融资额更是"杯水车薪"，与企业实际需求差距太大。民营建筑企业融资难、融资贵的顽疾在实际中始终没有得到有效解决。

**6. 企业发展意愿强烈。** 尽管面对种种显性、隐性的不公平市场待遇，民营建筑企业家们虽然有焦虑、信心受挫，但普遍还是展示出了对未来发展的强烈意愿，他们想继续把企业经营好，想方设法留住企业骨干，尽最大努力承担社会责任。有些企业通过寻求差异化发展成效初显，有些企业积极寻求与央企、国企合作，以分包业务填补业务下滑空间，有些企业持续优化企业内部体制机制，不断适应市场环境。

工程项目是建筑企业赖以生存和发展的基础，资金是建筑企业的生命线。调研组认真剖析了民营建筑企业生存发展遇到的突出问题，发现大批民营建筑企业不能很好解决市场和资金这两大问题，才导致企业生存发展受到严重影响。而导致民营建筑企业这两个方面受到掣肘的主要原因有三点。

**一是不完善的市场竞争环境。** 很大一部分项目招标设置过高壁垒，例如：主营业务收入排序入围，设置注册资本要求，设置鲁班奖、国优奖加分等。此外，招标投标评分体系中，信用分值太少，技术方案分值太高，评标专家的个人主观因素太重，由此带来的评标专家腐败问题已成为"行业毒瘤"，评标结果的公正性难以保证。

**二是大量的拖欠工程款。** 国家对农民工的工资是有保障的，不允许拖欠。但是建筑企业的工程款拖欠却是行业普遍现象。拖欠工程款的建设单位主要有两大类：第一类是政府及其投资平台，第二类是房地产开发商。值得关注的是，全国各地的平台公司拖欠工程款总额或许远超过房地产开发商的拖欠工程款总额。在去杠杆、降负债，银行贷款收紧之后，政府及政府投资平台流动性受到严重影响，前期建筑企业垫付的资金无法支付。新项目又因资金短缺暂缓开工。今年新开工项目大幅下滑，这一情况可以从上游的设计院没有业务而大量裁员得到印证。拖欠理由无非是未完工、未审计决算等。对于"爆雷"的房地产商，建筑企业一方面拿不到工程款，另一方面还要承担"保交楼"任务。对于资金状况好一点的地产商，工程款也存在拖欠，他们担心付给建筑企业以后，建筑企业拿去其他项目救急。拖欠工程款已经成为影响建筑行业健康发展的最大问题。

**三是企业融资难融资贵。** 虽然政府鼓励银行加强与民营建筑企业的金融合作，在金融贷款方面给予支持，但实际上大部分银行反映没有具体的落地细则。民营建筑企业在办理信贷业务时，没有和央企、国企一样受到同等对待，往往贷款设置一些非必要障碍条件，而且审批流程长、贷款额度低、贷款利率高。银行出于风险考虑，往往"嫌贫爱富"，有融资需求的企业融不到资，没有融资需求现金流好的企业，银行又求着企业贷款。

## 三、国外发达国家建筑业发展的周期性启示

据美国著名杂志《工程新闻纪录》（ENR）数据，全球建筑业大国有中国、美国、日本、德国、法国等。欧美和日本等地区的建筑业发展都早于中国，课题组认真分析他们的建筑业发展周期，希望能对我国建筑业发展有所启示。

日本建筑业是其重要经济支柱产业之一。1960—1974 年是日本建筑业快速发展期，年复合增长率达到 20.32%。1975—1990 年日本建筑业进入稳步增长期，年复合增长率 5.85%。1991—2010 年日本房地产泡沫破裂，陷入失落的 20 年，经济低迷、不良高企、居民财富缩水、长期通缩，建筑业进入寒冬期，大量建筑企业破产。2011 年之后日本建筑业受三重利好叠加开始进入复苏期。2011 年日本大地震后，基建修缮、房屋住宅重建需求加大，2012 年"安倍经济学"政策刺激（即积极的金融政策、灵活的财政政策、促进并发展民间投资），2013 年东京申奥成功，公共道路、体

育场馆等其他基建项目需求增多。近年来日本建筑业年复合增长率保持2.5%左右。目前日本有56万家从事建筑业的企业，其中大型建筑企业很少，5000人以上规模的企业15家左右，主要有鹿岛建设、大成建设、清水建设、大林组、竹中公务店等，且都具有百年发展历史。98.9%是中小型建筑企业，他们大多作为大中型建筑企业的分包商，提供专业的劳务服务。

建筑业是美国最大的工业，是美国经济的支柱产业。因为美国是一个新兴国家，其建筑业发展较早，18世纪就开始了城市发展和基础设施建设。在20世纪20年代之前，美国各个州都有家族式的建筑商，负责道路、桥梁、铁路的建设。我们单看美国近一百年建筑业发展历史，大致有以下几个阶段：20世纪30年代至40年代，美国建筑业开始迅速扩张，水电站、大坝、悬索桥等工程让建筑业迅速扩展。第二次世界大战之后，美国建筑商在世界各地修建空军基地、道路桥梁、码头港口等设施，在加勒比海、南太平洋、阿留申群岛、北非、欧洲等地承接大批海外工程；20世纪50年代至70年代，美国进入后工业化时代，城际高速公路项目、核电站、高层建筑、公共建筑和居民住宅建设全面开花，这期间大型建筑商逐步转型具备"设计＋施工"能力；20世纪80年代，大量的工业项目开始兴建，美国建筑业出现了新趋势，大型建筑公司变为公众上市公司，建筑业更加注重效率、效益。进入21世纪，2001—2008年美国房地产泡沫和次贷危机，使建筑业陷入低潮期。但由于美国开放的移民政策、健康的人口年龄结构、富有弹性和活力的市场经济与创新机制，建筑业快速走出了低谷，并且更加注重绿色建筑、技术创新和数字化转型。据有关数据查询，2022年全美建筑企业达73万多家。与日本情况基本相同的是美国大型建筑企业也非常少，1万人以上规模的建筑企业仅70家左右，1000人以上企业400多家，99%的建筑企业在100人以下，其中大部分是班组型小微企业。美国大型建筑企业集团通常规模庞大、业务范围广泛，如 Gensler、Perkins and Will、HDR、Jacobs、AECOM 等美国头部建筑集团，大多具有投资、设计、项目管理和咨询等综合能力，但主营方向略有不同、各有优势。美国中型建筑企业通常是一些专业化企业，如建筑设计公司、工程咨询公司、施工管理公司等，他们通常专注于特定的领域或专业技术，为大型建筑集团提供高水平的专业服务，与建筑师、工程师和业主等合作，确保项目的顺利进行。美国小微型建筑企业通常是班组型的劳务企业，他们通常专注于特定的地区或特定领域的施工，专门为工程项目提供劳务服务，具有较强的灵活性和快速响应能力，能够满足客户的个性化需求。

美、日两国的建筑业发展基本都经历了一个从兴起、蓬勃、衰败、恢复的周期性过程，最终都形成了相对稳定的"金字塔"式产业结构，塔尖少量的大型跨国企业集团，塔身众多专业化公司，塔基几十万家班组型小微劳务企业。金字塔式产业结构的显著特点就是：塔基的小型企业最多，一般在95%～99%。塔身的中型企业很少，一般在1%～5%。塔尖的大型企业则只占0.1%～0.5%。这样的产业生态，分工明确、互补发展、和谐共生。

## 四、我省民营建筑企业发展展望及有关建议

过去四十年随着国家经济高速发展，受益于基础设施投资和城镇化的强力拉动，我省建筑业得到了爆发式高速增长。这期间，由于建筑行业门槛低，从业者良莠不齐，使得建筑业鱼龙混杂，滋生了很多行业乱象。即使行业内不断出台各种政策规定，但很多突出性问题却难以得到根治。当前，房地产进入存量时代，传统房屋建筑向基础设施转移。对于房建占比较大的江苏建筑业来说，转型没有那么容易，面临的困难和问题都是空前的。对比美、日两国建筑业发展规律和特点，分析我国建筑业发展形势，调研组认为我国建筑业也到了低潮期，建筑市场已经供大于求，尤其是总承包企业"万企一面"、严重过剩。未来几年，可能会有超过大半建筑企业将因为不适应新的发展形势和环境，在大浪淘沙、重新洗牌中被市场淘汰。也有极少数的企业由于较早转型升级，在市场竞争中能占据一席之地，在新一轮市场洗牌中能脱颖而出。对于大多数中小型建筑企业来说，

如果没有过硬的专业优势和施工特点，都会面临着破产倒闭或者被兼并重组。

不管是欧美还是日本，经济发展周期和规律基本一致，建筑业发展也是随着国家经济兴衰表现出一定的周期性。当前，世界正在经历百年未有之大变局，国内外发展环境都经历着深刻变化。随着国家经济结构转型，建筑业发展进入转型新阶段。建筑业的困难形势还将持续一段时间。基于这一点，调研组对我国建筑业未来发展有一个初步判断和展望：随着行业的周期性变化，建筑业将进一步分化，产业集中度将进一步提高，最终经过市场调节，也将形成"金字塔"式产业结构。目前大量的中小型总承包建筑企业会越来越少，原因何在？大型总承包企业拿到项目后，会选择专业分包和劳务分包，随着专业分工越来越细，产业结构的扁平化、企业组织的扁平化、业务链条的扁平化是未来必然的方向，所以，塔尖将分化出数十家、几十家超大型建筑企业，主要从事工程"投资＋设计＋施工＋咨询＋运维"的全产业链业务；塔身将分化出成千上万家专业公司，从事建筑业特定领域、特定专业的专业化设计、施工、咨询或者管理工作；塔基将形成几十万家专业施工队伍，在特定区域专门从事特定施工专业的劳务作业。

调研组认真研究调查问卷和座谈会上企业家们反馈的意见建议，认为全省建筑行业需要大力破除影响公平竞争的藩篱，激励民营建筑企业守正创新，重新激发发展活力，具体建议如下：

**（一）政府层面：破除藩篱，搭建平台，为民营建筑企业发展营造良好市场环境**

**1. 建议从政策举措和制度保障上为民营企业发展破除藩篱。**各地需要结合地方实际制定和细化具体实施方案，确定工作目标和时间进度安排，真正打破阻隔之"门"，架起畅通之"桥"，用好有形之"手"，让民营企业和央企、国企享受平等的市场主体待遇。具体建议：在"盘活存量资产回收资金"方面，出台帮扶政策，对民企低效闲置资产进行依法依规合理调整规划用途和开发强度，或指导促进产权交易；在"完善融资支持政策制度"方面，建议设立建筑行业专项授信，对本地区暂时资金困难的优强诚信企业采取"一企一策"，缓解企业资金压力。支持出台中标项目应收账款质押贷款等符合行业实际的信贷政策；在"完善拖欠账款常态化预防和清理机制"方面，建议政府从法律上规定"双担保制度"，在要求施工企业给业主提供合同履约担保的同时，也要求业主必须给施工企业对等提供按合同付款、结算履约担保；建议从制度层面立法明确，必须完成质量验收合格和结算审计才可以进行竣工验收备案。这样既能倒逼建筑企业加强项目管理，又能有效防止业主因资金等原因拖延结算、付款。建议全国性的信用管理体系，将所有建设单位纳入其中，加强对建设单位履约情况及工程款支付的监督和管理；在"完善监管执法体系"方面，建议进一步完善统一政府部门对工程项目实施过程中各项监管的政策法规及标准规范，提高监管执法简约性。加强对市场监管和执法的公正性和透明度，打击不正当竞争行为，维护市场秩序，保护企业合法权益；希望进一步优化市场竞争营商环境，在市场准入上真正做到一视同仁，这个现象不扭转、问题不解决，民营企业的正常权益便无法保障。

**2. 建议地方政府拿出支持民营企业发展的实质举措**。调研中，企业普遍反映我省的开放市场与外省的保护市场形成鲜明对比，对我省建筑企业是极其不公平的。本土建筑企业在税收贡献、人才吸引、劳动力就业、应急抢险和社会公益事业等方面作了积极贡献，各地应该大力扶持本土建筑企业发展。**一是**建议借鉴南京、苏州、南通三市地方企业参与城市轨道交通试点的成功经验，继续鼓励支持地方民营企业与央企加强横向联合，扶持民营建筑企业参与市域范围内的重大基础设施项目，有针对性、有目标性地扶持未来能成为塔尖、塔身的企业。二是在城镇老旧小区改造、城中村改造项目方面，有针对性地扶持一批管理规范、诚信经营的本土民营建筑企业与央企组成联合体，参与项目投标，并约定好联合体双方施工比例。三是对于各地市政府年度投资项目计划，建议出台硬性规定，明确由本地民营企业完成的项目不得少于一定比例，并将之作为政府考核内容。

**四是**地方政府应鼓励地方龙头民营建筑企业采取"投资＋施工"方式参与一些重大、重点项目，并在政策方面给予大力支持。

**3. 建议行业主管部门牵头搭建各类交流合作平台，为民营企业发展创造良好条件。**一是牵头搭建民营建筑企业与进苏央企建立合作机制，或者组成联合体的形式进行市场投标，让央企带着民营建筑企业共同发展，加快转型升级。依托央企、国企强大的国际工程承包优势，借船出海，推动省内民营建筑企业"走出去"。二是牵头搭建银企交流平台，引导金融机构加大信贷投放力度，降低担保、抵押等融资门槛，为民营企业融资提供便利措施。建议地方住建部门与地方银行做好沟通，为当地建筑企业及从业人员在开立单位账户（含结算账户、农民工工资专用账户及公积金账户等）、存款贷款、代理缴费、代发工资、理财等方面提供一揽子金融便利服务。

**4. 建议行业主管部门专题研究招标投标市场现状，完善招标投标办法和评分体系。**针对企业反映的招标投标市场乱象和潜规则，建议主管部门成立专班加强调研，详细了解招标投标市场的情况，进一步修改完善当前的招标投标制度和规则，从根本上规范招标投标市场，维护工程建设领域的公平公正。建议提升信用分在评标体系中的分值，让诚实守信企业得到市场认可。对于没有特殊施工技术要求的工程取消技术方案，对于"高、大、难、特"项目，需要保留技术方案的，建议调低分值，减少人为不公正因素，杜绝评标专家腐败。

此外，期待省政府尽快出台支持全省建筑业发展的政策意见，推动我省建筑业高质量发展。

### （二）企业层面：瞄准定位，守正创新，在与央企、国企的融合发展中做精做强

建筑业正面临前所未有的深刻变革，行业分化和洗牌正在加剧。没有衰落的行业，只有衰落的企业。需要清醒地认识到，政府的扶持政策无法面向所有企业，扶持政策是扶强扶优，推动行业的优势企业做大做强。民

营建筑企业应该准确把握和顺应我国建筑业发展趋势和发展规律，找好企业定位，选好赛道，既要与央企、国企竞争又要与其竞合，在融合发展中做精做强。

**1. 认真思考企业发展定位。** 趋势决定战略，战略决定业务。虽然建筑业竞争和内卷愈演愈烈，但行业变革也会带来新机遇，要认识到这是一个危机并存、危中有机、危可转机的过程。民营建筑企业们需要静下心来，围绕高质量发展主题，多做前瞻性思考、全局性谋划。在各自的施工领域，分析企业具备哪些优劣势，找到自己的发展特色，重新定位企业发展方向，围绕企业主业，做好业务取舍，在战略、业务、组织、人才方面作相应的调整，唯有做精做强，才能让企业在市场搏击中存活下来。

**2. 坚持守正创新做好主业。** 过去建筑市场大，很大一部分建筑企业盲目追求规模扩张，有些企业过于追求多元化，盲目拓展上下游产业链，造成企业大而不强，成了名副其实的"虚胖子"。能坚守主业、不忘初心，走"专精特新"发展之路的企业少之又少。这也导致了大多数建筑企业缺乏特点特色。当前，"虚胖子"企业应该快速着手做减法，放弃那些有产值没效益、赔本赚吆喝的业务，坚持守正创新，回归主业优势，围绕主业，加强风险管控，加强科技创新，加强现代化企业治理，推动企业建造方式、建造水平、生产效率的提升。大企业要积极培育投资、设计、施工能力，向塔尖方向努力。做不了塔尖的企业，就力争在专业的设计、施工或者咨询领域做佼佼者。更多的建筑企业未来可能分化成无数专业劳务队伍，所以要在专业的施工领域大力培育产业工人。

**3. 抓住一切市场发展机遇。** 2023 年 7 月 18 日，住房城乡建设部、国家发展改革委等七部门发布了《关于扎实推进 2023 年城镇老旧小区改造工作的通知》，提出全面提升城镇老旧小区和社区居住环境、设施条件和服务功能，推动建设安全健康、设施完善、管理有序的完整社区，不断增强人民群众获得感、幸福感、安全感。7 月 21 日李强总理主持召开国务院常务会议，审议通过了《关于在超大特大城市积极稳步推进城中村改造的指导意见》，会议要求在北京、上海等 8 个超大城市，杭州、南京等 11 个特大城市积极稳妥推动城中村改造。这两个重要利好消息，在建筑业寒冬之际，无疑给建筑业发展创造了新机遇，各地民营建筑企业要积极把握这难得的机遇。

**4. 积极与央企、国企融合发展。**央企、国企、民企都是我国经济重要组成部分。央企、国企也不是洪水猛兽，民营企业既要与其竞争，也要与其开展合作。民营建筑企业要根据自身优势，与央企错位发展、互补发展、协同共生。**一是**在具体项目上展开合作，共同承担工程建设任务。央企、国企通常具有规模和资源优势，可以提供项目的支持和背书，而民营企业则可以提供灵活的运作和高效的执行能力。通过合作，双方可以互补优势，实现共同发展。**二是**开展技术创新合作，央企、国企在技术研发和创新方面通常具有一定的优势，而民营企业在市场敏捷性和创新能力方面较强。双方可以通过技术创新合作，共同开展研发项目，提高技术水平，推动行业的发展。**三是**开展产业链合作，央企、国企在产业链上通常拥有较完整的布局和资源，而民营企业则在某个环节上具备专业优势。双方可以通过产业链合作，形成优势互补，提高整体竞争力。**四是**有条件的民营建筑企业，可以围绕供给侧进行股权改革，寻求优质国有资本参股到企业中来，也可以参加国有企业混合所有制改革。

### （三）协会层面：提供服务，反映诉求，为建筑业发展鼓与呼

**1. 积极做好有关文件和政策的解读和宣传，讲好民营建筑企业和企业家的故事。**特别是典型企业在谋发展、谋改革、谋创新方面的典型事迹和企业家们改革创新、勇担社会责任的典型故事，大力宣传建筑业为经济社会发展做出的杰出贡献。说好"江苏故事"，树好"江苏典型"，写好"江苏文章"，积极营造全社会关心支持民营建筑企业发展的氛围，激发民营建筑企业创新、创造、智造的活力和源泉。

**2. 积极做好民营建筑企业发展情况调研，及时研究民营建筑企业发展遇到的新情况、新问题。**实践发展永无止境，调查研究永远在路上。行业协会要坚持问题导向，把握好全局与局部，当前与长远，宏观与微观的关

系，特别是加强对行业的苗头性、倾向性、潜在性问题的研究，加强对新经验、新做法的总结，对影响民营建筑企业发展的重大问题开展专题调研，及时向有关单位反映民营建筑企业的呼声和诉求，反映企业家的"真知识""金点子"。

**3. 建议推广建筑行业信用企业评价结果的应用范围，让诚信企业享受守信经营的红利。** 中国建筑业协会、中国施工企业管理协会开展的行业信用企业评价工作是建筑行业内最具权威性的信用评价。评价过程严格，评价指标科学，评价结果实行动态管理，在行业内具有很高的权威性。为了节省资源、不搞重复评价，建议各地积极应用这样的信用评价结果，在企业银行授信、市场招标投标、行业评优等多方面积极应用，让失信企业处处受限、让诚信企业充分享受红利。

推动民营建筑企业发展是一个大课题，由于时间紧、任务重，本次调研缺乏一定的覆盖面和系统性，有些思考和建议也还停留在初步思路上，操作性还需要专题研究论证。希望本调研报告能为政府部门决策和企业转型发展提供一定参考。

调研组：
于国家　江苏省建筑行业协会副会长
周文辉　江苏省住房和城乡建设厅建筑市场监管处副处长
伏祥乾　江苏省建筑行业协会副秘书长
宋海龙　南京建筑业协会副秘书长

执笔人　伏祥乾

# 江苏省建筑业 BIM ＋ 智能建造发展调研报告

张宁宁　周文辉　孙振意　马秋艳　袁高举

2023 年 1 月 13 日，为贯彻落实住房和城乡建设部等部门《关于推动智能建造与建筑工业化协同发展的指导意见》以及《关于加快新型建筑工业化发展的若干意见》等文件精神，江苏省住房和城乡建设厅印发了《关于推进江苏省智能建造发展的实施方案（试行）》，明确了 2025 年、2030 年、2035 年三个阶段目标。各地区按照实施方案要求稳步推进落实，尤其是作为智能建造试点城市的南京市和苏州市，更是先行先试走在前列。

为深入学习习近平总书记关于调查研究重要论述和党中央关于大兴调查研究重要部署，真正做到"解剖麻雀，发现典型"，把企业发展中面临的问题找出来，把基层创造的经验总结出来，根据中央、省委以及省住房和城乡建设厅党组要求，成立了江苏省建筑业 BIM（建设信息模型）＋智能建造发展调研组，调研组通过召开座谈会、企业实地走访和问卷调查相结合的方式展开调研工作，实地走访了扬州、南通、常州、苏州四个设区市，开展 41 家规模以上施工企业座谈会，收到有效在线问卷反馈 194 份，为本次调研提供了详尽的数据，调研组综合各方情况总结、剖析、归纳，形成以下调研报告。

## 一、现状与分析

### （一）赋能市场经营

随着城镇化进程的逐步放缓，传统建筑业发展压力逐步增大，同时受经济下行及部分房企"爆雷"影响，房地市场波动引发建筑业深度波动。根据国家统计局数据，2022 年全国房屋新开工面积环比下降 39.4%，销售面积环比下降 24.3%，销售额下降 26.7%。与房屋建筑关联较为紧密的我省部分建筑企业出现了增幅放缓、资金链困难、经营受阻等情况，有少数企业施工产值和新签合同额负增长。与此同时，部分企业迅速调整发展方向，采取有效应对措施，通过调结构、促转型、转方式等措施，开拓专业细分市场、逐步回收账款、强化内部管理，提升科技创新能力，通过推动智能建造转型，着力推进 BIM ＋ 数字化在工程建设中的有效运用，实现转型赋能，促进生产经营降本增效，提升企业生产效能，在困境中逆势增长，稳步发展。

通过 BIM ＋ 智能建造技术的应用，施工企业的现代企业管理理念得到进一步提升，企业管理规范化、流程化、数字化让市场开拓以及标杆项目的可复制性增强。经过科学分析、加工的管理信息，为企业市场经营决策提供了数据信息支撑，同时这些决策行为是根据既定流程进行的，群策群力、公开透明、相互监督等原则得到有效贯彻，从而有效提高企业的市场经营决策效率和准确性。

## （二）提升业务管理

通过调研数据反映，超过半数的企业数字化平台（图 1）建设优先注重优化企业管理组织架构、工作流程及信息流，其次是完善商务管理、资金管理、财务管理、风险管控等信息系统。更有企业通过建立新的管控体系，实现全过程的数字化交付流转，实现全生命周期的信息共享。

| | |
|---|---|
| A. 优化企业管理组织架构、工作流程及信息流 | 70.62% |
| B. 建立新的管控体系 | 42.78% |
| C. 完善商务管理、资金管理、财务管理、风险管理等信息系统 | 59.79% |
| D. 实现全过程数字化交付 | 37.63% |
| E. 全生命周期信息共享 | 38.14% |
| F. 其他 | 14.43% |
| G. 没有相关考虑 | 9.28% |

**图 1　企业级数字化平台功能分布**

部分企业组建了企业数据中心，配备异地容灾系统、UPS 不间断电源、恒温恒湿空调、气体消防、防雷接地、防盗监控基础设施、基础设施物理安全感知系统，实时监控机房运行状态。服务器采用超融合虚拟化私有云技术，将各业务系统统一部署在服务器上。分支通过 VPN 与总部进行信息传递和共享，企业数据中心通过软硬件系统收集、整合和分析各个阶段产生的数据，运用大数据和人工智能技术进行模型优化、成本预测、风险评估等分析，为决策提供科学依据。

办公自动化系统实现了公文流转、收发文管理、内部邮件、公共信息车辆管理、会议管理、办公用品采购、合同评审、事项审批等功能；建立了企业知识库，实现知识库文档的收集、整理、借阅功能；协同办公自动化，实现了办公数字化转型统一门户。

人力资源系统实现组织机构和职岗设置的管理、员工的管理与发展、薪酬的管理与监控。对人员从招聘、入职、异动、合同、考核、社保、培训、绩效到退休、离职的全周期管理，提升人力资源管理工作的效率和质量，实现信息共享、业务协同、流程优化、决策支持。

档案管理系统实现了档案收集、整理、归档、利用、编研等全业务流程的管理，实现自动对图像电子文件进行光学字符识别（OCR），自动建立全文索引库，利用查档时可进行全文检索，实现了照片档案缩略图显示、电子文件在线浏览下载、流媒体文件在线播放等。

印章管理系统通过身份认证、指纹认证、二维码验证、实时监控、拍照记录等方式进行审核使用，同时用印在线审批、远程授权、印章定位等方式，化解了公司印章分散、异地用印等潜在风险，提高了办公效率。

项企一体化系统以进度为主线，成本为核心的工程管控平台帮助企业实现对项目远程监管。系统软硬件数据高度集成，打造企业决策平台，突破与项目之间的信息孤岛，发挥企业集采价格优势、供应商动态分级管理，从源头上减少项目的不合理支出。企业对于合同、成本、物资、资金、质量、安全，以及劳务用工等项目经营管理要素的动态管控能力明显增强，上下防范风险、化解危机的应变机制明显优化，整体运行质态良性有序。同时积累企业数据库，促进各项目之间管理资源共享，科学梳理分工合作，进一步反馈优化管理流程，实现数字企业和数字项目融合统一。

业财一体化系统建立了全方位、全覆盖、多要素集成财务数据处理中心。以核算管理为基底，以资金、税务为管理抓手，以财务分析查询与财务报告为终端，贯穿始终。通过财务核算的标准化将覆盖面扩大至各经营单位，通过资金、报表等自动化手段提高工作效率与精度，向前延伸对接至项目综合管理系统。

### （三）BIM＋智能建造落地推行

通过建立企业级 BIM 管理标准、体系，大力推广科研、设计、制造、采购、施工一体化发展模式。设置专、兼职 BIM 人员，开展 BIM 培训和项目 BIM 技术应用，涉及勘测、设计、施工、运维、系统开发等专业（图 2）。

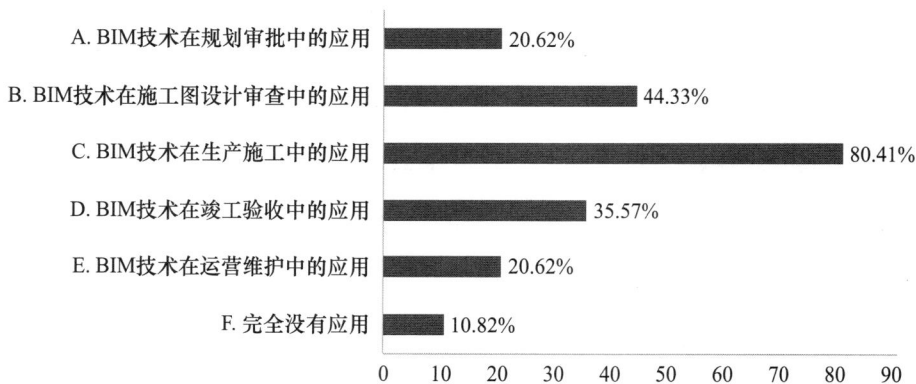

图 2　BIM 一体化应用方向

设计阶段应用 BIM 技术，逐步实现过程规范化、标准化。图纸会审提前发现图纸中的错、漏、碰、缺以及各专业的冲突，减少施工阶段现场变更，降低建设成本的同时提高项目施工质量和效率。部分企业利用自有设计院优势，工程总承包（EPC）项目试点应用基于 BIM 的专业协同。

投标阶段施工单位使用 BIM 技术提前介入，在优化方案、场地布置、工料投入测算、施工模拟等方面进行应用介绍，增加技术标得分，提升竞争力，提高中标率。

施工阶段通过 BIM 可视化交底规范了施工现场布置和施工工艺，围绕

"人、机、料、法、环"五大要素，核算工程量，对重难点进行 BIM 深化设计和可视化的施工方案比选，通过模拟施工预演，提前发现并解决可能存在的问题。对标准化预制构件的种类和规格进行虚拟建模并充实标准化预制 BIM 族库，有效提高了装配式建筑构件的建模效率。多方参与者之间基于 BIM 模型有效沟通和协同工作，通过数据分析和挖掘提供有价值的信息，BIM 技术与平台软件的集成应用，也提升了技术、质量、安全、成本、进度管理水平，促进项目一次成优（图 3）。

| | |
|---|---|
| B. 提高施工组织合理性，减少施工现场突发变化 | 80.93% |
| G. 提升项目整体管理水平 | 69.59% |
| E. 提高预算准确率，控制建造成本 | 68.04% |
| D. 提高计划的准确率，缩短工期 | 63.92% |
| F. 提升深化设计水平 | 62.37% |
| C. 提高工程质量 | 55.15% |
| H. 提升参建各方的协同能力 | 55.15% |
| A. 提高企业品牌形象，打造企业核心竞争力 | 51.55% |
| I. 其他 | 6.19% |

**图 3　施工阶段 BIM 应用成效分布**

运维阶段优选医疗类、大型公建类项目试点 BIM 智能运维，应用 BIM ＋ IoT ＋ BA 技术实现数字资产智能化管控。通过 BIM 运维平台对楼宇的设备、安防、运营、能耗等实现全方位的运行管理。以绿色建筑和以人为本作为目标，引入 BIM 全生命期信息化理念和方法，实现楼宇精细化管控，从而实现企业的降本增效和绿色节能目标。

当前智慧工地相关应用在省内基本达到全覆盖，引入智能设备和传感器，实现对施工过程和设备运行状态的实时监测和数据采集，及时发现问题并采取措施，使施工管理可感知、可预测、可决策。集成项目门禁子系统、车辆进场管理子系统、Wi-Fi 教育系统、未戴安全帽检测系统、深基坑应力应变监测系统、高支模监测系统、卸料平台监测报警系统、大体积混凝土温控监测系统、便携周界防护系统、自动收料系统、区域人员定位管理系统、防护护栏移动报警系统、污水排放监测系统、红外入侵报警系统、有毒有害气体监测系统、烟感报警系统、试样养护监测提醒系统、一卡通管理系统、智慧物料验收系统。基于智能化设备的数据自动采集、分析和预警，提高了项目的智慧化水平。

企业注重 BIM 技术与 5G、人工智能、物联网、大数据、云计算等新型技术手段的融合，从调研数据（图 4）来看，61.34% 的企业已经开始使用建筑机器人及智能装备作业，其中 68.56% 的企业应用智能靠尺、智能回弹仪、智能钢筋检测仪、智能测距仪等智能测量设备，58.76% 的企业通过租赁或者改造方式应用智能工程机械设备，42.27% 的企业通过自研或者直接购买应用焊接机器人、钢筋下料机器人、板材安装机器人、实测实量机器人等施工机器人。

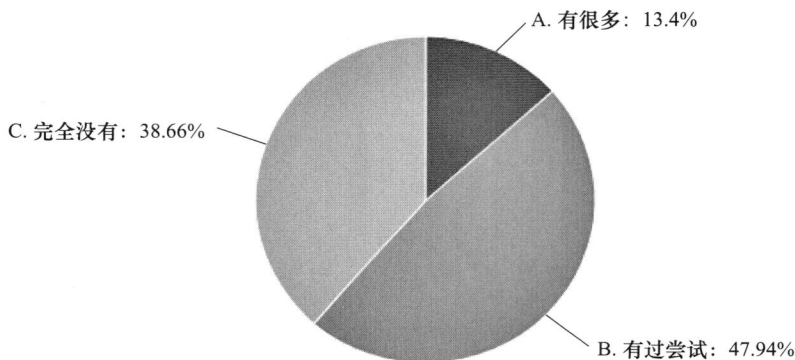

**图 4　建筑机器人及智能装备应用覆盖情况**

部品部件智能化生产，通过智慧工厂管理平台科学管控，提高生产效率、提升构件品质、优化库存和堆场配置、降低成本。71.13% 受调研企业普遍认为实践重点在于建设基于 BIM 的标准化部品部件库，形成多方互通的数据标准，满足部品部件的设计选用、生产运输、施工安装等环节的衔接，实现基于 BIM 设计的建筑部品部件进行模块化的量化生产。

## （四）BIM ＋智能建造创新应用

部分企业利用 BIM 技术基于 LCA 视角对建筑全生命周期碳足迹开展计算模型构建；通过建立 B-UCM（BIM-Use Case Management）体系，践行多维度数字化管理理念，以标准化思维总结归纳典型 BIM 应用案例流程，通过构建标准体系，标准库，形成可复制可推广的执行指南，打通工程全周期数据流转链条，使信息资产充分利用，构建"一平台、六推进"的智能建造技术体系，打造了项目级智能建造运管平台，实现了智能建造六要素资源最佳配置。某企业自主研发基于 BIM 技术安全教育平台、施工交底视频在线 DIY 平台，包含安全、技术质量培训三维动画短视频，经过评审鉴定达到国际先进水平；研发三维配模软件进行铝模板配模设计；研发基于案例推理的桥梁拆除方案自动生成；研发基于人工智能的公共建筑绿色运维动态评估技术；研发北斗定位技术＋BIM 施工数字孪生系统，完成施工全过程质量、安全和进度的数字化采集，逆向协助现场管理；自主研发国产软件 BIMBase 尝试在部分专业进行 BIM 正向设计，借助 MIDAS CIM 设计平台开展桥梁 BIM 正向设计（图 5）。

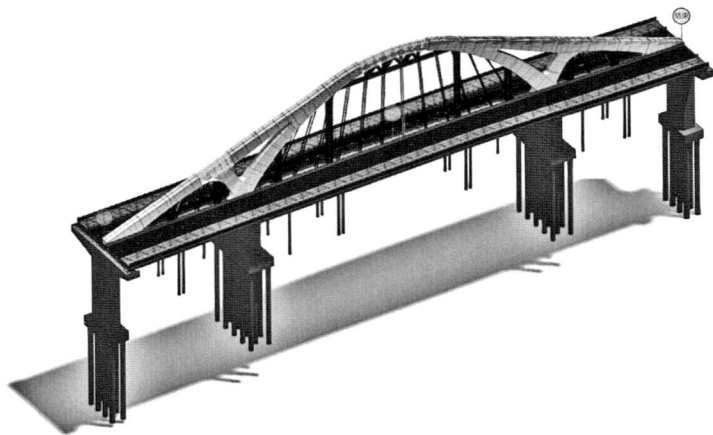

图 5　桥梁专业的 BIM 正向设计

部分企业基于物联网、人工智能技术研发钢筋自动加工、无人摊铺压实、无人机机器人巡更、自动水磨机、放线作业机器人、高精度混凝土找平机器人、上肢助力外骨骼、抹平机器人、喷涂机器人、轻质墙板墙安装机器人和内墙面打磨机器人等智能作业机器人（图 6）。开展装配式混凝土结构工程质量智能化检测体系研究，研发双目激光测距仪和预制构件粗糙度检测仪等智能检测装备。

图 6　某建筑企业自研建筑机器人及智能装备

除企业研发外，部分企业也在尝试引进智能施工机械设备，某施工企业项目引进了 5G 塔式起重机（简称塔机）智控与调度系统（图 7），实现了塔机司机在办公室进行辅助作业，提升塔机作业效率的同时，降低安全事故发生的概率。

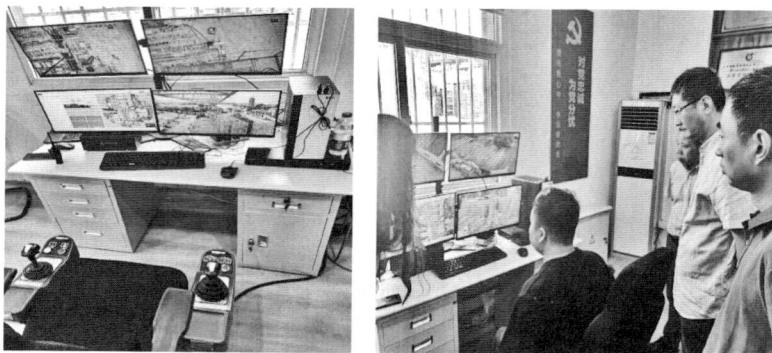

图 7　某项目引进的塔机智控与调度系统

通过积极探索新时代绿色建造方式，率先尝试把光伏发电用于临建工程建设，研发自动化防尘降噪天幕系统。搭建融合平台，功能模块覆盖结构性能、工程环境、水文地质、工程能耗等诸多方面，实现碳排放的信息化、数据化、可视化，通过工程示范应用的开展，覆盖企业碳核查和减碳管理综合服务应用，成为碳排放内部管理工具，为管理分析和管理决策提供智慧工具。采用基于 BIM 技术的 AI 低碳运维系统，实现建筑自身及运维管理的高效化、智能化及低碳化，设计目标为国内首批 LEED、WEEL 双铂金认证的近零碳健康建筑。

部品部件智能化生产车间通过自建工业互联网平台实现了多系统的数据集成，钢结构、混凝土等生产线实现车间内外数据实时联通、智能化自控（图 8）。实施"智能建造装备＋产业工人"的业务模式，打造基于人机协作的劳务分包模式、人机共建的新场景。

图 8　某建筑企业部品部件智能化生产车间

## 二、实践与成效

### （一）贯彻政策要求，树标杆

江苏省住房和城乡建设厅制定出台了《关于推进江苏省智能建造发展的实施方案（试行）》《江苏省智能建造专项实施指南》《江苏省智能建造试点项目、试点企业、技术服务试点单位评价指标体系》等一系列政策。南京和苏州作为智能建造试点城市，严格落实试点实施方案，建立健全统筹协调机制，加大政策支持力度，有序推进各项试点任务。江苏省住房和城乡建设厅加大对试点城市的指导支持力度，宣传推广可复制经验做法，推动解决问题困难。通过政策引导、推广标杆项目成功案例提升行业从业人员对 BIM＋智能建造的认知，加快推进建筑行业"智改数转"步伐，提升了智能建造水平，推动建筑业迈向高质量发展。

## （二）建立交流平台，促提升

江苏省建筑行业协会通过举办江苏省建设工程 BIM 应用大赛、江苏建筑业创新发展大会暨建筑博览会等交流活动，推介优秀示范应用成果，激发企业学习交流新技术的热情，通过组织江苏省建设工程 BIM 与智能建造技术应用交流观摩会、江苏省智能建造研讨会暨建筑施工质量安全现场观摩会等观摩活动，以先进做法为导向，促使企业改变意识，学习标杆，积极拥抱发展，搭建多渠道交流平台，建立长期交流通道，促进行业 BIM＋智能建造应用水平稳步提升。

## （三）坚持科技创新，助转型

企业通过将 BIM＋智能建造纳入考核指标、加大奖励力度解决了初期推广阶段部分项目的负面情绪；通过选取规模以上项目进行 BIM＋智能建造应用缓解单个项目综合性投入负担较大的问题；通过制定企业 BIM＋智能建造应用发展规划、BIM＋智能建造标准解决对内应用的一致性和可复制推广性。

## （四）开展产业培训，强能力

坚持内部培养和外部引进相结合，决策层、管理层、操作层分级按需培训，加大现有 BIM＋智能建造人才晋升提拔力度，筛选有潜力的年轻技术人员投身 BIM＋智能建造工作岗位，强化了从业人员建筑行业和数字化行业交叉融合能力，降低了从业技术壁垒。

## （五）建立专业团队，添动力

部分企业通过成立专职 BIM＋智能建造部门，甚至成立独立经营的科技公司，从公司整体战略布局出发，着眼于适合本企业经营特征和实际需求的 BIM ＋智能建造细分领域深度挖掘，以应用实效示范引领，增加了企业 BIM ＋智能建造持续发展的动力。

## （六）发展联合机制，聚合力

部分企业与东南大学、苏州大学、扬州大学等高校，与江苏省土木建筑学会、江苏省建筑设计研究院等团体机构，与广联达、欧特克、鲁班等软硬件服务商建立了长期战略合作关系，联合开发应用 BIM ＋智能建造软硬件设备。产学研合作内容包含 BIM 总体策划与实施、智慧部品部件工厂设计与生产、智慧运维与大数据、智能建造创新与应用等，产教融合、科教融汇，整合社会多方技术资源为建筑业创新发展凝聚力量。

## （七）探索运营模式，增活力

通过在 EPC 项目上推行 BIM 正向设计与全生命期的 BIM 应用，探索 BIM 推广的自驱动、自收益的模式，一定程度上解决了 BIM ＋智能建造长期发展的持续投入难题。根据项目实际需要采用租赁、试用测试反馈的智能设备运营模式，解决了全面覆盖费用高昂且缺乏与之配套的应用场景问题。通过机器人施工与人工施工进行工效对比，进一步探索劳务单位自行采购机器人进行包工包料新模式的可行性。部分企业向行业输出技术咨询、产品配套服务，经营收入反哺研发成本，逐步实现自我造血。

# 三、困难与挑战

## （一）政策制度仍需完善

大部分建设单位和设计单位对于 BIM ＋技术没有需求或者认知局限，仅靠施工单位推行落地难度较大。实施 BIM ＋智能建造需要购买先进的软硬件设备，并进行系统的培训和更新，全部由施工单位投入是较大的负担。需要完善建设、设计、勘察、监理、施工五大责任主体 BIM ＋智能建造联合推进责任制度，加大政策引导、扶持、激励力度。

## （二）标准体系尚不健全

BIM＋智能建造需要建筑行业各个环节的协同工作，但是目前产业链之间的协同程度较低。跨行业、企业之间存在信息孤岛，数据交换和共享存在困难，无法充分发挥效能。企业内部的项目也高度定制化，基于特定工程取得的成果很难直接应用于其他项目，推广难度大。信息流转、高效利用需要进一步健全相关的 BIM＋智能建造标准体系。

## （三）市场规模有所缩减

BIM＋智能建造的落地需要规模以上工程项目作为应用载体推行实施，但经济下行和市场规模缩减，导致部分企业生存压力加剧，难以再投入大量资金发展 BIM＋智能建造技术。部分企业出现撤并 BIM 中心，由实体化队伍向与第三方合作转变。部分企业存在"惰性"，对新技术的应用动力不足。

## （四）产品研发未成生态

BIM＋智能建造涉及多个领域的技术，国内企业需要面对技术研发和创新的挑战，国外 BIM 软件本土化不够，国产软件体系尚不成熟，这些都是制约 BIM 技术发展的重要因素。行业内也存在安全管理数据填报平台互不共享，同样的数据需要重复填报多次的现象，增加了使用人员抵触情绪，各智能系统模块也缺乏统一的整合，例如在通信、楼宇、办公和消防安保等各个智能系统之间存在异构数据壁垒，缺乏高效统一的行业云平台，市面上现有的智能建造产品尤其是机器人大部分适用性不高，且费用高昂，还处于研发迭代阶段，企业在选择机器人和智能设备应用方面更注重产品的费效比。同时智慧平台涵盖大量的施工管理数据和人员身份信息，如何做好数据安全防护也是一大挑战。

## （五）人才资源普遍匮乏

高端综合性人才短缺，BIM＋智能建造需要具备跨学科背景的专业人才，如建筑工程师、IT工程师、数据分析师等，但目前市场上复合型的人才相对稀缺，企业难以快速组建实施团队。

## （六）观念认知亟需革新

少数企业习惯于使用传统的施工方法和管理模式，对于BIM＋智能建造的理念和技术推广应用仍有思维束缚，企业领导尤其是一把手对BIM技术、智能建造了解不足，对BIM＋智能建造的规划及实施方向尚未有明确的思路，观念和认知迫切需要转变。

# 四、对策与建议

## （一）强化政策激励，发挥行业导向作用

鼓励企业采用BIM＋智能建造技术，提供财政支持、税收优惠等激励措施，合理降低企业实施成本。政府或国资规模以上项目在招标阶段论证全面采用BIM＋智能建造的必要性。加强顶层设计和过程监管，将BIM＋智能建造的应用主体责任层层落实。保障BIM＋智能建造从业人员晋升空间，指定名录范围内的BIM＋智能建造获奖证书可作为职称晋升业绩。

## （二）加强顶层设计，完善标准体系建设

加快推进BIM＋智能建造标准化体系建设、标准研究和制定工作。参考智慧工地推广经验，逐步明确成果验收规范和标准，将BIM＋智能建造应用情况作为工程创优评选条件之一。建设单位作为源头，对于BIM＋技术的需求是最重要的主导方向，建设单位发起并从设计端开始"BIM＋"数字一体化设计更为合理，逐步推进BIM正向设计，实现在规划审批、策

划设计、施工图审、生产施工、竣工验收、运营维护全过程应用。将 BIM 模型作为必要资料纳入竣工归档资料，作为城市 CIM 的基础。工程总承包和全过程工程咨询是当前建筑业的发展趋势，在智能建造的发展过程中，工程总承包企业可以引领整个产业组织集成，打通产业链的壁垒，突破工程建造各环节间的割裂，保证工程建设高度组织化，实现产业链上的资源优化与整体效益最大化。

设立专项引导支持资金，以成果为导向，对建设、勘察、设计、施工、监理、软件开发、智能装备研发企业进行重点支持。扶持一批熟悉建筑产业业务生产管理流程的互联网开发企业，服务于建筑行业的"智转数改"。基于建筑产业链，进一步完善部品部件智能生产企业的类型范围。鼓励企业成立高科技公司，创新引领智能建造发展，积极参与数字化城市建设，构建企业的全面数字生态。

### （三）加大推广力度，做好标杆示范引领

加强对 BIM＋智能建造技术的宣传和推广，通过样板引路，建设示范项目和成功案例，展示其应用的效果和优势，在行业内起到积极的示范、引领和带动作用。行业协会可以组织有实力的企业，形成"企业技术联盟"，实现 BIM 族库等资源共享，减少重复投资。围绕降低建筑业从业人员工作强度、提升作业工效的主题来宣传推广新技术。完善智能建造监督考核和绩效评估机制，定期通报考核优秀企业，强化标杆示范引领效应。

### （四）坚持科技创新，推动产品技术研发

BIM 软件的开发应趋向于集中化、智能化，减少市面上各类 BIM 软件学习成本，提升各软件交互能力。整合安全平台、智慧工地、项目管理软件，减少企业重复申报工作负担。提升工程大数据分析、工程应用软件开发等关键技术能力，全面提升信息化自主创新能力。加快施工机器人等智能装备测试、反馈、迭代升级的步伐，增强产品的作业性能和工效，提升产品市场竞争力。

加快产业互联网公共服务平台的建设，明确公共服务平台和企业级平台各自的功能，进一步规范企业的行为。重点开发劳务、质量、安全管理，实现主管部门、建设单位、监理单位、施工单位对施工质量安全远程实时监管和动态预警。企业级平台重点开发合同、成本、财务管理等内容，助力企业提升管理能力和精细度。

## （五）规范市场行为，促进产业良性发展

在招标投标阶段将BIM＋智能建造要求纳入招标要求，并将BIM＋智能建造费用作为不可竞争费用单独列支，专款专用。建立BIM＋智能建造获奖在招标投标过程中信用加分机制，投标评审专家组中增加BIM专项评审专家。

建筑业是一个对成本高度敏感的产业，规范BIM＋智能建造市场价格，加快成果转化和商业化市场应用，合理摊销研发费用。建立合理的利益分配机制，以规范的市场行为激发市场竞争内在动力，促进产业良性发展。

## （六）开展大赛培训，打造专业人才队伍

发挥行业协会组织、协调、人才资源优势，继续开展BIM＋智能建造相关大赛、培训，邀请专家力量深入一线进行经验传授和应用指导，通过观摩、交流等方式，打开协会、高校、机构、企业共同培养人才队伍的局面。

BIM＋智能建造是一种多学科交叉的复合型领域，既需要掌握传统的建筑行业知识，又需要融合人工智能、物联网、通信、云计算、大数据和工业制造等创新技术。健全相关专业人才的培养和引进体系，吸引更复合型专业人才投身于BIM＋智能建造领域。

## （七）增进交流学习，提升行业发展水平

"BIM＋智能建造"顺应数字中国的发展需要，意义重大而深远。江

苏省建筑业 BIM＋智能建造尚处于高速发展阶段，其中 BIM 技术发展相对成熟，已在部分企业取得显著的经济社会效益。智能建造关键技术和产品仍处于迭代升级的关键阶段，管理系统集成化程度较低。需要增进跨行业交流学习，引入制造业、数字科技产业先行的发展经验，联合开展科技攻关，加速实现技术升级、作业升级和管理升级，多方位提升行业 BIM＋智能建造发展水平。

张宁宁　江苏省建筑行业协会会长
周文辉　江苏省住房和城乡建设厅建筑市场监管处副处长
孙振意　江苏省建筑行业协会副秘书长
马秋艳　南通六建科技公司总经理
袁高举　广联达科技股份有限公司江苏区域总经理

# 危机中寻求生存　逆境中谋取发展

詹东周　蒋月冬

建筑是一首歌，它唱响了建筑工人头顶烈日、脚踏寒霜，天南地北转战场的豪迈赞歌；建筑也是一首诗，它镌刻了建筑大军风餐露宿、废寝忘食，脚手架下写辉煌的高大形象。他们用青春和汗水、智慧与韧劲，建起了一座又一座高楼广厦，谱写了一曲又一曲开拓之歌。

江苏弘盛集团作为浩浩荡荡的建筑大军中的一员，近年来，在高邮市委、市政府的正确领导和关心、支持下，在集团新一届董事会的战略部署下，在变化无常的疫情和低迷的建筑业双重影响下，化被动为主动，克服困难，迎难而上，在企业股改的道路上负重前行、浴火重生，奋力书写了一部又一部企业股改后高质量发展的新篇章。

本文围绕江苏弘盛集团近年来的发展实际，对该企业股改及股改后四年来的高质量发展情况进行了调研分析，形成了本调研报告。

## 一、企业股改情况以及股改四年来的发展概况

### （一）股改前情况

江苏弘盛集团曾是高邮建筑业的龙头企业，拥有建筑工程施工总承包特级资质，历史最高施工产值超过 200 亿元，属地纳税 1.4 亿元。2013 年起，由于盲目挂靠，用人不当，管理失控，加上宏观形势的变化，多个项目经营失败，产生严重亏损。直到 2018 年上半年，江苏弘盛集团步入危机、经营已难以为继。企业负债约 43 亿元，资产约 38 亿元，资不抵债约 5.3 亿元。10 多个重点承包工程先后形成烂尾项目，被诉案件 1000 多起，其中在审案件 508 起，执行案件 227 起，列入失信案件 62 起。企业资质无法在市场使用，债台高筑，人心涣散，人才流失，濒临倒闭。

面临企业这种状况，高邮市委、市政府高度重视，同年7月果断决策，派驻公检法纪20多人组成的专案组（主要围绕企业的法律诉讼、债权债务等方面）和工作组（主要围绕企业的内部管理、改革改制等方面）帮助弘盛集团开展解困工作。同时，公司党员、干部积极带头，员工人人参与，在企业内部形成了团结一致、齐心协力、共渡难关的良好改制氛围。

## （二）股改情况

工作组在调研和审计的基础上，确定了"先救后治、快救慢治"的原则，提出了"招引投资、重组股权、全面改革"和"两体分制、先购后并"的解困方案。根据重组方案和股改思路，工作组理顺了弘盛集团、信融发公司的体制关系，一个月内完成了100多名内部职工股权和外部股权的转让。

在扬州银监局的协助下，由建设银行牵头组成了弘盛集团银行业债务人委员会，各银行形成了"不压规模、及时转贷、降低利息、消除不良"的支持共识。解困过程中，同步推行了"股制、体制、机制、薪制、工制、营制""六制"改革。

对14.7亿元的应诉债务，工作组谋划了"虚拟重组、模拟清算、挤压诉求、协商和解"的债务化解策略，确定了"七折打包、一年清偿、首付四层"的债务兑付方案，并同步开展债权清收工作。

经过两个多月企业内外部的共同努力，2019年6月20日0时，62个失信全部消除，基本账户全部解冻，220多个执行案件全部和解。至此，弘盛集团具备了资本重组的条件。工作组上报市政府制定了"弘盛集团重组方案"。

根据市重组方案，经过多轮磋商，江苏瑞沃集团负责人不畏艰难，积极伸出援助之手帮扶企业，担起了"投资弘盛、重振发展"的历史大任，充分彰显了优秀建筑企业家的大爱情怀。到目前为止，瑞沃集团已累计向弘盛集团输入资金近18亿元。2019年3月16日，瑞沃集团与市政府签订了投资协议；同年 5 月 1 日，投资人进驻并接手弘盛；8 月 16 日，国资控股 51% 的新弘盛顺利完成注册。从此，获得新生的江苏弘盛集团将以崭新的面貌开启高质量发展的新征程。

### （三）股改四年来的发展概况

获得新生的江苏弘盛集团在市委、市政府的大力帮扶以及新一届董事会的正确领导下，对内加强企业管理，大刀阔斧地实施一系列的改革；对外加大市场开拓力度，积极调整经营方式，着力推动企业高质量发展，谱写了一篇篇充满希望、令人信心满怀的华美乐章。

**1. 经营决策上，明思路、定基调，把好企业发展方向**

**一是**与央企、国企等大型企业进行股份制合作，加快体制创新，力求在市场经营上取得新突破。江苏弘盛集团积极响应国家政策，参与了央企中化学交通建设集团有限公司股改，建立了股权混改合作伙伴关系，首次成为央企股东，在市场开拓上进一步提升了发展空间。双方在项目洽谈中发挥各自的优势，取长补短，合作的项目主要有安庆产城融合项目和重庆国际生物城项目，两个项目由江苏弘盛集团承建的工作量超 10 亿元。**二是**与政府开展战略性合作，推进企业持续健康发展。公司先后与云南沧源佤族自治县人民政府、南阳市卧龙区人民政府签署了战略合作协议，形成了长期的战略合作关系，共同谱写政企合作的新篇章（图 1）。**三是**推行项目实体化运作，通过傍强、联小的方式，充分做好直营项目的施工，保证其主导地位，积极走发展直营项目的道路。目前，江苏弘盛集团直营项目比重正逐年加大，实行实体化运作，既控制了风险、锻炼了队伍，又增加了收益、树立了形象，实现行稳致远。**四是**以土建为基础，积极向建筑业的上下游延伸，着力涉足新兴产业，成立了供应链公司、桩基公司、装饰装修公司、机电公司、园林工程公司、智能制造科技有限公司等专业化公司，实现企业智能化、信息化、全产业链发展的格局。总体而言，江苏弘盛集团自股改后在经营发展上实现了经营方向、经营模式以及经营理念的三个转变。

图 1　与南阳市卧龙区人民政府开展战略合作，成立供应链公司等专业化公司

**2. 市场开拓上，顶烈日、战严寒，积极扩大市场份额**

四年来，全体弘盛人头顶烈日、脚踏寒霜，走遍祖国的大江南北，积极为集团公司的经营事业挥洒汗水、奉献青春，谱写了一曲曲令人兴奋、激动人心的市场开拓之歌。2021 年 3 月，拉萨佳禾·阳光绿洲一期项目首次登上江苏弘盛集团高原业绩的舞台，拉开了江苏弘盛集团承建高原项目的序幕，取得了在西藏地区市场开拓的开门红。目前，江苏弘盛集团在西藏地区的工程业务量已达 6 亿元之多。在市场开拓上，江苏弘盛集团还注重增加公投项目和公建项目的比重，积极承揽政府投资类工程，不断提升项目品质。东台市何垛湾安置房工程、南京市浦口区泰山街道社区卫生服务中心改扩建工程、大庆市中医医院中医特色重点医院建设工程项目、鱼台县路网城市设施提升、龙虾广场内部装修及学前教育学校建设项目工程总承包 EPC 项目、新疆博乐市五台公铁联运物流园——园区消防配套用房建设项目（EPC 总承包）、普洱市主城区人居环境提升——老旧小区改造及配套建设项目、临沧边境经济合作区永和园区商贸综合服务中心项目、扬州市职业大学高邮湖校区项目、高邮市中医医院医防综合楼等一批亿元以上的政府投资类项目已在弘盛落地开花。目前，江苏弘盛集团政府投资类项目占比已达 80% 以上，企业发展后劲充足。

**3. 企业管理上，强管理、树形象，充分展示企业风采**

**一是抓好财务管理。**积极实行资金归集制，区域公司的所有账户复核 U 盾都归集到集团财务部统一管理，科学、合理地筹集、调度、支付资金；

及时清理长期不用账户，切实维护集团银行账户稳定安全及准确性。**二是抓好项目管理。**认真贯彻落实国家有关质量、安全的法律法规，加强项目的质量、安全管理，加大对在建项目的检查力度，对检查中发现的质量、安全隐患及时下发整改通知书，要求项目部限期整改到位。**三是抓好风险控制。**对各类合同所涉及的条款进行认真审核、推敲，切实把好合同签订关；对于重大项目，实施可行性论证，成立了前期论证工作领导小组，充分做好项目前期的调研、分析和风险评估，有效降低项目风险。**四是抓好制度建设。**对集团公司原有的规章制度进行修订完善，并在职代会上获得了全票通过，切实提高了制度的执行力，推进了企业的各项管理。四年来，江苏弘盛集团蝉联"江苏省建筑业百强企业（综合实力类）""扬州市建筑业先进企业""扬州市建筑业综合实力30强企业""高邮市纳税十强企业"等称号。

**4. 企业文化上，铸企魂、显担当，助力企业高质量发展**

**一是积极参与公益事业。**已累计向高邮教育事业、红十字会等机构捐款700余万元，在高邮缴纳税金近4亿元（含子公司），积极为高邮的教育事业和经济建设贡献绵薄之力。**二是关爱企业员工，**制定《员工福利管理规定》，以促进企业与员工的和谐发展，切实增强企业的凝聚力。同时设立员工子女奖学金，至今已累计发放奖学金40余万元（图2）。**三是完善红色管理体系，坚持抓好党建促发展的思想。**组织开展"不忘初心、牢记使命"、庆祝建党100周年以及参观红色景点等党建主题活动，充分发挥党组织在企业发展中的战斗堡垒作用，让党组织的创造力、战斗力和凝聚力成为企业新的核心竞争力。四年来，江苏弘盛集团先后荣获"高邮市文明单位""扬州市文明单位""江苏省文明单位"等称号，企业文化建设成果得到了省、市文明办的认可。

图 2  每年举办一次"弘瑞爱心教育基金"捐赠暨集团员工子女奖学金发放仪式

# 二、企业存在的问题和困难及其原因分析

江苏弘盛集团股改四年来虽然取得了可圈可点的成绩，但是在发展中仍存在一些问题和困难，需要企业加以改进、解决和克服。

**一是品牌档次低，工程创优积极性不高。**目前，江苏弘盛集团工程创优主要集中在江苏范围内，甚至可以缩小到南京和扬州范围，外省市（除广东公司）工程创优几乎为零。区域公司都不愿意在工程所在地创优或者之前都没有开展过创优工作，每年主要靠扬州市"外琼花杯"完成创优指标，争创省优工程、国家级工程奖项的劲头不足，且集团至今未能实现"鲁班奖"零的突破，这是作为一家特级企业最大的"伤痛"。

**二是工程业绩少，人才缺口大。**近年来，随着江苏弘盛集团的市场逐步复苏，承接的项目也日益增多，这就需要大量的项目管理人才，尤其是要具备有业绩的一级建造师。而江苏弘盛集团之前由于诸多因素的影响导致市场一直处于停滞不前的状态，有业绩、有项目管理能力和经验的一级建造师较为缺乏，这就形成了目前企业项目日益增多与项目管理人才匮乏的发展现状不相适应，不能保证项目投标时"人证合一"的需要，势必会影响企业的经营发展。

**三是竞争压力大，市场开拓难。**近年来，江苏弘盛集团市场开拓的局面虽然比股改前有所好转，但是由于大型国企、央企等参与项目的竞争以及低迷的建筑业，市场开拓的道路不是很顺畅，有较大的阻碍和困难。

针对以上问题和困难，究其原因，主要有主、客观两点因素：

**一是主观因素。**工程创优方面，区域公司经理重视程度不够，创优意识不强，组织力度不大，项目管理人员素质不高；有业绩的建造师方面，由于自身管理出现漏洞等问题导致企业在 2019 年之前市场基本处于停滞状态，新签项目几乎为零，这就造成集团公司的一、二级建造师无工程业绩的被动局面。

**二是客观因素。**受宏观经济和土地政策影响，传统基建市场规模有所缩减，特别是近年来受到地产企业"爆雷"的冲击，使得整个建筑业元气大伤。同时，央企和国企以前在规模相对较小的项目上很少参与，但现在也加入了竞争，或者对基建采取打包方式承接。加上地方政府普遍对当地企业进行保护，实施地方保护壁垒政策。以上这些客观因素导致了企业外向开拓难度较大。

## 三、企业今后主要发展思路和建议

下一步，江苏弘盛集团将紧跟时代发展步伐，以市场经营为中心，以项目管理为抓手，以党建文化为保障，一方面立足自身，另一方面依靠政府帮扶，砥砺奋进，多措并举，着力加快公司发展进程，推动企业高质量发展。

### （一）加强市场开拓，提高基地占有份额

一是深耕六大区域市场，聚焦重点区域，实现长期经营，确保重点

区域市场的稳步发展，做大做强。同时推进弘盛、瑞沃区域市场人员、岗位的进一步融合，实现更好的融合发展。二是进一步推行股份制合作和直营项目的经营模式，有效降低项目风险，提高经济收益。同时，密切关注公建项目、政府投资类项目的信息，进一步加大此类项目的承建力度和比重。三是进一步开发境外市场，在目前已开拓尼日利亚市场的基础上，争取与国际国内大承包商建立稳固长期的合作关系，借助他们的技术、管理、品牌和资金优势，进一步拓展工程承包领域，加大境外工程的承建力度。

## （二）聚焦项目管理，提升企业经营效益

一是项目实施前做好项目规划书、整体规划及实施方案，全面加强项目的预算管理，在降本增效上优化项目运营质量。今年，公司专门成立了造价审计部，将各项目的预算进行集中管理，全面为项目做好预算审计服务。二是项目实施过程中不断提高工程创优意识，以"三高""三严"的标准抓好工程质量，切实做到安全文明施工，力争在工程创优上实现更大突破，提高品牌档次，实现"鲁班奖"零的突破。扬州市职业大学高邮湖校区拟创"鲁班奖"，恳请行业协会帮助弘盛集团联系专家在材料申报、工程创优上多给予指导，力争"鲁班奖"申报成功。三是加强标准化管理体系的建设，推进信息化应用的广度和深度，在扬州市职业大学高邮湖校区、高邮市中医医院医防综合楼项目、扬州开发区精密功能件产业载体生活区配套项目等直营试点项目运用信息化管理的基础上，由点到面，逐步在全公司项目上推广应用信息化，从而推动项目管理升级。

## （三）强化人才引培，积蓄企业发展潜力

一是根据企业发展需要，制定人才需求计划，依据计划有针对性地内部培养各类人才，尤其是项目管理人才。通过将有一、二级建造师证书的年轻员工安排到项目一线上锻炼，培养他们对项目基础施工环节循环掌控能力、现场突发问题的认知和判断能力、各种资源的调配和有效使用等方

面的能力，切实提升他们的项目管理能力，力争将他们培养成优秀的项目经理。二是扩大外部招聘渠道，通过网络招聘、现场招聘、校园招聘以及发布招聘信息等方式引进企业急需的各类人才，建立企业人才库，为企业的高质量发展做好人才保障和智力支撑。目前，公司新一届董事会成员平均年龄在 50 周岁以下，较股改前（平均年龄在 60 周岁以上）更年轻化，且学历层次、一级建造师持证率高，保障了企业的经营发展。

### （四）实施产业联盟，实现企业合作共赢

一是同业联盟。充分用好特级资质的优势，通过注入资本、参股等方式，与其他建筑企业开展紧密型资本合作，实现经营模式的一体化运作，达到"1＋1"大于 2 的效应。二是异业联盟。积极拓宽上下游产业链条，充分发挥自身优势，与消防、灯具、电线、电缆、建材等上下游企业开展松散型资源合作，实现资源共享、优势互补、共融共赢的局面。目前，江苏弘盛集团已与瑞沃集团、华联公司、中化学交建集团等建筑企业进行同业联盟，与曙光电缆、龙腾照明等企业进行异业联盟，下一步将延伸产业链，扩大产业链范围，以促进企业更好地融合发展。

### （五）加速转型升级，增强企业综合实力

一是利用企业混改的优势，由单一的施工方式向 EPC 工程总承包方式转变，从传统的施工模式向以运营为核心，带动城市基础设施建设和地产开发的城市投资运营业务、产城融合模式转变。二是在做好土建施工的基础上，纵向拓展、横向拉伸产业链，跳出建筑做建筑，积极向光伏发电项目、造林绿化项目、农田土地复垦项目、生态修复项目等领域延伸，并向下游延伸到新型建筑材料；同时加大智慧建造、智慧工地、智慧城市等方面的研发力度，切实形成可持续竞争力。

回首过去，弘盛建筑铁军豪情满怀，心潮激荡；展望未来，弘盛建筑铁军重任在肩，勇毅前行。他们将在习近平新时代中国特色社会主义思想理论和党的二十大精神的指引下，搭载着"江苏弘盛集团"这艘巨

轮，乘风破浪，勇往直前，以踏踏实实的态度、坚韧不拔的毅力、百折不挠的勇气、意气风发的姿态，不断续写江苏弘盛集团高质量发展的崭新篇章。

詹东周　江苏弘盛建设工程集团有限公司董事长
蒋月冬　综合办公室副主任

# 智能建造是建筑产业变革的必然选择

## ——关于江苏省推进智能建造发展的研究与思考

蔡 杰 田 浩 陈有威 赵 原

2023 年 5 月下旬，江苏省建筑行业协会下发关于开展"走进建筑工人、走进建筑工地、走进建筑企业"专题调研的通知，要求协会各位负责人围绕全面贯彻落实党的二十大精神和习近平总书记对江苏住建工作的重要讲话指示批示精神，立足江苏建筑业发展实际和面临的新情况新问题，分别成立相关课题组，明确调研课题，深入开展调研。根据上述总体要求，本课题组选定"智能建造"作为研究课题，采用不同形式深入研究，形成研究与思考报告如下：

## 一、当前我省建筑业发展态势及研究课题背景分析

江苏建筑业是优势产业、富民产业和支柱产业，源于商周，兴于秦汉，盛行于明清，发展于当代。"十三五"以来，江苏采取一系列扎实有效举措，着力推进建筑业深化改革和转型升级，取得了比较显著的成效。目前，江苏建筑业呈现良好发展态势，全国领先地位进一步巩固，具体表现在四个方面：**一是建筑经济运行平稳**。2022 年，全省建筑业实现总产值 4.38 万亿元，比 2021 年同期增长 5.3%，占全国建筑业总产值 13% 左右。其中，省外市场建筑业总产值突破 2 万亿元，占全省建筑业总产值比重约 47%。利税总额超 3000 亿元，同比增长 4.2%；工程结算收入 3.96 万亿元，同比增长 5.6%。建筑业增加值 7377.8 亿元，按不变价计算，同比增长 4.9%，占全省 GDP 比重 6% 左右，对全省经济社会发展的支撑力强、贡献度大。全省 11 个设区市（除镇江、连云港）建筑业总产值突破千亿元，

其中南通市建筑业总产值突破 1.1 万亿元。10 家企业入选 2022 年 ENR（《工程新闻记录》）全球国际承包商 250 强，除央企外，入选企业数量在全国各省份中最高。**二是转型升级步伐持续加快。**近几年来，江苏积极推动建筑产业结构优化调整，省政府办公厅专门出台推动建筑企业向轨道交通、市政基础设施等高附加值领域发展的相关政策。经过持续推动，通过与央企、国企组建联合体等合作方式，我省已有 13 家企业进入 19 个地铁建设项目（标段）。房屋建筑领域占总产业比重进一步缩小，2022 年首次降到 50% 以下。行业综合能力得到提升，轨道交通工程预计完成产值将突破 200 亿元；安装业完成产值将达到 2900 亿元；建筑产业现代化（含装配式建造、精益建造、钢结构工程等）完成产值突破 2500 亿元，同比增长 8.2%。**三是企业综合实力不断提升。**江苏建筑企业数量多、资质门类齐全是我省的显著优势。截至 2022 年底，全省共有特级资质企业 90 家（中亿丰、中核华兴，为房建市政双特级），特级资质项 92 项，数量位居全国前列，共有建筑类的上市企业 30 家（包含设计、装修等类型企业）。根据江苏省建筑业统计信息系统 2022 年四季度快报数据，全省建筑业产值超亿元的企业达到 4403 家，其中，产值 100 亿元以上企业 63 家。江苏企业主申报获"中国建设工程鲁班奖"8 项，"国家优质工程奖"18 项，当年和历年获奖总数均位于全国前列，"江苏建造"品牌享誉全国。**四是稳就业、富民增收成效显著。**江苏坚持把恢复生产作为稳经济、稳发展的重要工作，引导企业合理调整生产计划，加快复工复产，保障用工需求。根据全省建筑工人实名制管理平台数据，2022 年我省建筑从业人员 572 万人，用工活跃度逐月增加，复工复产率达到 98% 以上，实现了经济平稳运行。根据测算，截至 2022 年末，全省建筑业从业人数超 800 万人（包括我省建筑企业在省外市场的从业人员），其中，省内从业农民工约 572 万人，人均劳动报酬约 7 万元 / 年（2022 年，全省农村居民人均可支配收入 28486 元），建筑业已成为转移农村富余劳动力的重要渠道和提高农民家庭收入的重要来源。据南通市调查统计，全市建筑企业从业人员约 224 万人，从业人员平均工资是农村居民收入的 3 倍多。

当前，江苏建筑业虽然呈现良好发展态势，全国领先地位进一步巩固，但也面临着一系列不可回避的问题和挑战。尤其是劳动力老龄化、生产安全、环境污染、生产效率低、产品性能欠佳等问题。本课题组选定智能建造这个研究课题，其背景分析主要基于三个突出问题：**一是工人老龄化与短缺问题。**从全国情况来看，建筑业面临的工人老龄化与短缺问题日益凸显，已开始阻碍建筑业的健康发展。根据《中国统计年鉴》的统计数据，自2000年以来，我国建筑业从业人员总数不断上升，从2008年的33149503人发展至2020年的53669756人。近十三年中，我国建筑业从业人员增长20520253人，涨幅高达61.9%。2018年从业人数达到顶峰，2019—2020年缓慢回落呈下降趋势，而且从业人员老龄化趋势十分明显。联合国国际劳工组织将劳动力人口中45岁及以上的劳动力定义为老年劳动力。在过去的十年中，城镇建筑业45岁及以上就业人员占城镇建筑业就业人员总数的比例不断上升，由2008年的27.9%攀升至2020年的45.4%，从业人员的老龄化问题日益加剧。我国的建筑从业人员老龄化趋势，人口减少明显，但我国对于建筑从业人员的需求仍然庞大。2012—2021年，我国建筑业总产值呈上升状态，增幅稳定，我国的建筑业市场仍然庞大。同时，随着我国基础建设的不断发展，高、难、新的建筑类型需求量变大，建筑行业对于劳动力的需求、技术型劳动力的需要依旧很大。但随着中国经济增长，国民生活条件提高、就业机会增多，使得存在"工作环境艰苦""福利待遇较差"等问题的建筑业对劳动力的吸引力降低。基于中国建筑业庞大的从业人员需求和建筑业面临的工人老龄化问题，未来特殊工种可能面临较大的供应压力。这种劳动力短缺或断供风险，可能会导致建造成本增加、发展受阻，但是在一定程度上将推动建筑业生产方式的变革。**二是安全事故逐年上升。**2015—2019年，中国房屋市政事故起数和死亡人数逐年上升。2019年全年房屋市政事故死亡人数共904人，相比2015年死亡人数增加350人，涨幅63.1%；事故起数共773起，相比2015年事故起数增加331起，涨幅74.9%。主要的事故类型包括高空坠落、物体打击、起重伤害、坍塌、机械伤害等五类。**三是企业技术装备落后。**

根据《中国统计年鉴》中建筑业企业技术装备情况统计数据，2005—2020年，施工机械设备台数呈波动状，近3年呈下降趋势；2005—2013年，技术装备率呈波动上升，2013年到达近16年峰值，之后呈波动下降趋势。近3年，施工机械设备以及技术装备率均呈下降趋势。

我省建筑业同样面临和存在上述三大突出问题，这就迫使建筑业尤其是建造方式必须创新转型。经研究分析，我们认为智能建造就是解决上述问题的有效途径，大力推进智能建造，有利于解决当前面临的突出问题，有利于建造方式实现信息化和智能化，有利于施工企业实现转型升级，有利于建筑业实现高质量发展。智能建造，是指在建筑全生命期中，综合运用信息化、自动化、智能化、模块化等新兴技术手段，实现工程安全、品质提升、绿色低碳、降本增效的新一代建造模式与管理理念。它通过数字化技术包括BIM、人工智能、物联网、大数据、机器人等，驱动项目全生命周期的工程建设活动，以工程物联实现全方位安全监控，以智能装备实现"危繁脏重"场景机器代人，以项目运管平台承载和链接全要素资源，实现建设过程项目高效管控、工程竣工阶段数字孪生交付以及全生命周期精细化控碳，形成以"数据驱动、以人为本、绿色低碳"为特征的工程建设新模式。

实践证明，智能建造作为新一代信息技术与工程建造深度融合形成的工程建造新模式，在引领建筑产业变革，推动工程建设实现高效益、高质量、低消耗、低排放目标上发挥着重要作用。**在设计阶段，**通过数字化协同设计，使设计数据可视化，实现物理实体与建筑模型数字化映射，提高工程设计效率和精确度，优化工程全生命周期成本。**在施工阶段，**通过智能建造，将传统的人力作业转变为使用智能机器人等先进机械装备、自动化设备和数字化技术来完成建筑施工作业，实现质量控制数字化、安全监控智能化、项目管控标准化，大幅提高施工效率和工程质量，降低劳动强度和工伤率，达到提质、降本、增效的效果。**在运维阶段，**通过运用物联网、大数据与敏捷交互技术实现项目可视化、集成化、智能化运营与管理，保证项目运行高效可靠、安全节能，有效降低项目运维成本，提升项目运维效率和效益。**在助力绿色转型方面，**智能建造也是助力实现"碳达峰""碳中和"目标的重要举措，通过借助先进的建造技术，推动智能建造和建筑工业化协同发展，促进工程建设行业发展方式绿色转型。

## 二、江苏推进智能建造发展情况及存在的主要问题

2020年以来，为破解建筑行业遇到的上述一系列问题，国家先后下发了有关文件推动城乡绿色发展、智能建造和建筑工业化，如：中共中央办公厅、国务院办公厅《关于推动城乡建设绿色发展的意见》（中办发〔2021〕37号），住房和城乡建设部《关于推动智能建造与建筑工业化协同发展的指导意见》（建市〔2020〕60号）和《关于加快新型建筑工业化发展的若干意见》（建标规〔2020〕8号），尤其是住房和城乡建设部"建市〔2020〕60号"提出的要围绕建筑业高质量发展总体目标，以大力发展建筑工业化为载体，以数字化、智能化升级为动力，创新突破相关核心技术，加大智能建造在工程建设各环节应用。江苏省在贯彻落实上述文件中，尤其是如何推进智能建造发展方面，响应积极、行动迅速、措施有力、效果明显，目前总体推进情况和态势良好，具体表现在以下几个方面：

### （一）省住建厅率先大力推进

2022年12月26日，省住建厅在全国率先制定下发了《关于推进江苏省智能建造发展的实施方案（试行）》，明确了指导思想、基本原则、主要目标、推进行动、保障措施以及实施指南、评价指标，提出到2025年末，智能建造适宜技术在重大工程建设项目中应用占比50%，培育30家以上智能建造骨干企业，推动建筑业企业智能化转型。到2030年末，智能建造适宜技术在大中型工程建设项目中应用占比70%，培育100家智能建造骨干企业。到2035年末，大中型企业在各类工程建设项目中普遍应用智能建造适宜技术，培育一批在智能建造领域具有核心竞争力的龙头企业，成为全国建筑业智能建造强省。对此，住房和城乡建设部给予了充分肯定，并于2023年3月在苏州召开了全国智能建造工作会议，丁烈云院士

在会上提出，"十四五"期间智能建造产业产值累计达 2.13 万亿元，2025年年度智能建造产值达到 1.42 万亿元，至 2030 年智能建造产值有望突破2 万亿元，智能建造正当时。

**（二）试点城市积极展开试点**

2022 年 11 月，我省南京、苏州市被住房和城乡建设部列为全国 24 个智能建造试点城市。两市在省住建厅指导下，迅速行动、展开试点，目前已取得初步成果。2023 年 4 月 30 日，南京市政府以规范性文件出台了《市政府关于推进智能建造与新型建筑工业化协同发展的实施意见》，为开展智能建造试点工作提供了强有力的保障。2023 年 5 月，南京市建筑产业现代化推进工作领导小组办公室发布了《南京市智能建造试点城市实施方案》，分为指导思想、发展目标、重点任务、保障措施以及附件《智能建造试点城市建设任务清单及责任分工》共五大部分组成。总体目标以发展新型建筑工业化为载体，以信息化、数字化、智能化升级为动力，加大智能建造在建筑全寿命期的应用，实现南京建筑业转型升级和高质量发展。2023 年起，制定出台行之有效的激励政策和管理举措；以政府投资大中型项目为重点开展智能建造市级示范培育，引导建设一批带动效应明显的智能建造试点示范项目、示范企业和示范基地；适时组织开展观摩和推广宣传，逐步形成可复制可推广的经验，提升全行业智能建造水平。目前，南京市正在有计划、有步骤地开展试点工作，围绕《南京市智能建造试点城市实施方案》提出的八大重点任务，共提炼整理了 61 项任务清单，明确了完成时间和责任部门，最终将形成一系列可感知、可量化、可评价的试点成果。到 2025 年末，南京市新型建筑工业化建设项目新开工面积占新建建筑面积的比例要达到 60% 以上，智能建造适宜技术在政府投资大中型项目应用中占比要达到 60% 以上。

苏州市被住房和城乡建设部列为全国智能建造试点城市之后，正在以"建立统一、综合、开放的智能建造标准体系"为目标，打造苏州市的"智能建造"品牌。2023 年 3 月，市推进智能建造试点城市工作领导小组办公室开展本年度苏州市智能建造试点项目遴选工作，确定 29 个项目为苏州市首批智能建造试点项目，面积达 600 万 m²，涉及学校、办公楼、住宅、产业园等多个不同建筑类型。为扎实推进智能建造试点工作，保障智能建造试点项目建设质量，动员各市、区加大智能建造推进力度，8 月 30 日下午，市住建局组织召开苏州市智能建造现场观摩暨试点项目季度考核评分标准宣贯会，对当前智能建造工作提出总体要求。8 月 18 日，"创新驱动•智建未来"相城区智能建造创新绿色发展大会举行，《相城区建筑产业高质量创新发展实施方案》发布，将加速创新要素集聚，推动优势资源整合，促进产业链、创新链深度融合，以数字化、智能化、绿色化赋能建筑行业高质量发展。由科研院所、开发建设、勘察设计等 8 种类别 69 家企业组成的相城区智能建造创新产业核心企业联盟成立，苏州市产业技术研究院融合基建技术研究所、苏州智而卓数字科技有限公司、苏州科臣环境科技有限公司 3 家企业位列其中，与联盟成员互鉴共进，构筑共享、共生、共赢的智能建造产业新生态。

在江苏省和苏州市高质量发展与智能建造的政策指引下，中亿丰作为我省龙头企业，紧紧围绕"建造—制造—智造"三造融合的发展战略，依托全集团整体产业链优势，努力为全国推进智能建造发展提供可复制、可借鉴的"中亿丰经验"，把"试点"做成"示范"，把"试用"做到"推广"，成为江苏省乃至全国智能建造示范企业。中亿丰获批了江苏省第一个智能建造工程技术中心；构建了基于智能建造运管平台的"一平台六专项"的智能建造应用体系；打造了省内首个智能建造产业基地，依托中亿丰未来建筑数字经济产业园，全面布局工程自主软件、自主工业互联网平台、工程物联传感设备、智慧能源中心等数字产业；获评了长三角国际研发社区二期等多个省市级智能建造试点项目，最近两个月接待全国 20 多个省市、100 多家单位、1 万名专业人士观摩；推进布局智能建造装备产业园，推动了机器人应用场景落地和推广，设立中杰智能装备公司，加强智能建造装备的研发及应用，开设了中杰建兆智能装备 4S 店，集中展示了混凝土地面工程、墙面工程、测量工程等具有代表性的 16 款建筑智能机器人，培训了首批 100 位机器人操作领航员；与江苏省建设教育协会及 10 余所本科和高职院校联合，编制6本智能建造系列专业教材，将于今年9月正式发布启用；与长沙、南京、台州、嘉兴、温州、保定、合肥等智能建造试点城市龙头企业合作，帮助这些城市编制政策和标准，推广智能建造技术、产品和应用场景，打造示范项目。

### （三）智能建造项目开始落地

据初步调查了解，目前全省智能建造项目真正落地见效的为数不多，典型示范项目主要在苏州及南京地区，且在实施智能建造中各有特点，比较突出的落地项目有以下四个。

### 1. 落地项目一

苏地2021-WG-28号地块项目位于苏州市相城区澄阳路以东、康元路以南，由中亿丰建设集团股份有限公司总承包施工。项目于2022年6月6日开工建设，总建筑面积174595.79m²，地下2层，地上A、B区为办公楼，C区为服务型公寓及裙房。项目建成后，将成为相城经开区的城市新地标。该智能建造项目是新一代信息技术和工程建造的有机融合，以DTCLOUD华智芯应用中台打造以建筑信息模型为核心的智能建造基础设施软件，以DTIoT物联网中台强化工程物联网应用价值，以DTRaaS装备中台打造人机共建工业化施工场景，创新数据采集、储存和挖掘等共建性技术，建立完整的建筑产业互联网大数据体系。该项目围绕"一平台、六专项"的智能建造体系，突出应用了基于BIM的算量造价分析、大体积混凝土自动测温系统、爬架提升及变形监测系统等。其中智能装备方面应用了包含混凝土机器人、墙面机器人在内的11款28台装备，突出应用了智能施工升降机、巡检机器人等装备，取得了良好的社会、经济效益。中亿丰"一平台、六专项"智能建造体系框图见图1。

### 2. 落地项目二

WJ-J-2021-029号地块住宅项目EPC工程，位于吴江区东太湖度假区（太湖新城），笠泽西路北侧，秋枫街东侧。项目占地面积约70037.77m²，建筑面积为186979.76m²，其中地上建筑面积为126356.96m²，地下建筑面积为60622.80m²，地上最高17层，地下1层。项目共26栋住宅楼。由中建三局集团有限公司总承包施工，合同造价 10.6 亿元，开工日期 2022 年 5 月 24 日，竣工日期 2024 年 12 月 27 日。该项目智能建造实施亮点为：

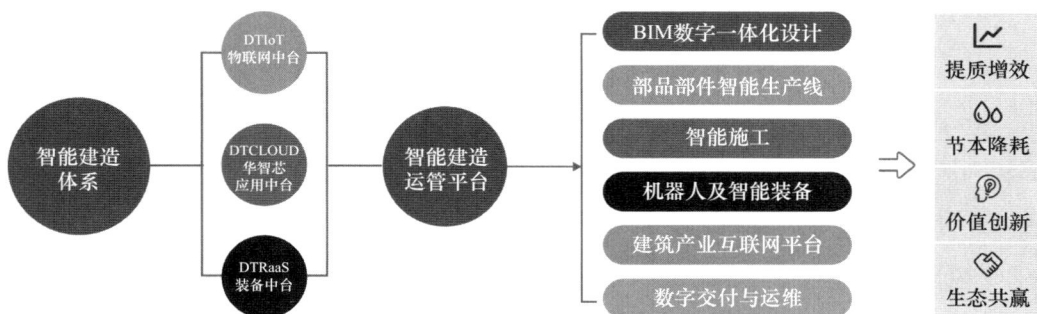

图 1　智能建造体系框图

**1）造楼机模型现场展示**

（1）**空中造楼机。**通过集成平台为代表的系列超高层核心建造技术，已应用于数十个项目，建筑面积超 600 万 $m^2$，平均节约工期近 4 个月。集成平台由钢平台系统、支撑与顶升系统模板系统、挂架系统及附属设施等组成。钢平台系统由 200 型抗剪贝雷片经相关节点构件连接组成；支承系统与顶升系统共多支点，对称布置在核心筒剪力墙上，挂架系统跨 3 个标准层高，共 7 层挂架通道，平均每层高 2.2m；模板系统悬挂在平台下部，用于核心筒施工；附属设施主要包括平台走道板，安全防护，楼梯、底部翻板、布料机、喷淋系统等。

（2）**住宅造楼机。**住宅造楼机集成了六大功能，单位面积用钢量 500kg/m 以内，设备总重量控制在 300t 以内，构配件周转率 85% 以上。六大系统共包含顶升支承系统、钢平台系统、挂架系统、模板系统、辅助作业、安全防护。造楼机是集成外立面精益建造、顶板大平层、上承式挂架系统、外墙吊挂模板、操作机房、材料堆场、消防喷淋、井道模板一体化平台、采光井模板一体化平台、喷雾降温系统、临时配电系统、夜间照明系统、液压布料系统、全天候作业天幕、焊接平台、临时移动厕所、助力机械臂、塔式起重机通道、测量放线机器、安全监测系统的综合性施工机械。

（3）**轻型造楼机**。轻型造楼机是借鉴施工电梯齿轮齿条驱动原理开发的一款智能建造平台，用于住宅和公建建筑施工的外立面防护和作业。主要优势：① 平台可沿建筑外轮廓上下快速升降（3.6m/min），为外立面所有工序提供了安全、立体、全方位的施工平台；② 上层平台、下层平台、货运电梯、卸料平台可实现独立运行，便于主体结构和外立面施工高效穿插；③ 智能化程度高，可远程操控平台升降；④ 安全可靠，采用电机抱闸＋防坠器＋上下限位等多道安全措施；⑤ 地面安装和拆除，减少高空作业风险。

**2）使用智能（无人）施工升降机**

智能（无人）施工升降机能够智能调度、自动升降、自动停靠及自动平层控制，确保升降机安全运行。

**3）运用智能机器人**

（1）**实测实量机器人**。用于建筑测量的建筑机器人，采用四轮四驱底盘技术以及智能测头，实现无人自主建筑测量及报告输出。同时，通过方石自主研发的智能测头模块，实现包括墙面平整度、墙面垂直度、开间进深、墙面阴阳角、门窗及柱面尺寸、层高等项目的测量。整机体积小、机动灵活、操作简单、测量精度高。

（2）**四轮激光地面整平机器人**。在混凝土浇筑后，对地面进行高精度找平施工，普遍应用于地库板面、厂房地面、楼层顶面等施工场景。机器人采用智能激光找平算法以及线控底盘技术，实现无人自主运动及高精度施工。同时，通过自主研发的电池驱控平台，实现施工过程的零碳排放。整机体积小、机动灵活、操作简单、施工地面平整度高、地面密实均匀。

（3）**四盘地面磨光机器人**。主要用于混凝土终凝前，对地面进行收光施工，普遍应用于大面积、重劳力、重复施工等场景。机器人采用非轮式底盘技术以及智能运动算法，实现无人自主运动及高精施工，多用于地面找平阶段。

（4）**履带磨平机器人**。机器人采用履带底盘巡航技术以及智能摆臂算法，实现无人自主运动及高精施工。整机体积小、机动灵活、操作简单、施工地面平整度高、地面密实均匀。

（5）**室内喷涂机器人**。主要用于室内墙面、天花、阴阳角、门窗等墙面的喷涂工作。机器人融合环境感知、柔性控制等技术，集成自然导航底盘及自主升降喷涂机构，实现无人自主室内喷涂作业。同时，通过方石自主研发的无人控制软件平台，实现机器人对墙面、天花、阴阳角、门窗等的自主喷涂，具备施工效率高、施工质量佳等特点，同时通过一人多机的模式，最大程度地发挥机器人施工的优势。

（6）**室内打磨机器人**。主要用于室内墙面腻子和乳胶漆等墙面的施工打磨工作，机器人融合环境感知，柔性控制等技术，集成导航底盘及带有力反馈功能的打磨机构，实现无人自主墙面打磨作业。通过研发的无人控制软件平台，实现机器人对内墙面腻子、乳胶漆等墙面的自主打磨，具备施工效率高、施工质量佳等特点，同时通过一人多机的模式，最大程度地发挥机器人施工的优势。

**4）应用中建三局指挥中心**

（1）**智慧工地人员管理**。每日作业人员进场人员状态、各班组出勤率实时监控，对现场作业面全覆盖。人员考勤、机械设备、隐患发放整改实行全面的可视化操作。

（2）**智慧工地设备管理**。项目实时监控现场水电使用情况，节能环保达到绿色施工的目的；同时对现场塔式起重机临时照明实行远程操作，避免夜间施工存在的安全风险；智能地磅可实行无人看守作业，保证了材料进出场的及时性和准确性。

（3）**塔式起重机监控可视化**。塔式起重机监测系统，可数字化显示现场塔式起重机的幅度、高度、重量、倾角等运行数据，一旦塔式起重机操作过程中发生不安全行为，可实时预警，运行记录和报警信息实时上传到智慧工地系统，便于远程监管和信息留存。

**3. 落地项目三**

南京大学苏州校区（西区）占地面积约 796 亩，建筑面积约 76 万 $m^2$，主要包括学生生活综合体、科研综合体、文体中心、公共教学楼、北大楼建筑风貌群、图书馆等建筑。西区计划总投资 73.5 亿元，项目于 2022 年 3 月开工，将在 2025 年底前全面交付。该项目由中建国际城市建设有限公司总承包，其中学生生活综合体主体结构已全部封顶，在施工过程中智能建造实施的主要亮点是 BIM ＋智能机器人。**（1）地面整平机器人**。使用功效，机器人工效 100m²/h，相对传统工效提升 40% 以上，平整度误差 3mm/m²；水平度极差 7mm；综合覆盖率 85%。**（2）地面抹平机器人**。使用场景，用于住宅楼面、商场等需要做混凝土高精度地面施工的场景，对混凝土地面进行提浆、收面和控制标高，高精度、高质量地完成施工作业。**（3）地面抹光机器人**。应用经验，地面整平、地面抹平和地面抹光机器人通过联动施工，不仅能节省混凝土施工班组人力，降低工人劳动强度，实现稳定、高质量的施工效果。**（4）腻子涂覆机器人**。机器人工效 100m²/h，相对传统工效提升 40% 以上，平整度误差 3mm/2m，水平度极差 7mm，综合覆盖率 85%。**（5）腻子打磨机器人**。用于建筑内墙和天花板腻子打磨作业，可广泛应用于普通住宅、洋房、公寓、办公楼等装修场景。"一站式"的施工方式，将腻子粉搅拌调配、腻子刮抹等 10 余道工序有机集合，代替人工进行高处作业，保证工人劳动安全，操作简单，一部智能手机便能对机器人进行操作及保养。**（6）其他机器人**。如，打孔机器人、砌块搬运机器人、砂浆喷涂机器人、丝杆支架安装机器人等。

**4. 落地项目四**

南京市首个智能建造试点项目，位于江北新区的中国移动长三角（南京）科创中心 A、B 片区，主要运用智能建造技术助力施工，提高施工效率、减轻人力负担。**一是地下室的抹灰由机器人操作**。在墙面完成砌筑后要进行抹灰，重点在于对墙面整体找平，避免墙面空鼓开裂。以往由人工操作，1 个工人大约每天可以完成 100m²。而采用机器人操作，4.5m 以下的高度都不需要作业平台，且机器人的工作效率是人工的 4～6 倍。该工程施工单位中建八局三公司项目负责人说，后续在地坪浇筑、抹平、收光、腻子喷涂、贴砖和测量等工序也将使用机器人。**二是使用全省首台**

**无人塔式起重机。** 在施工现场，有个类似飞机驾驶舱的操作室，项目利用5G传感技术，在传统塔式起重机上增加无人控制设备，安装全景摄像头，摄像头可实现360°无死角监控，相当于塔式起重机司机的"眼睛"，司机只需在操作室内就能清晰地看到塔式起重机工作的情况。无人塔式起重机减少了高空作业的风险，也改善了司机的作业环境。**三是使用钢筋精细化全自动加工生产线。** 钢筋翻样使用BIM软件，更加精准，效率也更高。翻样后得到的数据输入设备后，机器自动加工，工人只需在旁边监测、打包钢筋，并且机器可以24小时工作，保留1名值班人员即可。这种智能化操作模式相比传统钢筋加工模式，施工效率提高了4倍，而且下料更精准，减少了钢筋废料。在钢筋全自动加工的基础上，由市建委指导，东南大学、中国矿大、中建八局三公司等单位组成的技术团队，为该项目研发形成了成型钢筋骨架设计、加工、配送、安装成套智能化技术体系，实现了利用BIM技术从成型钢筋骨架的拆分装配、工厂智能化加工、现场快速装配以及钢筋连接技术等三维数据全过程共享，这也是全市首个运用该项技术的项目。经过测算，应用成型钢筋加工配送技术的A3楼，可减少现场钢筋绑扎工作量70%，单体的整体装配率测算由45%提升至58.8%。

**（四）智造技术应用突出**

**（1）智慧工地应用。** 从国家智慧工地政策出台至今，我省各级住建主管部门在政策制定、等级评定、项目试点等方面大力落实，目前智慧工地在全省工程建设项目中应用比较普遍。智慧工地的建设和运用，能够有效地利用信息化技术和设备，降低工程管理的成本；在施工安全、质量监控等领域，采用24小时实时监测，发现安全质量隐患及时报警，及时发布预警，可以最大程度地减少因安全质量问题造成的工程损失，同时还能根据历史记录追本溯源。通过合理分析建设因子、技术参数，合理分配人、材、机，实时分析节点、部位以及分项工程造价，可以有效地降低整个工程造价。智慧工地通过对先进信息技术的集成应用，与工业化建造方式及机械化、自动化、智能化装备相结合，已成为建筑业信息化与工业化深度融合的有效载体。

（2）**智能装备应用**。2021 年 11 月，住房和城乡建设部总结推广智能建造可复制经验做法，智能装备共入选经典案例 13 项，建筑机器人按照应用领域可分为三类，分别为建筑工程、水运工程以及工厂制作。其中应用在建筑工程领域的机器人共 10 例，约占总案例的 77%；应用在工厂制作阶段的机器人共 2 例，分别为混凝土抗压强度智能检测机器人及混凝土精准布料机。混凝土抗压强度智能检测机器人的使用可加快试件检验速度，有效解决了人工操作不当造成的检测结果不精准的问题。混凝土精准布料机可实现自动布料生产，实现构件的自动化浇筑，有效解决了布料效率低、人工成本高的问题。建筑机器人在工厂的应用一方面使得工人劳动强度得到降低，另一方面提高了作业效率，解放生产力。目前市面上较成熟的建筑机器人主要应用场景为混凝土工程、二次结构工程、装饰工程。目前，我省两个试点城市的少量工程建设项目中已开始使用建筑机器人。

（3）**部品部件智能化生产技术应用**。国内部品部件生产发展迅速，并已经初步开始规模化、智能化。南京市以装配式为代表的新型建筑工业化稳步推进，截至 2022 年底，全市累计新开工装配式建筑项目 550 个，装配式建筑面积约 4263 万 m²，装配式面积占比由 2017 年的 15.8% 逐年提升至 2022 年的 48.3%；拥有创新国家级示范基地 6 个，省级示范 66 项，市级示范 173 项。装配式生产基地 23 家，各项指标任务完成情况和管理水平均位居全省首位。据统计，2022 年全省新开工装配式建筑项目 4362 万 m²，占新建建筑面积比达 39.4%。随着装配式建筑规模的不断增加，市场对部品部件需求的不断增加，部品部件生产开始规模化。

（4）**BIM 技术应用**。全省经过几年各层级推进，BIM 技术逐步得到应用并初具规模，主要包括单项和综合应用。据南京市调查统计，2021 年全省首个 BIM 智能审查系统上线，进行 BIM 规划报建、施工图报审和竣工验收管理。在前期五个试点片区的基础上，应用范围进一步扩大到主城四区及江北新区核心区新建商品住宅项目。截至目前，该市已有 136 个工程建设项目开展了 BIM 规划报建及施工图审查。

## （五）行业协会积极助力

我省在推进智能建造工作中，省和各市行业协会积极助力，发挥了较好的推动作用。省建筑行业协会坚持把助力智能建造发展作为一项重要职责，积极会同各市行业协会，大力推进智能建造发展。一是在全省 BIM 技术应用竞赛中增加智能建造内容，并在现场观摩项目中予以充分体现，使智能建造在项目上看得见、摸得着；二是在全省创精品工程经验交流暨现场观摩会中体现智能建造，尤其是在观摩项目上增加了智能建造场景和机器人展示，使与会代表身临其境；三是组织举办长三角建筑企业数字化转型高研班，把智能建造作为重点内容，邀请专家教授讲课，组织观摩示范项目，提高认识、理解概念。

## （六）存在的主要问题

经调查研究分析，当前全省智能建造尚处于试点和发展的初级阶段，下一步智能建造推进工作任重道远，主要存在问题表现在以下几个方面。

**1. 智能建造技术仍以单点应用为主，其应用点较为零散，集成度不高。**"融合难、集成难""数据不通共享难"等现象还普遍存在，信息化的潜能远未充分发挥。目前智能建造技术多应用于施工过程或施工管理的某一方面，也有部分项目采用了具有一定集成度的智能化管理平台，将部分施工管理流程信息化。但是目前仍少见集成度较高的智能化施工管理系统。

**2. 现有施工管理流程和方法与智能建造还不适应。**在推行智能建造技术的同时，也带来了新的管理流程和管理方法，但目前建筑业仍采用传统的管理方式对工程项目进行管理，智能建造技术有时会与现行管理规定等发生冲突，导致管理人员在采用智能建造技术的同时保留传统的管理模式，造成了浪费和冗余，智能建造技术带来的优势在一定程度上被抵消。

**3. 建筑行业工业化程度不高，与先进建造技术、信息技术融合还不够。**智能建造技术对于施工过程的感知和分析已有较多应用，但智能化装备和建筑机器人的应用仅限于部分施工工作，大部分施工工作仍由人工进行。同时由于不同施工工作使用的工艺不同，需对每一种工艺研发专用机器人，使得建筑机器人的应用较为缓慢。

**4. 适宜技术应用存在问题较多。**

**1）智慧工地方面**

**（1）政策标准差异大。** 各地政府管理部门相继出台了适用于各自地方的智慧工地建设评价标准，行业协会也发布了相关的智慧工地建设标准，但对于智慧工地的内涵、属性表述各有不同，尚未形成相对统一的概念定义，对于智慧工地各模块所涵盖的管理对象的范围界定和智慧化建设的深度并不一致。这对施工企业跨地区承揽业务增加极大阻碍，不利于施工企业在不同地区间开展施工业务。**（2）不少应用流于形式。** 据了解，南京市24个智慧工地试点项目中相应的管理人员使用系统的项目不到5个，其他的项目均把智慧工地平台作为展示使用，仅2、3个负责智慧工地建设的人员与技术支持单位在维护，智慧工地平台运行数据非常匮乏。**（3）应用成本较高。** 智慧工地的建设与应用贯穿项目施工全周期，投入成本大致包含软件、硬件实施与维护、数据治理与维护，其建设与应用会产生较高的费用，无疑加剧了项目与企业的成本支出。目前智慧工地系统的开发成本较之前已经下降许多，但智慧工地建设不仅需要系统的搭建，需要人员去熟悉如何使用智慧工地平台，这些都需要投入大量时间、精力和资金。**（4）"重碎片、轻平台""信息孤岛"。** 企业搭建智慧工地实施方案没有统一标准，更多由第三方软件商编制建设方案。基于多种平台，甚至在同一企业的项目部之间采用不同的平台，数据不兼容，关联性较差，企业无法统计分析相关数据。一些"碎片"数据无法通过云技术集成到平台，管理系统集成度低，需要人工处理导入平台，给平台正常运维及过程维护带来较大的困难。**（5）智慧平台从终端设备上获取数据依赖于通信技术。** 在工程建设过程的通信技术标准不完善，通信网络未实现全覆盖、通信代价高昂，使得智慧工地平台从终端设备上获取数据不经济，阻碍了智能化设备在智慧工地上的应用，制约了智慧工地的发展。

**2）智能装备应用方面**

建筑机器人应用仍存在许多问题，人才缺失，研发周期长及投入大，市场上的建筑机器人售价较为昂贵，当前建筑机器人的研发技术不成熟，导致建筑机器人智能化程度不高，进行作业时灵活度不高且对于场地要求较为苛刻，限制了在项目上的广泛应用。

**3）部品部件智能化生产技术应用方面**

**（1）工人素质距离要求差距大。** 生产智能化过程中需要使用大量机械设备，增加对工人技术操作熟练度的要求。构件加工图数字化导入生产涉及的专业知识范围较广，如水、电、消防、电子信息等，这就要求设计人员的综合能力强、从业经验丰富，因而导致设计费用增加。**（2）构件标准化程度低。** 不同生产企业生产的 PC 构件无法交叉使用，模具成本上升，各工序作业无法做到细致量化，构件设计图纸格式不一致等。**（3）作业环节管控难度大。** 设计作业模式在实际作业过程中无法实现；生产计划制定不完善，如生产过程模具上下线作业耗时长，时间规划不合理；构件生产过程中水泥配比由于投料不精确，导致材料浪费；生产线传感、检测等技术使用不广泛，大部分生产过程质量控制依旧靠人工为主；对于非标的部品部件的产线兼容性差。**（4）建设成本高，建设设计方案不合理。** 对国外设备依赖度高，生产智能化投入大，智能化设备及软硬件技术要求高，建设及人工成本高；建设方缺乏工厂运营经验，新建工厂普遍存在重投资建设、轻运行管理的问题，从而造成工厂规划设计方案不合理，工艺设备配置不适用，工厂运行效率低等结果。**（5）二维码、条形码、电子标签、无线射频识别（RFID）等识别技术推广难度大。**

**4）缺乏智能建造技术人才，尤其是科技人才、信息化人才。**

工程建设行业从业人数众多，但与新发展要求相适应的智能建造人才资源明显不足，特别是科技人才、信息化人才，不仅总量上捉襟见肘，高端复合型人才更是一将难求。企业在科技创新上投入总量明显偏低，结构上重硬轻软，信息化的投入仅占企业总产值的 0.08%，而西方发达国家为 1%。

## 三、进一步推进全省智能建造发展的几点思考

智能建造是工程建设行业转型升级和高质量发展的重要举措。智能建

造技术将随着信息技术的进步而获得更大的发展。智能建造技术将整合建设工程各阶段和各参与方，减少和消除信息壁垒，实现建筑物全生命期的高质量管理。综合本次调研情况，对进一步推进智能建造发展，提出如下几点思考意见。

（一）**进一步宣贯省住建厅《关于推进江苏省智能建造发展的实施方案（试行）》**，尤其是指导思想、基本原则、主要目标、推进行动、保障措施以及实施指南、评价指标。南京、苏州两个试点城市要进一步深入宣贯，其他的城市也要开展全面宣贯。宣贯要灵活多样，解读、讲座、交流、观摩相结合，为全省推进智能建造技术打好坚实基础。

（二）**大力推进智能建造工程项目应用。**智能建造能否落地见效，工程项目应用是关键，当前还面临不少问题，需要行业企业和从业人员解放思想、提升认知、群策群力、积极努力。全省建筑企业尤其是大型企业应积极作为，以数字化、智能化升级为动力，借助 BIM、物联网、大数据等先进信息技术，加大智能建造在工程项目的应用。要把握智能建造技术发展趋势，明确智能建造推进方向和路径，为江苏智能建造发展发挥积极作用。

（三）**注重开发集成化的智能建造管理平台。**要以融合创新为指导，推进一软（指软件模型定义工程产品）、一网（对应的工程要素智能感知与互联）、一硬（主要指智能装备与建筑机器人）、一平台（建筑产业互联网平台，包括人、财、物、技术）跨界融合，不宜各自推出所谓的体系。随着智能建造技术的发展，智能建造技术的局部应用将不断增多。要在大量局部应用的基础上开发集成化的智能建造管理平台，将施工管理全过程纳入平台之中。

（四）**大力加强智能建造技术人才建设。**健全以创新能力、质量、实效、贡献为导向的评价体系，建立薪酬分配、荣誉鼓励、成长发展等激励机制，激发智能建造技术人才创新活力。结合企业实际，采取设立人才发展专项资金、落实各项奖励、补贴、配套补助经费等方式，构建多元化、多渠道、多层次的可持续的智能建造技术人才发展机制。

**（五）加快推进智能建造与建筑工业化协同发展。** 当前，要以发展装配式建筑为重点，推动建立以标准部品为基础的专业化、规模化、信息化生产体系，推动建造方式的变革，推动建筑工业化升级。集成5G、人工智能、物联网等新技术，加强智能建造及建筑工业化应用场景建设，推广成熟技术，打造一批可复制、能推广的样板工程，形成涵盖科研、设计、生产加工、施工装配、运营维护等全产业链融合一体的智能建造产业体系，走出一条内涵集约式高质量发展新路。

**（六）注重加强政府各部门协同。** 推进智能建造工作，建平台、引人才、做研发、育产业，需要住建、科技、发改、工信部门协作形成合力。同时，应建立激励机制，支持智能建造的技术研发、设备采购、人才培养以及取得重要突破和贡献的企业。

**（七）充分发挥行业协会作用。** 推进智能建造发展，行业协会作用不可忽视。针对智能建造发展情况，行业协会要积极主动助力，创新服务内容和形式，进一步发挥好平台的导向作用和行业专家优势，全力服务智能建造工作，为智能建造发展注入活力；要加强智能建造典型案例研究，总结、提炼具有代表性的成果经验，为对标学习、互学互鉴提供更有价值的信息；要拓宽分享智能建造发展动态的渠道，进一步打造好杂志、网站、微信、培训、会议、观摩等交流平台。

蔡　杰　江苏省建筑行业协会秘书长
田　浩　江苏省建筑行业协会行业发展部科员
陈有威　江苏省建筑行业协会绿色建造分会副秘书长
赵　原　苏州思萃融合基建技术研究所有限公司智能建造事业部售前技术
　　　　支持

# 实施智慧工地降本增效情况的调查

纪　迅　薛乐群　殷会玲　徐金保

党的二十大报告明确指出，坚持把发展经济的着力点放在实体经济上，促进数字经济和实体经济深度融合。建筑产业既是实体经济的典型代表，也是数字化相对落后的产业。随着智能技术发展，特别是在互联网＋、物联网、5G 通信、大数据、云计算、智能终端等技术飞速发展的时代浪潮中，"智慧工地"建筑应运而生，当前推进智慧工地建设已成为加快江苏建造方式转型升级的突破口和着力点，助力建筑业高质量发展的重要路径，实现施工安全生产治理体系与能力现代化的重要方法。

本文简述江苏智慧工地发展情况和特点，重点研究、归纳实施智慧工地在降本增效中的积极作用。

## 一、江苏实施智慧工地的历史和现状

江苏智慧工地建设开展较早、基础扎实、内涵丰富。在主管部门和企业的共同推动下，智慧工地建设不断进步、不断创新、亮点纷呈。

### （一）实施智慧工地历史发展过程

#### 1. 智慧工地建设基础

2014 年，江苏省被住房和城乡建设部确定为国家建筑产业现代化试点省份。2017 年江苏省被列为建筑施工安全监管信息化试点省份。2017 年，江苏省政府印发了《省政府关于促进建筑业改革发展的意见》（苏政发〔2017〕151 号），对新型建造方式的普及提出了明确要求。江苏建设主管部门大力推行精益建造、数字建造、绿色建造、装配式建造四种新型建造方式，以推进智慧工地建设，促进行业健康可持续发展，保持江苏建筑业在全国的领先地位。

江苏省智慧工地围绕政府主管部门、施工企业、项目部，以基于物联网的数据采集、互联网的数据集成、云平台的数据分析、大数据的辅助决策为研究目标，以智慧安全管理体系为切入点，提出三位一体智慧安监的全新概念，并开展关键技术研究与应用。

智慧安监从字面理解包含两层含义，一是智慧化，二是安全监督管理。其内涵是指以物联网、互联网技术为基础，融合应用型信息系统、移动和智能设备等软硬件信息化技术，优化整合已有的各类安全生产监管要素和资源，以更加全面、精细、动态和科学的方式提供安全管理服务。智慧安监的外延是指一种新兴的社会管理形态，代表人们对建筑业改革发展、安全发展的理念，是安全管理信息化的最新阶段。它展示的是一种集成的、绿色的、智能的、综合的管理模式。

智慧安监通过对工地现场人员、机械设备、危大工程等关键环节进行实时化的数据采集、分析，为安监机构、责任主体等提供安全隐患的动态识别、智能分析、主动预警等大数据服务，有效地提升管理效率。

**2. 智慧工地推广过程**

我省从 2018 年南京市 24 个智慧安监项目试点起步，到 2019 年全省 107 个绿色智慧示范工地，再到 2020 年的 31 个绿色智慧示范片区创建，智慧工地建设由"点"至"面"逐步向全覆盖跨越。全省运营服务市场主体由最初几家，发展到现在的 80 家以上，产业链体系已具雏形，产业容量不断扩大。标准版智慧工地的建成费用由最初的百余万元下降至三十万元左右，规模效应逐渐显现。在此参考数据的基础上，我省于 2021 年 6 月，出台了《关于智慧工地费用计取方法的公告》（〔2021〕第 16 号），保障了智慧工地的投入。现在智慧工地基本实现了智慧工地"三个全覆盖"，即：实现全省各地所有县（市）、区智慧监管平台建设全覆盖，实现所有政府投资规模以上新建工程智慧工地全覆盖，实现所有智慧工地接入智慧监管平台全覆盖。

### 3. 智慧安监到智慧工地的飞跃

在智慧工地的实践过程中，各项目部对智慧工地建设不断完善和创新，突破了智慧安监的范围。运用信息化、智能化手段，对工地的"人、机、料、法、环"质量、安全、进度、成本进行了全过程、全方位管理。许多企业还利用智慧工地平台，把信息技术和工程技术结合起来，推动工地和科技创新。中建八局三公司等单位还利用智慧工地平台，开展党、团、工会活动。在此基础上，省建筑行业协会作了总结和推广交流，多次召开经验交流会和现场观摩会，并编制了《江苏省智慧工地建设标准》，使智慧工地建设上了新台阶。同时，江苏省智慧工地推进办公室和江苏省建筑行业协会联合编制了《智慧工地建设发展报告》《江苏省智慧工地建设标准培训教材》等，并举办了多个智慧工地培训班。

### 4. 当前实施智慧工地总体情况

通过不断地探索总结，江苏省智慧工地建设已然经历了从无到有、向高质量发展的阶段，全省实现了智慧工地示范片区 31 个，省、市、区县三级主管部门实现在线联动监管，监管平台与企业项目平台实现互通，项目平台与企业数字化平台互联互通。2019 年组织申报的省级绿色智慧示范工地项目中，有超过 60% 的项目组织了智慧工地观摩活动，树立了智能化、信息化、数字化高质量绿色智慧工地标杆。同时，组织申报的绿色智慧示范工地项目中，超过 90% 的项目获得了江苏省标准化星级工地（三星级）荣誉称号。2020 年 31 个省级绿色智慧示范片区验收评分均达 70 分以上，合格率 100%、优良率 64.5%；示范片区内建成智慧工地 694 个，验收抽查 123 个智慧工地，优良率 51%，其中经各地推荐省级标准化星级工地 665 个，占比 95.8%。今年，江苏省住房和城乡建设厅先后组织了两次智慧工地数据动态验证复核工作，两次共开启验证了 2500 余个项目，推荐了 500 多个优秀项目。

当前，江苏通过智慧工地建设和推广，已初步达到如下效果。

### （1）提高安全管理水平、降低成本，提高效能

一是初步探索出建筑施工信息化安全发展之路。通过试点，确立了智

慧工地应是包括危大工程预警管理、项目安全隐患自查、高处作业防护预警、建筑工人实名制管理、扬尘自动监测控制等"五位一体"的统一集成平台，联动人员安全管理、VR安全体验教育、塔式起重机与升降机黑匣子、视频监控、深基坑监测、高支模安全监测、无线巡更、危险源红外线语音报警提示、防护栏杆警示、生活区烟感远程报警等多个终端，有效实现"人的不安全行为""物的不安全状态"和"环境的不安全因素"的全面监管。

二是强化了重大风险安全管控能力。智慧监管平台可以实时掌握正在实施超危工程有哪些，哪些将要实施，哪些已经实施完毕，为更好地实施监督计划，开展精准监管提供有力的技术保障。智慧工地平台归集超规模危大工程专项施工方案专家论证、安全交底、监理巡查、验收等重要环节安全管理信息，监督工程各方风险防控措施落实情况，应用塔式起重机监控设备，支持塔式起重机司机开展全程可视化操作，准确判断吊物吊装过程的运行轨迹，有效识别周边环境，防范群塔干涉、碰撞，避免事故发生。利用智能传感器技术，自动获取梁柱等构件的受力、应变等监测数据，加强高大模板支撑体系监控，精准实时把控工程质量和施工安全。

三是有效提升了项目安全管理水平。实现项目安全管理标准化、规范化，明确智慧工地平台功能和使用规则，利用平台实现数据实时动态查看和风险动态监测、人员动态安全管理、施工安全风险隐患排查、隐患随手拍、移动巡检等功能，完善风险隐患排查治理体系，有效落实安管人员责任，确保隐患及时发现并实现闭环管理。以中建八局三公司为例，其南京分公司建设的7个智慧工地试点项目安全隐患数量下降20%，人均产值超过公司平均值15%。以南京市为例，全市全面运行智慧工地监管平台，要求建设工期6个月以上的工地，安装环保在线监测和视频监控信息系统，相关数据同时传输至智慧工地监管平台，平台联合了建设、生态环境、城管、公安交管等部门，对扬尘、噪声、渣土等实施统一管理。

### （2）推进人才培育建设

集聚拥有关键核心技术，带动智慧城市新兴产业发展的优质人才、企业、科研机构落地，带动大数据与人工智能领域人才发展。

### （3）推进新型基础设施建设

通过智慧工地建设，推动 5G、人工智能、大数据配套基础设施建设和实际应用，提升政府和企业对建设工程安全质量的管控能力。

### （4）技术推广，为传统产业赋能

通过智慧工地大数据平台建设，横向连接发改、住建、城管、环保等多部门，协同办公和数据共享，降本增效；纵向提升建筑行业监管和企业综合管理能力、驱动建筑企业智能化变革、引领项目全过程升级，通过人工智能技术为传统建筑产业赋能。

## 二、江苏智慧工地特点

### （一）全方位、全过程管理，从"人、机、料、法、环"到质量、安全、工期、成本管控，从开始到验收

项目现场智慧工地平台已经不满足于智慧安监的技术体系要求，已从智慧安监标准升级到智慧工地建设标准，与项目管理全过程相结合，从项目工程概况到质量管理、安全管理、环境管理、人员管理、设备管理、进度管理、成本管理直至竣工验收，是在智慧安监基础上的提升，充分兼顾"人、机、料、法、环"的管理和项目全过程的管理。

### （二）以 BIM 技术为引导，加强信息技术和工程技术的集成发展，大力推动科技创新

在人员管理、材料管理、机械设备管理、质量进度控制、扬尘管控的基础上结合了 BIM 应用等新技术，使智慧工地和整个项目管理全过程进一步融合，对确保工地安全、工程质量、提高工作效率、推动科技创新有很好的提升作用，实现了施工过程相关信息的全面感知、互联互通、智能处

理和协同工作。通过科技创新来降低成本、提高效率。

## （三）加强党建引领，提高凝聚力和核心竞争力

创新开辟了智慧党建模块，坚持了"党旗在工地上飘扬"的特色。增加了项目上的党建和工会活动内容，通过党建引领调动现场人员的主观能动性，形成新的凝聚力和创造力。

## （四）推进项企融合、智慧企业与智慧工地互相促进

项企融合的应用场景主要分为人员管理，机械管理、物料管理、进度生产、质安管理等五个方面。智慧工地平台的建设通过 BIM 科技和信息技术、物联网等技术的融合应用进一步推进了项企融合。项目是建筑企业经营最基本的管理单元，是所有项目管理活动的数据来源。智慧工地建设本质上是为了建设智慧企业服务的，工地智慧化程度高了会慢慢推动企业的智慧化，企业的智慧化提升也是为了智慧工地能可持续发展，更加具有生命力。通过智慧工地建设促进智慧企业建设，不仅可以促进企业内部生产关系的转型升级，完成与"互联网＋"和谐对接，还能进一步激发企业员工的创新创效活力，为企业提供可持续发展的源动力。通过信息技术和工程技术高度融合，推动智慧工地和智慧企业互动。

## （五）政府加强平台监管，推动智慧工地不断进步

我省各级智慧监管平台和工程项目智慧工地平台，均需要与江苏省建筑安全监督管理系统（简称省安管系统）进行数据对接和动态考核，省安管系统目前已基本覆盖全省所有建筑施工安全监督机构。

截至 2023 年 11 月底，已注册安全监督机构 137 个，其中直接使用省安管系统 108 家，采用自有系统与省安管系统对接的 29 家，系统注册施工单位 7985 家，备案项目 104200 个，在监项目 18362 个，各级监督机构在线开单 159683 份，其中抽查单 41660 份，隐患单 110901 份，停工单 7122 份。上传各类隐患检查图片 318840 张，整改回复的图片 928493 张。

通过政府监管系统的建立，可以达到以下效果：

**1. 工程项目信息更直观、更便捷。**

依托政府监管平台，全面实现展示所有在建工程项目的基本信息、位置信息、五方责任主体的相关信息及项目类型等关键信息，有助于掌握全省建设工程项目的实时基本情况。

**2. 进一步强化安全生产主体责任落实。**

通过抓取省安管系统相关信息，既能实时查看监督机构巡查工地检查出的安全隐患情况和整改情况，又能查看智慧工地项目自查、移动巡检、标准化月评、隐患排查和整改闭合等主体责任落实情况，通过对建设工程全过程进行监管，进一步推动落实安全生产主体责任。

**3. 进一步提升问题发现能力和处置能力。**

安全生产智慧监管平台提供了危大工程的预警功能，扬尘视频和 $PM_{2.5}$ 环境监测设备、塔式起重机预警设备与工地实名制考核系统的接入，人员定位、深基坑和高支模、标准化临边防护缺失预警，卸料平台超载预警等信息化设施智慧工地的接入，如一旦发生情况，系统会进行预警推送，监管人员通过视频复查和现场核查，大大提高了问题的发现能力和处置能力。

# 三、实施智慧工地在降本增效中的作用

## （一）精益管理在降本增效中的作用

实施智慧工地后，精益管理在降本增效中发挥着重要的作用。精益管理是一种以减少浪费、提高生产效率和质量为目标的管理方法，通过优化工艺流程和资源利用，实现降本增效的目标。智慧工地的实施可以借助各种技术手段，如物联网、传感器、人工智能等，实现对工地运作的数字化、自动化和智能化管理。而精益管理则提供了一套有效的方法和理念，来指导和优化智慧工地的运作。

具体来说，精益管理在降本增效中的作用主要体现在以下几个方面：

### 1. 浪费削减

精益管理强调识别和消除各种形式的浪费，如过度生产、库存积压、运输等。通过分析数据和监控指标，智慧工地可以及时发现并纠正这些浪费，并采取相应的改进措施，从而降低成本。通过对"人、机、料、法、环"各生产要素的智能化监测能有效提升现场管理效率，减少时间的浪费；通过智能地磅计量来精准测算混凝土消耗，减少材料进场亏方和施工浪费，帮助企业减少 1%～1.5% 的混凝土浪费；通过智能水电、宿舍节能等，不仅可以监测实际用量，还可以与生产定额比对有效节约工地用水用电能耗，仅宿舍智能控电一项至少帮助单个宿舍节能 30%。

### 2. 过程优化

精益管理强调改进工艺流程和价值流，以提高生产效率和质量。智慧工地可以通过实时数据采集和监测，对工地运作进行全面分析和评估，找出潜在的瓶颈和问题，并进行优化和改进，从而提高效率和降低成本。如对塔式起重机安装传感器后，精确监测吊重、吊次、移动距离、闲置时间等，将每台塔式起重机的效能运用到最大化。

### 3. 资源管理

精益管理注重合理利用资源，避免资源的浪费和过度投入。智慧工地可以通过实时监控和数据分析，对各种资源的使用情况进行跟踪和管理，及时发现和调整不合理的使用情况，从而实现资源的最优配置，降低成本。运用智能电表实时监测耗电量，并通过 4G 传输到智慧工地云平台，精准管控产值对应耗电量。

### 4. 控制质量

质量问题可能导致额外的成本支出，利用 BIM 技术可有效指导和交底现场作业减少不按图和按工艺施工的情况发生减少返工率；利用大体积混凝土测温、材料检验测量、结构实测实量等工具，可以实时检测施工质量问题，及时纠偏整改，尤其避免隐蔽工程验收后导致的返工浪费。

### 5. 持续改进

精益管理强调持续改进和学习，通过不断地反馈和调整来提高工作流程和绩效。智慧工地可以提供丰富的数据和指标，为持续改进提供支持和依据，通过数据驱动的管理和决策，实现持续的降本增效。如工人每天通勤时间的耗费与工期的匹配度，结合无感考勤，大幅缩短工期等。

总之，智慧工地与精益管理相结合，可以实现更高效、更精确的施工管理，从而在降低成本、提高效率和质量方面发挥重要作用。常州才良科技公司在项目精益化管理方面就作了很多探索，才良模式通过对精益建造技术的组合与集成应用，实现多项集成创新关键技术，不仅丰富、拓展了精益建造理论，而且强化了精益建造的实践可操作性。

## （二）科技创新在降本增效中的作用

智慧工地科技创新应用的技术包含 BIM 技术、大数据、项企融合、智能化数据采集系统等，项目管理人员以自身业务需求为导向，通过不同技术的搭配应用，构建多个价值应用场景，达到降本增效的目的。科技创新在降本增效中的作用主要体现在以下几方面：

**1. 物联网（IoT）技术与现场管理相结合**

智慧工地通过传感器、智能安全帽、智能工程车载设备、起重机安全检测设备、人员识别设备、环境监测、无人机等物联网终端，对施工现场数据进行自动采集、分析、处理，实现施工过程的在线可视化、实时预警和协同管理，实现"人、机、料、法、环"的全过程管理，构建智慧工地一体化管理模式，推动施工项目迈向标准化、科学化和智能化的管理。

**2. BIM 技术和工程技术相结合**

BIM 技术是贯穿建设生命全过程的技术模式。（1）利用 BIM 技术进行图纸会审，通过 BIM 模型直观地进行展示，使问题暴露得更加彻底，相比于传统的图纸会审，效率及质量都有极大提升。（2）利用 BIM 技术进行场地布置，可以形象直观地模拟各个阶段的现场情况，灵活地进行现场平面布置，有效地控制现场成本支出，减少场地狭小等产生的二次搬运费用。（3）利用 BIM 技术进行施工模拟。与二维图纸的施工组织设计相比，通过 BIM 技术，可以提前进行施工预演，对施工的流程、工序以及施工时的环境进行真实模拟与分析，为施工方提供数据报告，施工人员也能够更清楚地掌握施工流程。减少了建筑质量问题、安全问题，减少了返工和整改，提高了效率。（4）利用 BIM 技术进行碰撞检查。通过 BIM 建模，对各自专业间的冲突点、跨专业的冲突点以及空间与构件之间的距离不足等问题，能提前发现问题，优化工程设计，从而减少在建筑施工阶段可能存在的错误和返工，加快了施工进度。（5）基于 BIM 技术的施工项目技术交底。通过三维软件能真实再现施工过程，将每个施工细节展现出来，提高了施工人员的工作效率和项目交底的质量。

由此可见，通过 BIM 技术和工程技术的相结合，利用 BIM ＋ 智慧工地，实现虚拟信息与实体信息的协同，通过 BIM 模型定位，快速解决问题，大大提高工作效率，同时也降低了风险。

**3. AR 与 VR 技术在智慧工地和项目管理中的应用价值**

在智慧工地的建设和应用中，AR 与 VR 技术以虚拟化的表现、有效的互动方案，实现管理人员及劳务工人与虚拟环境的有效互动，可广泛应用于教育培训、方案交底等环节。促进信息的高效吸收与掌握。

**4. 人工智能、数据分析等技术在智慧工地和项目管理中的应用价值**

智慧工地管理中利用人工智能技术，可适当减少现场管理人员数量，用智能化、数字化手段解决重复作业，降低管理人员的管理强度，对建设现场进行动态实时的远程监管，提高建设管理效率和水平。利用人工智能识别隐患风险，减少人为因素的判断差异。由事后追责、事中监督转变为前置监控。同时通过远程监控管理，督促了建设人员责任心和工作积极性，既提升建设效率和水平，又便于管理。运用先进的监测仪器与人工智能技术，24 小时监管建设现场的人员、车辆及治安、现场文明建设，保障建设项目的安全与合法权益，提高建设质量。

数据分析价值主要体现在现状分析、原因分析和预测分析三个方面。现状分析主要是通过各个指标的完成情况来说明各个业务的发展及构成情况，使管理人员了解项目各个业务的发展及变动情况，对项目生产情况有更深入的了解。现状分析一般通过日常报表来完成，比如日报、周报、月报等形式。原因分析是对项目的生产情况有了一个基本的了解，发现存在问题但是不知道生产情况中的具体问题和原因，从报表及其他设备采集数据中归纳总结分析，进一步确定生产状况变动的具体原因。预测分析是对未来发展趋势做出预测。基于对项目的运营状况的了解，结合运营目标及策略，提供有效管理的参考决策依据，以保证可持续健康发展。预测分析一般通过专题分析来完成，可应用于制定季度计划或者年度计划。

智慧工地数据集成平台围绕施工过程的质量、安全、进度、劳务、设备、材料和环境等要素，以设备自动采集、数据自动传输和后台集成等方式，依托省安管平台，在企业库、项目库、安全管理人员库的基础上，通过物联网技术，将施工现场涉及的设备、安全状态、施工环境等现场安全因素综合在一个大数据平台，自动分析建模，精准分析、智能决策、科学评价，形成数据驱动的新型管理模式。

综上所述，智慧工地科技创新在工程项目中的应用可以提高工作效率、降低成本、提高质量和安全性，对于工程项目的降本增效具有重要作用。

### （三）互联网采购在降本增效的作用

材料成本占整个施工成本的 60%～70%，而材料成本控制主要在以下两块，分别是采购过程的成本控制和施工过程的成本控制。而对于采购过程的成本控制主要表现在以下四个方面：

（1）通过互联网采购能够在海量的社会供应商中筛选和整合优质供应商资源，提升材料的货比三家的能力，从区域询源变成全域询源，帮助合理控制材料采购价格 5%～15%。

（2）将采购需求发布、询比价过程、招标投标过程、合同定价过程等采购全过程在线完成，可以有效提高材料采购透明度，避免徇私舞弊造成的材料采购成本浪费。

（3）互联网采购往后延伸到整个工地要货、供应链发货过程，利用移动互联网、定位等技术可以实现按需分批发货，减少现场材料库存量，减少必须要的损耗、保管丢失等成本浪费，达到接近 3%～5% 的节约。

江苏对集采平台的研究和使用比较早，如筑材网、筑牛网、华彩网等平台。其中筑材网是国内首创基于信用交易的建筑行业 B2B 电子商务采购平台，由国内数家大型特级建筑公司共同发起成立的招采平台。项目在筑材网平台上进行集中采购，极大拓展了在供应商层面的选择余地，同时借助 BIM 的工程量计算，大大提高了采购量的控制精度，使交易更透明、交易风险更低、交易效率更高，为企业降本增效提供了有力支持。

### （四）智能装备在降本增效中的作用

近年来，从国家到地方各级主管部门都在大力推进智能建造，智能化装备在智能建造的推广和智慧工地的降本增效中都扮演着重要的角色。在智能装备的使用中，中亿丰建设、中建八局三公司、中建三局江苏公司、龙信建设等一大批龙头骨干企业都在研究如何通过运用先进的技术和智能化系统，企业能够实现生产流程的优化和效率的提升，从而降低成本。通过不断的探索和总结，发现主要可以通过以下几个方向构成。

自动化和机器人技术：智能化装备可以实现自动化生产过程，减少对人力资源的需求。自动化设备和机器人能够高效、连续地完成生产任务，减少人工操作的错误和变动性，同时降低了人力成本。

生产流程的优化：智能化装备通过数据采集和分析，可以实时监测和优化生产流程，识别潜在的瓶颈和浪费，降低生产时间和能耗成本，提高产品质量。

资源利用的优化：智能化装备通过物联网技术实现设备之间的连接和协同工作，实现资源的智能调度和利用。例如，通过实时监测和调整设备运行参数，可以降低能源消耗，减少废品产生，提高资源利用效率，从而降低生产成本。

故障预测和维护优化：智能化装备可以通过数据分析和预测算法，提前发现设备故障和异常情况，实施预防性维护措施。避免设备故障导致的停机时间和生产延误，降低维修成本，并延长设备的使用寿命。

劳动力成本的节约：智能化装备能够减少对人工操作的需求，降低人力成本。同时，它们还可以提高员工的工作效率和生产能力，减少人力浪费，从而进一步降低劳动力成本。

由此可见，实施智慧工地在企业管理和具体项目管理中，对成本、进度的管控，人员的管理，节约成本和能耗等方面有着重要意义。智慧工地不但是在"工地上长出了智慧的大脑"，还是传统建造迈向智能建造的关键之处。

纪　　迅　江苏省建筑行业协会常务副会长、建筑产业现代会工作委员会会长
薛乐群　江苏省建筑行业协会对外承包和市场研究分会会长
殷会玲　江苏省建筑行业协会建筑产业现代会工作委员会副秘书长
徐金保　江苏省建筑行业协会对外承包和市场研究分会副会长兼秘书长

# 建立"三方联动"机制
# 推动江苏建筑业高质量新发展
## ——关于建立江苏建筑业"三方联动"机制的调研报告

## 成际贵

从 2019 年年底发生新冠疫情至今,江苏建筑业正面临着前所未有的艰难困境。为了认真贯彻落实党的二十大提出的高质量发展的任务和目标,建筑之乡发展研究分会用四年时间,与全省建筑之乡会员单位和广大建筑企业的有识之士,对全省建筑业过去 30 年的发展经验进行了科学的总结,对未来的发展之路进行了积极的思考、讨论和探索,通过在部分县(市)区和企业的试验和试点,逐步探索出一条建立"三方联动"机制,形成行业涌动高潮,推动江苏建筑业高质量发展的新路子。

## 一、江苏建筑业面临的形势和困境

江苏是全国建筑大省,素有"建筑铁军""建筑之乡"美称。改革开放特别是 20 世纪 90 年代以来,江苏建筑业在省委、省政府领导下,较早完成了企业制度的改革,激发了企业活力,提升了企业竞争力,为江苏建筑业连续 20 多年产值领跑全国打下了坚实基础。30 多年来,一批又一批地方建筑企业,从省内走向省外,从国内走向国外,"江苏铁军"响彻大江南北,享誉世界各地。建筑业为推动全省经济发展、社会和谐稳定、扩大城乡就业作出了重大贡献,是我省名副其实的支柱产业、富民产业和地方财政收入的重要来源。

但是当今世界正经历百年未有之大变局,世界多极化,经济全球化处于深刻变化之中,国际、国内经济形势不容乐观,种种因素导致江苏建筑业正面临着前所未遇之凛冬，困境和难题越来越多。

**一难是"虎狼成群"**。三年的新冠疫情，这只看不见的老虎使得企业的生存环境、经营管理、收入支出等都发生了激剧的变化。加之国际国内经济形势严峻，江苏各地方企业在国内外的市场受到了空前挤压，江苏"建筑铁军"正在逐渐失去传统优势地区市场，甚至一些地区建筑业已经名存实亡。

**二难是"炸雷不停"**。随着以恒大为首的近 20 家房地产企业相继"爆雷"，拖累拖垮了江苏一大批大、中、小建筑企业。有的企业正面临倒闭拍卖、濒临破产重组；有的企业因资金困难，难以维持正常的生产经营；有的企业因发不出工资，裁减员工，影响了企业的长远发展，各种客观原因造成的不利因素，已叠加显现。昔日的"铁军"正在逐渐成"溃军"。

**三难是"形势严峻"**。凛冬已至，寒气逼人，江苏建筑业的形势可谓是越来越严峻，市场越来越小，项目越来越少，环境越来越差，标准越来越高，难题越来越多。

**四难是"缺少激励和保障机制"**。企业要发展，政府是靠山。这是江苏建筑业过去 30 年飞速发展的成功经验，反观这十年来，落实到建筑企业的各项管理要求越来越高，而针对民营建筑企业的培育、扶持、激励、保障性的政策和机制却越来越少，越来越弱，使民营建筑企业的高质量发展失去了平衡，失去了动力。

# 二、把握新时代　迎接新挑战

江苏建筑业的发展和大自然一样，有阳光灿烂的日子，也有风雪交加的时刻。当前，世界百年未有之大变局正在加速演进，江苏建筑业正处在十字路口，面临前所未有的挑战。

习近平总书记在党的二十大报告中指出："敢于说前人没有说过的新话，敢于干前人没有干过的事情，以新的理论指导新的实践。""问题是时代的声音。"新形势下，我们"要坚持问题导向"，用时代之问，行业之问，企业之问，回答行业怎么办？企业怎么办？江苏建筑业要勇于面对凛冬，把握新时代，构建新格局，推动新发展。

**首先，我们要准确把握好新时代发展要求。**江苏是建筑大省，建筑业是国民经济的支柱产业，是各级政府财政收入的重要来源，是群众增收的重要行业。在江苏有近千万人的建筑大军，建筑业是关系到千万个家庭幸福安康的大产业，只有发展好这个行业，才能保证千百万人的充分就业。我们要认真总结江苏建筑业 30 年成功发展的经验。尽管经验有很多条，但关键的一条是从省到市、县、区包括乡镇各级政府的高度重视和大力支持，政府为服务建筑业设立了建工局，派出了办事处，建立专门的领导和服务机构，经常出台促进建筑业发展的相关激励政策，选派得力的干部参与建筑企业的领导和管理，组织最有活力的农村劳动力充实建筑业队伍，鼓励和支持千百万建筑施工人员走出家门，走向世界，打拼市场，建功立业。

**其次，我们要准确分析好当前建筑业的形势和困境，围绕构建新格局，坚持体制和机制的创新。**自从政府行政机构实行体制改革，过去以政府为主导的全省建筑业主管机构取消后，各级政府对建筑业的推动和服务功能逐渐弱化。随着市场化的发展、数字化的转型、绿色化的要求，以及施工方式的变革等，对于比较弱势的民营建筑企业形成了一系列冲击，作为地方经济的支柱产业、富民产业，如何得到稳步的、持续的发展，这是今天摆在我们各级政府面前必须高度重视的问题，我们应该在体制和机制创新上想办法、找对策、出措施，从推动供给侧结构性改革上寻找实现建筑业高质量发展的治本之策。

**最后，我们要准确规划好建筑企业新发展的路线图，确保建筑业高质量发展的路子，走得对，走得顺，走得稳，走得实，走得好。**近几年来全省建筑业发展的实践和企业成败的经验教训再一次证明，过去传统建筑业粗放型的生产经营和管理已成了一个时代的终结，已经躺平和破产的企业及企业管理者已成了终结者，令人惋惜地倒在粗放性经营管理的模式上。前车之覆，后人之鉴，足以值得我们警醒。新时代提出的高质量发展要求，绝不是一句空洞的口号，它给我们发出了时代之问，政府怎么办？企业怎么做？大路在何方？良策在哪里？

# 三、构建新格局　推进新发展

党的二十大提出了全面建设社会主义现代化国家，高质量发展是首要任务，必须完整、准确、全面贯彻新发展理念，加快构建新发展格局，着力推动高质量发展。习近平总书记特别强调："贯彻落实党的二十大精神要有计划、有部署，在把握总目标、总方向、总要求的前提下，对各项目标和任务进行细化，有针对性地拿出落实的具体方案，制定明确的时间表、施工图，扎扎实实向前推进。"如何建立和落实推动建筑业高质量发展的"三方联动"机制？要做好以下四个方面的工作。

（一）**不断强化政府推动。** 自行政体制改革，取消建工局和办事处管理机构后，近10年来，虽然很多市、县、区政府经常出台一些支持和促进本地建筑业发展的政策文件，但由于种种原因的干扰、削弱和递减，没有在体制和机制上形成合力，更没能实现强有力的推动。一个地区建筑业的高质量发展，既不是一两个政府行政部门的事，更不是建筑企业的事，它涉及一个地区建筑行业与诸多相关政府部门，只有齐抓共管，齐抓共助，齐心协力，才能形成强大合力。近几年来，有不少地区根据省住建厅要求，从地区实际出发，成立了"建筑业高质量发展领导小组""建筑业高质量发展联席会""建筑业发展服务中心"等领导服务组织，既有专门的机构，又有专职的人员。做到政府推动常态化，行业发展持续化，企业管理科学化。这是体制创新的重要成果、重要措施，也是确保建筑业高质量发展的组织保证。

（二）**不断加强协会联动。** 协会联动是推动建筑业高质量发展的重要力量。协会联动主要表现在四个方面，一是向上联动，给政府部门当好参谋，经常反映行业发展情况，针对企业在生产经营、管理中的诉求和存在的带有普遍性问题，及时提出有建设性和指导性的建议。二是向下联动，按照"三跟服务"的宗旨和要求，以发展为目标，以研究为方法，以培训为主体，不断拓展"三跟服务"的内容、方法和途径，帮助企业找准问题，总结出好经验、好模式，既要善"联"，更要会"动"，让"联动"出效应、出效益。三是向内联动，要让每一个会员明白，协会不是会长或秘书长哪一个人的协会，而是全体会员单位的协会，更要充分调动整个协会副会长、常务理事和理事的积极性，在协会内部积极营造团结互助、拼搏向上的氛围，把协会变团队。四是向外联动，提高协会的开放度，扩大对外的联谊圈。经常组织会员单位到省内外的兄弟协会和相关企业开展考察学习活动，通过互相学习，达到共同提高的效果。

（三）**认真落实企业行动**。随着建筑业粗放型经营管理一个旧时代的结束，全省建筑行业的企业家们要勇敢面对新时代，尽快适应新时代，更好奋斗新时代。思想是行动的指南，建筑业要想变危为机，必须要让我们的思想强大起来，智慧丰富起来，我们要认真学习党的二十大理论和精神，学会从党的百年奋斗史中汲取丰富的经营智慧、竞争策略和管理艺术。落实企业行动，首要的任务是我们广大企业家要从转换经营管理的思想、理念、模式入手。**首先要用好经济发展的温度计。** 一是要时刻关注党和国家的大政方针，行业发展的主要趋势，工程建设的标准要求；二是要时刻检查自己的"体温"，有没有"发烧"，有没有投错了项目，走错了路，算错了账，找错了合作伙伴；三是要时刻提醒自己有没有"发昏"，有没有被社会上和行业内的一些虚假现象所迷惑，错把炸雷当宝贵，错把陷阱当机遇。**其次要当好经济建设的助推器。** 一是要善于学习、领会国家的方针政策，掌握好高质量发展的方向盘，规划好企业发展的路线图，运营好企业管理的施工图；二是企业家要不断地健体强身，不停地给自己补充动能，把精益建造、数字转型等新理念、新技术、新要求引入建筑企业，形成低成本运营、科学化管理、高质量发展的良性循环；三是面对"虎狼"成群，要提升"智气"，增强"锐气"，既要有"打虎上山"的英雄气概；更要有"与狼共舞"的竞争策略，风险共担，资源共享，利益均分，和合共赢。总之，新时代的企业家要当好企业经营管理的设计者、组织者、推动者。要按照党的二十大的要求，尽快成为旧时代的终结者，新时代的奋斗者，伺机而动的起跑者，果敢行动的实践者，守正创新的传承者。

**（四）努力形成行业涌动。**"三方联动"是我省建筑之乡建筑业迎接新时代，构建新格局，推进新发展的一项体制和机制的创新行动。其目的是确保在高质量发展的浪潮中，不断涌动出一批批后浪推前浪，一浪更比一浪高的浪花和潮头，在"三方联动"的良性循环中重振铁军雄风，重塑铁军形象。落实好高质量发展的总目标，是一个系统工程，是一项光荣而伟大的政治任务。政府、协会、企业必须联合行动，缺一不可。在这个联动机制中，政府及相关部门是指挥部，政府要通过体制创新，设立专门的领导、协调和管理机构，通过出台支持和促进建筑业高质量发展的相关政策，为本地企业高质量发展营造积极的、宽松的、和谐的环境和氛围。引导企业转变经营思想，转换管理模式，促进企业转型升级，激励企业做专、做精、做强。规范企业走正道，走大道，走绿色发展之道，为建筑业高质量发展保驾护航。协会既是政府的参谋部，又是企业与政府的联络部，还是行业与社会的协调部，它既要承担上下联动之责，发挥好桥梁和纽带作用，还要积极履行协会团队建设之职，通过开展行业培训，制定和开展行业自律活动，把行业协会打造成本地区一流的建筑业团队。企业是"三方联动"中的主力军，既是执行者，又是创造者；既是受益者，也是奉献者。"三方联动"的根本目的是一切围绕企业，一切为了企业，企业好，行业就好，行业好，就证明"三方联动"机制好。

成际贵　江苏省建筑行业协会副会长、建筑之乡发展研究分会会长

# 江苏省内部分地区装配式建筑工厂产能情况调查

## 庞 涛 仲跻军 诸国政 张 涛 张明明

## 一、调研背景和目的

江苏省截至 2022 年底，累计新开工装配式建筑面积超 2.1 亿 $m^2$。10 年来，江苏省创建了国家级装配式建筑示范城市 5 个、产业基地（园区）27 个，占全国总数的 10%；培育装配式构件生产企业 250 多家，占全国总数的 10% 以上；装配式建筑产业链相关企业达 3000 多家，约占全国总数的 25%。

本次调研旨在了解装配式建筑工厂的省内分布情况、产能规模情况、生产经营情况以及装配式建筑推广落地过程中遇到的问题和困难，解决企业工厂产能释放的实际问题，为装配式建筑在省内加快发展提供有力支持。

## 二、江苏省内装配式建筑构件工厂情况

**1. 全省 13 市的装配式建筑工厂分布情况见图 1。**

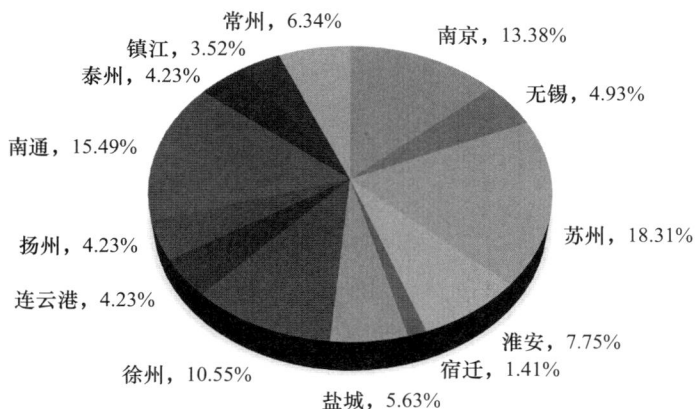

常州，6.34%
镇江，3.52%
泰州，4.23%
南京，13.38%
无锡，4.93%
南通，15.49%
苏州，18.31%
扬州，4.23%
连云港，4.23%
淮安，7.75%
徐州，10.55%
宿迁，1.41%
盐城，5.63%

**图 1 全省 13 市构件厂分布比例**

从分布情况看，产品供应辐射长三角和山东等地区，但实际供应情况，除苏州、南通厂家及部分厂家供应上海、浙江、安徽等市场外，大部分均以江苏省内供应为主。

**2. 江苏省装配式建筑构件工厂的企业占地面积及产能比例情况**

据调查统计，江苏省装配式建筑构件工厂的企业占地面积 10 万 m² 以上约占 36%，5 万～10 万 m² 约占 53.6%，5 万 m² 以下约占 10.4%。

据统计，江苏省装配式建筑构件工厂的预制混凝土构件年总设计产能超 1578 万 m³，年设计产能 10 万 m³ 以上的工厂约占 36.5%，年设计产能 5 万～10 万 m³ 的工厂约占 39.4%，年设计产能 5 万 m³ 以下的工厂约占 24.1%。

# 三、产能调研情况

## （一）南京市调研情况

以本次调研的重点城市南京市为例，南京市的装配式建筑构件工厂情况如下：

在全国首批智能建造试点城市中，江苏共有南京、苏州两地入选。2022 年，南京建筑业产值 5551.9 亿元，在全省排第二。

2016—2022 年，南京市累计新开工装配式建筑项目 550 个，装配式建筑面积 4263 万 m²，装配式建筑面积占同期新开工建筑面积比例由 2017 年的 15.8% 逐年提升至 2022 年的 48.3%。各年的提升情况见图 2。

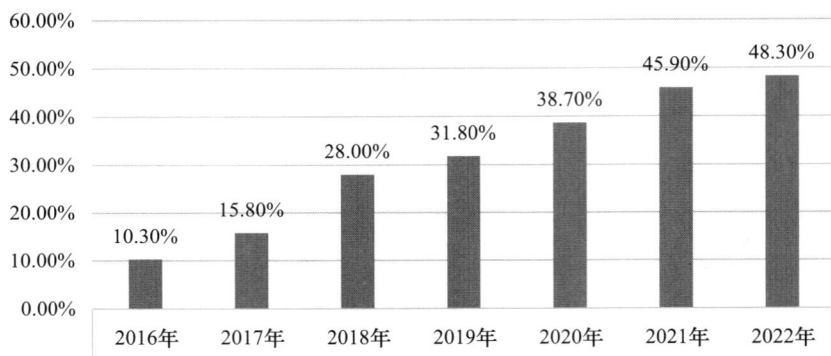

**图 2　装配式建筑占同期新开工建筑面积比例**

近年来成功创建国家级示范基地 6 个，省级示范 66 项，市级示范 173 项，装配式生产基地 23 家，各项指标任务完成情况和管理水平均居全省首位。

据调查，截至 2023 年 6 月在南京市建筑主管部门备案的预制混凝土构件生产企业共计 59 家。其中省内企业 29 家，南京市企业 17 家，外省周边地区企业 13 家。总设计年产能超过 574 万 $m^3$，其中本市备案企业年设计产能约 182 万 $m^3$①，占比 31.7%。2023 年上半年混凝土部品已完成产量约 26.7 万 $m^3$（市区 19 万 $m^3$ + 江宁区 7.7 万 $m^3$），空余产能约 64.3 万 $m^3$。

南京市装配式建筑构件工厂的企业投资注册资金 5000 万元以下占 27.8%，5000 万～1 亿元占 22.2%，1 亿元以上占 50%。

企业占地面积 10 万 $m^2$ 以上约占 27.8%，5 万～10 万 $m^2$ 约占 61.1%，5 万 $m^2$ 以下约占 11.1%。

预制混凝土构件年设计产能 10 万 $m^3$ 以上的工厂约占 50%，年设计产能 5 万～10 万 $m^3$ 的工厂约占 16.7%，年设计产能 5 万 $m^3$ 以下的工厂约占 33.3%。

## （二）国内其他城市调研情况

### 1. 北京市

据统计截至 2023 年底，北京市及周边地区已投产并正常生产供应的装配式混凝土部品生产企业超过 24 家，生产基地超过 36 个，总设计年产能超过 397 万 $m^3$，其中本市设计产能占比 22.4%，京外占比 77.6%。2023 年 7 月—12 月，混凝土部品列入排产计划约 99.79 万 $m^3$，空余产能约 122.56 万 $m^3$。

### 2. 深圳市

据统计截至 2023 年第二季度，全市新开工装配式建筑 1068.56 万 $m^2$，占新建建筑面积比例达到 50.91%，累计装配式建筑建设总规模达到

---

① 注：因南京市市内和室外企业均有非南京市场供应情况，本次统计仅以南京市市内生产企业年产能 182 万 $m^3$ 进行预估。

8086.23 万 m²。从供应信息来看，截至 2023 年底，深圳市及周边地区对深圳市场具有实际供应能力，且已通过了协会部品部件信息登记管理的预制混凝土构件生产企业 26 家，2023 年第二季度实际产量为 36.46 万 m³，第三季度排产量为 38.64 万 m³，空余产能为 30.25 万 m³。

### 3. 杭州市

据统计截至目前，经杭州市建筑业协会登记的装配式混凝土构件生产企业 26 家，涉及生产基地 28 个，总设计年产能 322.4 万 m³，其中本市企业 9 家，生产基地 9 个，总设计产能 102 万 m³。2023 年 7 月—9 月，装配式混凝土构件排产计划量约 53.1 万 m³，其中供杭州排产计划量为 19.89 万 m³，空余产能约 28.62 万 m³，产能利用率约 65.9%。本市企业供杭州排产量约 9.97 万 m³，占供杭州排产计划量的 50.1%。

各城市装配式建筑数据汇总见表 1。

**各城市装配式建筑数据汇总表** 　　　　　　　　　　　　表 1

| 序号 | 城市 | 装配式建筑占比（%） | 厂家数量 | 设计产能（万 m³） | 空余产能（万 m³） |
|---|---|---|---|---|---|
| 1 | 南京 | 48.3 | 59 | 182 | 64.3 |
| 2 | 北京① | 40 | 24 | 397 | 122.56 |
| 3 | 深圳② | 50.91 | 26 | 412 | 30.25 |
| 4 | 杭州③ | 33 | 26 | 322.4 | 28.62 |

① 信息来自北京市建筑节能建材管理中心依据"北京市建筑节能与建材管理服务平台"，定期发布部品生产企业设计产能、排产计划和空余产能等信息。

② 信息来自深圳市建筑产业化协会发布深圳 2023 第三季度装配式建筑项目关键部品部件需求信息、产能与排期信息。

③ 信息来自杭州市建筑工业化办定期采集和发布本市及周边地区装配式构件生产企业产能情况、排产计划和空余产能信息。

## 四、问题及分析

近年来，随着国家、省、市装配式建筑发展政策相继出台，在多重利好政策推动下行业发展势头良好。装配式建筑在新开工建筑占比不断提升，南京市已基本接近"到 2025 年，新开工装配式建筑占同期新开工建筑面积比达 50%"的目标。但通过对装配式混凝土构件生产企业设计产能数据调查，南京市内和周边企业设计产能大大超过南京市的市场需求，南京市企业产能空余量在 30%～40%。对比国内其他城市基本在 30% 以上，也有同样问题。造成产能不能发挥的原因较多，列举如下：

## （一）市场原因

装配式建筑作为系统性工程，其设计、生产、施工等全链条中的各个环节相互影响、相互渗透，但由于目前产业链上下游议价能力不平衡，且缺乏良好的产业链协同机制，导致企业多追求自身利益的最大化，而忽视产业链合作的利益增值。装配式混凝土构件生产企业属于整个建筑产业链的中下游行业，行业发展同时受市场需求、产能、技术标准及资金等多重因素影响。2022 年建筑业整体下行，叠加疫情影响及需求回落，再加上行业内竞争激烈，一些中小规模企业低价竞标，造成部分工厂不愿接资金较差的订单，从而出现空余产能。

## （二）构件非标化问题

在国内建筑需求多样化、个性化的背景下，方案设计过多关注外在效果，造成产品标准化程度低，基本为高度定制产品，通用性差。产品设计复杂，需要大量模台生产空间、堆场分类空间来达到生产、存储的要求，从而降低和压缩了产能。

## （三）制造效率不高

过度设计，工艺繁琐，生产难度高，工业化流水线生产优势无法发挥，无法形成规模生产；构件生产企业对图纸深化自主性差，参与程度低，出图变更量多；工厂生产工人队伍结构不合理，一线劳务人员老龄化加剧，高技能实用型人员严重短缺等，这些因素都降低了制造效率，制约了产能。

## （四）实际预制混凝土构件（PC）预制率低

项目装配率提升了，但实际预制 PC 的预制率低。大部分项目仅是叠合楼板和少量楼梯；造成企业产能空余，不能充分释放。

# 五、意见和建议

## （一）协同产业链，提高标准化率

生产、施工、设计、建设等相关单位应进一步强化产业链协同，凝聚协同创新合力，增强产业链发展韧性。政府行业主管部门、行业协会组织的增强引领力度，提高设计端装配式建筑全过程把握能力，强化项目策划定位阶段的标准化、模数化、通用性广的装配式建筑部品部件的设计应用；激发生产、施工应用端专业意识，编制集成化、模块化建筑部品相关标准图集及主要构件和部件尺寸指南，满足标准化设计选型要求，扩大标准化构件和部件使用规模，逐步降低构件和部件生产成本，逐步形成标准化、系列化的建筑部品部件供应体系。

## （二）提升竞争力，建立行业自律

《江苏省建筑业"十四五"发展规划》指出"全省建筑业总产值占全国比例保持在 13% 以上，建筑业增加值占全省 GDP 保持在 6.5% 左右。到 2025 年，新开工装配式建筑占同期新开工建筑面积比达 50%。"

《南京市智能建造试点城市的实施方案》明确了未来三年的目标任务。到 2025 年末，全市新型建筑工业化建设项目新开工面积要占新建建筑面积的比例达到 60% 以上，智能建造适宜技术在政府投资大中型项目应用中占比达到 60% 以上。

所以目前装配式建筑行业政策利好、目标明确，但从实际看还处于发展期，在政策红利驱使下，近年来资本加快入场，但大部分经营管理方式还相对粗放，自动化、数字化、智能化、绿色化水平不高，与新型建筑工业化水平要求还有一定差距。行业企业应在智能建造与新型建筑工业化协同发展的体系模式下，加快推进部品部件生产数字化、智能化升级，强化生产信息化管理，率先实现部品部件生产、设计、储运、安装全过程的信息共享，并开展绿色化技术改造，达到绿色建材标准。同时，行业企业应自练内功，着力以技术提升、质量提高、优质服务保障为市场竞争力的核心，共同建立公平、合理、有序、诚信的市场自律机制。

### （三）推动智能建造，提高效率

2022 年 11 月住房和城乡建设部《装配式建筑发展可复制推广经验清单（第一批）》指出：推进数字设计发展。建立基于 BIM 的标准化部品部件库，推进 BIM 技术在建筑全寿命期的一体化集成应用，推行"少规格、多组合"的标准化设计方法。大力发展预制构件智能生产。提高预制构件智能化水平，有效提升预制构件品质。搭建装配式建筑产业互联网平台和公共服务平台，推动产业要素聚集，实现工程项目建造信息在建筑全生命期的高效传递、交互和使用，提升信息化管理能力。推动装配式建造与绿色建材、绿色建筑融合发展。

加快建设"智造"体系，积极推进智能建造创新链、产业链深度融合，通过联动研发、设计、地产开发、工程总承包、PC 工厂等板块，搭建装配式建筑产业全链条。

通过工业互联网平台及系列化工业软件，打通了构件设计、生产、交付全流程，实现全周期、全角色、全要素在线协同，构建产业链融合的新型智能建造场景。

PC 数字工厂的应用是推动智能建造与建筑工业化协同发展的必然方向，可促进劳动效率提升、减轻劳动强度、降低生产运营成本、加快农民工向技术工人转变进程，改善建筑质量，全面提高建筑业发展质量和效益。

庞　涛　南京大地建设集团控股有限公司副总裁、总工程师

仲跻军　南京大地建设集团控股有限公司总经理
诸国政　南京大地建设集团控股有限公司副总经理、总工程师
张　涛　南京大地建设集团控股有限公司副总工程师
张明明　南京大地建设集团控股有限公司总工程师

# 大中型建筑业企业工程总承包发展经验的调查和建议

蔡永进　徐　彬　季　政　刘宇辉

近十年建筑业经过全行业改革，工程项目总承包模式得到了快速发展与全面推进，逐渐培育了一批具有设计、采购、施工一体化能力的公司，这些公司不仅具有较强的工程总承包能力，而且具备很强的运作项目能力，极大地带动了工程总承包领域的变革和发展，使得工程总承包逐步向专业化、市场化、规范化方向发展。但目前我国工程建设市场采用工程总承包方式的工程占建设活动经济总量的比例仍远小于发达国家总承包市场规模，这说明工程总承包在我国建筑市场的发展中还存在着巨大发展空间，优势还远未体现。尤其是疫情解封以来，国内工程建设市场正发生深刻变化，建设项目投资规模增大、建设工期短、技术和质量水平高的压力越来越大，业主必然进一步要求工程建设和管理日益走向专业化，以降低或转移投资、建设风险，大力发展工程总承包正好顺应了市场发展的必然趋势和业主的客观要求。

市场虽然稳步增长，但是工程总承包领域尚存在着许多亟待解决的问题，这些问题的存在，若不及时解决，势必影响工程总承包业务的发展。2023 年通过对国有建筑公司考察调研，并结合实际体会，探讨工程总承包发展过程中需要解决的问题和对策。

## 一、国有公司近几年工程总承包发展的基本情况及成果

### （一）公司基本情况

江苏广宇建设集团有限公司成立于 2001 年，前身为靖江市建筑安装

工程总公司，注册资本金 3.1 亿元，公司性质为国有独资公司，是国家建筑工程施工总承包特级施工公司，同时具备市政公用工程总承包一级，建筑装修装饰工程专业承包一级，钢结构工程专业承包一级，建筑机电安装工程专业承包一级，地基基础工程专业承包一级，公路工程、铁路工程、水利水电工程、电力工程、幕墙工程、消防工程等多类施工能力的综合性总承包公司。十多年来，始终瞄准"管理集团化、经营多元化、装备现代化、生产规模化"这一目标，提升经营层次，提升运行质态，提升品牌效力。2022 年，公司完成建筑业产值 142.16 亿元，工程结算收入近 100 亿元。公司的综合实力连续多年位居江苏省建筑业前 50 位，连年获评省百强企业、泰州市建筑业"三十强"企业、靖江市建筑业"十强"企业等荣誉称号。

## （二）开展工程总承包工作的历程

公司在近十年的工程总承包实践中，依据建设市场需求及不同类型工程总承包方式的要求，通过三个阶段，已经初步建立了适应于工程总承包的组织机构、项目管理体系，培养了一批工程总承包管理人才，项目管理技术水平明显提高。

第一阶段，以传统施工总承包为主，稳步增长公司建筑业产值，同时承接含有深化设计的专业工程，如幕墙、钢结构、装修等专业，以施工总承包业务带动配套专业团队成长，培养专业工程设计与管理人才，快速提升专业设计能力，首先在专业工程领域达到节约成本目的。其次，施工团队抓紧熟悉工程总承包管理方法、程序和技术，学习工程总承包相关标准及法律法规，掌握工程总承包常用 BIM 软件等。

第二阶段，初步建立了工程总承包的项目管理体系。通过与国内大型设计院优势互补，如上海市政工程设计研究总院（集团）有限公司、中国电建集团河南省电力勘测设计院有限公司、中国直升机设计研究所等，强强联合承接工程总承包项目。一方面学习设计施工一体化管理方式，转变项目管理思路，重塑项目成本管控流程，培养 EPC 管理团队包括策划报批专员、项目经理、采购经理、成本经理等关键岗位人才。另一方面锻炼原有专业设计人员综合设计能力，提高设计深度及整体出图能力，推进设计与施工融合程度。

第三阶段，初步完善与工程总承包功能相适应的组织机构。筹建设计团队，调整公司部门机构，打造市场营销、设计管理、经营管理、施工管理、成本管理、财税管理以及综合管理七个团队，完善组织管理、合规管控、资源保障、风险管控、考核评价五个体系，构建集成管理信息平台，通过加强组织领导、理清部门职责、举办业务培训，推进工程总承包示范项目承建与推广，实现设计与施工板块形成有机融合。

## （三）公司工程总承包工作取得的主要成果

公司工程总承包业务通过三阶段发展，在整合资源和发挥强大的施工能力的同时，着重全面培养工程总承包管理能力，通过提高设计协调能力，形成技术创新体系，提高合同管理水平和履约能力，强化施工总承包信息化，推动了工程总承包项目顺利实施，取得可喜的成绩，已承建 EPC 项目 10 余项，合同总造价约 35 亿元，建筑面积逾百万平方米。

承建吉首市碧桂园盘山路 EPC 工程，全长 1.75km，宽 21m，全段岩土地质复杂，工程艰巨。业主为达成建设任务实行工程总承包，这是我公司在市政公路建设中第一次，同时也是对道路总承包管理模式的一次探索。项目总投资 1.5 亿元，设计阶段结合工程实际情况开展"边施工，边设计方案优化"，在建设过程中严格推行进度、费用、质量三大控制，按期优质完成建设任务，节省投资 1000 余万元。

靖江市华汇污水处理有限公司污水管网完善工程是靖江市的重大基础设施建设工程，投资大，质量要求高。该项目新建污水管网 57.28km，新建污水提升泵站 3 座。因市政污水管网工程的复杂性及严格的节点工期要求，公司与无锡市政设计研究院组成联合体，有效发挥本土队伍与顶级设计团队优势互补的特点，针对该工程地质与实施环境特征着重优化设计。在施工过程中，根据工程现场情况变化，由施工团队引领设计修改，大大节约了项目投资。同时按突出重点兼顾次要的原则，组织流水交叉作业，多开工作面，安排了十支设计—施工—物资综合队伍分区域同时施工，有效磨合设计施工团队，达到建设工期缩短至 21 个月的优异表现。

全钢构造的马洲公园人行桥改造 EPC 项目，利用公司钢结构专业设计团队推行内部设计方案比选，最终中标承建，成为公司首个重型钢结构桥梁 EPC 项目，总投资两千万元。由于设计时已对方案进行优化及预放样，整座桥梁主体工厂加工仅花费一个月时间，在安装过程中严格按照 BIM 三维设计进行吊装控制，节约工序及工期成本近百万，最终打造成为一座质优价美的地标建筑。

中标承建的靖江市东兴镇中心幼儿园工程总承包建设项目，位于靖江市东兴镇中心地块，总建筑面积 8323.64m²，建筑主体为三层建筑、局部四层。在该项目的设计上，运用现代技术与传统地域文化相结合的方式，对幼儿园建筑的功能、空间、形式等方面进行创新而务实的设计，体现历史传承与文化创新、植根当下又面向未来，在"实用、经济、安全、美观"的基础上，追求生态、节能、环保可持续发展。项目在时间紧、任务重、要求高的情况下，与业主密切配合，选派公司主力设计施工团队自行运作，真正将工程的设计、采购、施工合理交叉，比合同工期提前 30 天竣工交付使用，建设单位组织的空气检测一次性合格，工程质量均评为优良。

近两年，通过不断磨合设计施工团队，公司工程总承包能力在市场上的认可程度越来越高，承建的工程总承包项目规模得到快速提升。2023 年在建 EPC 项目共 11 项，造价逾 30 亿元，总建筑面积达 70 万 m²，为公司今后进一步完善工程总承包工程管理体系蓄势赋能。

## 二、公司工程总承包发展阶段存在的问题

### （一）公司从事工程总承包的内部自身问题

#### 1. 机制尚未完全建立

对于公司来说，选择工程总承包是最理想的承包模式，可以解决设计

与施工的脱节问题，但工程总承包是以设计、采购、施工相结合为特征的，公司如果没有相应的全专业设计能力，进行真正意义上的工程总承包是不可能实现的。由于国内市场环境以及资质壁垒等原因，以施工为主体的工程总承包业务发展，一般局限于深化施工图设计到施工总承包和采购，并未能真正涵盖多专业设计、采购、施工全过程，尤其服务功能、组织体系、技术体系、人才结构四个方面，运作效果与真正国际型工程总承包商之间差距仍然不小。

### 2. 组织体系未真正转变

工程总承包不仅要求总承包商承担项目的设计、施工和采购工作，关键是要求作为总包方要建立健全、系统完善的总承包组织管理体系，并从公司的经营战略、项目管理理念、现代化管理方法和多形式的承包模式等方面，全面、全方位、全过程地发生根本性的变化。公司开展工程总承包的组织体系尚不健全，在组织机构、服务功能等方面不能满足工程总承包的要求，大多实行"总部—分公司—项目部—专业作业队"的管理模式，没有设立专门"设计—采购—施工"条线形工程承包管理机构。

### 3. 项目管理体系未优化

目前，公司实行"总、分、项、队"的四级管理模式，管理职能交叉，项目经理部作为一级核算组织，相对"固化"，责、权、利关系不明确，制约工程总承包项目管理工作的规范运作。本该归属于项目部的各项职能，经过公司（或集团公司）、分公司的层层"过滤"，到项目部时已所剩无几，致使项目经理及其他项目部管理人员难以开展正常的工程总包管理，为此仍需不断优化总部、分公司、项目部及专业队伍的定位及组成。

### 4. 综合融资能力不满足

如今的工程总承包项目运作更趋于市场化，项目的垫资、前期投入、带资承包往往成为承包商入围的先决条件，一些施工管理技术突出但融资能力较差的建筑公司只能担当施工分包的角色，处于被动地位，错失工程总承包的大好机会。因此，开展工程总承包业务，特别是特大型项目，往往需要公司具备很强的融资能力。但目前公司的信贷额度相对较低，银行信贷审核时间长、审批程序纷繁复杂。解决这一问题，一方面需要相关政策支持，另一方面也对公司自身如何以多形式建立融资渠道提出了更高的要求。目前在资金匮乏的情况下，公司为分散风险只能依靠有资金实力的团队作为分包进入项目，有意无意中培育着别人的实力，自身的发展由于缺乏应有的融资能力会处于一种不良循环状态。

**5. 高素质复合型人才缺少**

目前公司拥有大量技术人才，而真正的综合型管理人才不足，缺乏高素质的、具有组织大型项目管理经验，能按照工程总承包管理模式、程序、方法、标准进行管理，熟悉项目管理软件，能开展设计、进度、质量、安全、成本、采购六大控制的复合型 EPC 项目经理，并且公司本身也没有一套完备的人才培育机制。同时，还普遍缺乏全面设计、专业采购、策划管理、报批报建方面的人员，这些高素质人才的缺乏已经成为制约公司发展工程总承包业务的瓶颈。

**6. 项目信息管理技术不适配**

工程总承包发展目标是与国际型工程公司接轨，一是与国际型工程公司的模式、程序、方法接轨，二是与其先进管理技术接轨。公司内部组织职能交叉越多，信息在不同层级之间传递时就越会产生缺失，虽然已使用项目管理综合系统来进行项目合约、资金、物资、技术管理，但是未按照 EPC 模式建立起全过程信息技术管理，应用领域和熟练程度与先进的国际型工程总承包商还有一定差距。

## （二）公司从事工程总承包的外部环境问题

**1. 工程总承包管理的法律法规体系未落地**

由于工程总承包相应法律法规、部门规章、实施细则和标准合同文本初步建立推广，但地方政府部门对工程总承包未能规范管理，制约了当地工程总承包的发展。有些业主为避开相关法规限制，仍习惯将大型工程进行分块分段招标，甚至压价发包、要求垫资承包等，此类市场行为非常不利于工程总承包模式的有效开展和推广。

虽然近些年来，国家发展改革委、建设主管部门积极开展政策引导，制定出台《房屋建筑和市政基础设施项目工程总承包管理办法》和《建设项目工程总承包合同》GF-2020-0216示范文本等文件，但是具体操作起来仍存在诸多不明限制，特别是在我国现行的工程总承包招标投标办法中，大多只对工程总承包单位施工能力的审查，没有全面推广对设计、施工、采购融合标准的评审，不能全方位考查总承包公司能力。

另外，国家对专业工程总承包管理人才的培养、证书认定、工程总承包资质认定等都在完善阶段。公司要有前瞻性和探索性，借此时机，及时调整公司在行业中的站位以及在地区建筑市场中的布局，积极与主要市场主管部门沟通获取政策支持，推动当地工程总承包业务发展。

### 2. 企业资质认证管理的政策法规不健全

现有《建设工程企业资质管理制度》不适应工程总承包的实际要求，目前形成的资质划分与实际需求存在差距，工程监理、咨询、设计、施工条块分割，不利于培育和发展工程总承包公司。即便从施工资质来看，虽历经两次改革调整，设置了总承包、专业承包、劳务分包三个层次，但总包不强，分包不专，市场认证混乱的现象依然存在。

### 3. 社会各方对工程总承包模式认知不足

公司因创办时间、资历、业绩、规模等各方面的限制，在社会上的品牌知名度比较局限某一区域，受广泛市场业主的认可程度较央企低。再者，大多数民营项目业主没有充分认识到工程总承包在工程建设中所能发挥的显著效益，一些业主仍然一味地盲目自管自营，排斥先进管理模式。有些业主代表只看到实施工程总承包以后，个人利益和权力受到了削弱，不愿采用发包方式组织项目建设，甚至热衷于将工程肢解发包。

### 4. 工程总承包市场发育不完善

工程总承包市场中优质承包商培育不够。第一，重视程度和评价工作欠缺，致使作为定位的工程总承包市场的承包商发展不平衡；第二，政府工程和国有资金投资项目中的工程分包招标缺少有效监管，造成许多漏洞；第三，承包商主体的社会地位仍较低，导致某些业主凭借其上游有利地位，对承包商任意宰割；第四，市场主体良莠不齐，素质偏低、人才匮乏和专业不精等问题普遍存在。同时，由于目前市场机制不够成熟，项目风险防范机制没有完善，也使得业主不敢轻易委托工程总承包。

## 三、地方国有公司改善措施

### （一）明确公司战略方向

应当抓住现在国内的工程总承包商项目整体运营能力还比较欠缺的时机，在做好做强施工总承包的基础上，迅速提高资本运作能力、项目经营能力、工程设计能力、建筑产品开发能力，坚持市场导向，实施可持续发展的科技创新、管理创新、经营创新战略，实行设计、施工纵向一体化和市政、钢结构专业条线多元化，加强工程总承包管理实践，转型成为国内一流的工程总承包公司，向城市服务商方向发展，同时站稳本地市场，拓展国内市场，跻身海外市场。

### （二）优化公司组织体系

公司总部作为人才资源、管理服务中心，持续通过内部提拔、外部引进等方式完善设计与 EPC 管理人才团队，建立工程总承包人才资源库与设计资源库，推行公司内部交易机制，促进分公司合作共享资源、关键人才的集中管理配置，培育战略合作资源。

1. 持续完善工程总承包项目管理体系，制定工程总承包项目管理手册，对重点 EPC 项目进行监督检查，指导解决项目实施难题，组织项目管理学习交流活动。

2. 完善工程总承包人才队伍建设方案，加强人才引进与培养，建立总承包项目经理、项目策划管理、工程设计管理等关键岗位能力标准，作为关键岗位员工招聘与晋升的重要依据。通过校园招聘、定向培养等方式引进建筑结构设计、工程管理类专业应届毕业生，作为后备人才培养；通过社会招聘、内部竞聘上岗、各方推荐等方式引进成熟人才，作为核心骨干培养。

3. 在传统施工总承包项目组织机构的基础上，增设设计部，推进设计管理、综合出图、深化设计、动态优化等工作。在市场部职能基础上增加策划职能，推进工程总承包工作策划管理与前期报批、报建等工作。

4. 试行关键岗位的轮岗交流与挂职锻炼，推动总承包项目经理向 EPC 项目经理转型，定期召开工程总承包项目经验交流会，将总承包关键人才培养指标纳入各相关部门绩效考核中，推进关键人才队伍建设，促使公司向工程总承包全面转型。

## （三）提升公司核心能力

1. 全面拓展工程总承包项目市场，对市场上运行的"EPC＋"商业模式（ABO＋EPC、F＋EPC 等）的特点与风险进行充分研判，创新"EPC＋"商业模式，联合产业链上下游的金融、规划、设计、运营等优质资源，提前与业主进行对接，在传统 EPC 服务的基础上，以客户需求为导向，提供融资规划、运营维护等增值服务，解决客户的"痛点"，维护战略客户关系。

2. 对公司已合作的设计单位进行分级管理，建立设计单位资源库，与优秀的设计单位建立战略合作关系，联合拓展工程总承包业务，共同培养 EPC 管理人才，提升工程总包管理能力，完善联合体经营机制，鼓励分公司与其组建联合体承接工程总承包项目。

3. 提升公司项目规划与方案设计能力，从规划源头上策划项目，从设计前端介入项目。独自竞标时，组织 EPC 管理人现场踏勘，规划项目竞标方案，明确项目风险与应对措施，强化投标文件编制评审，降低项目经济风险；联合体投标时，组成工程总承包与设计机构联合小组，共同商讨编制方案设计竞标文件，实现设计施工一体化，确保总成本最优。

4. 强化公司总体计划管控能力，组织市场部、成本部、设计部、工程部门制定总体计划，严格管控设计、采购、施工阶段计划，加强部门间交流沟通，强化公司对工程总承包计划执行情况的监督检查，将计划执行情况纳入绩效考核中，有序推进报批报建、设计、采购、施工工作。分部工程施工图设计确认后即可推进分部工程施工，实现"边设计、边采购、边施工"的目标，避免出现"等图纸、等材料、等设备、等工人"等问题，推进均衡化施工。

5. 深化工程总承包项目招采能力，制定切实可行的分包方案及配套的招标采购计划，筹划分包界面划分方式、招标方式、合同模式、付款方式等内容，高质量完成分包招采工作，同时将节点目标纳入合约，明确奖惩措施，确保节点目标实现；制定各类型商事合同范本，完善分包合同内控台账管理，对合同履约情况监督检查，将合同执行情况纳入分包商评级，给予不同级别分包商差异化的合作策略，确保高效履约。

### （四）增强公司的融资能力

提升融资能力包括资源整合、资本运作等方面，公司首先根据项目规模大小、业务范围和建设周期，制定好包括融资规模、资金结构、资金成本、融资渠道等内容的融资方案，同时利用资本市场及各种现代金融工具，在一定程度上从源头上为项目争取融资。一方面通过打造具有吸引力的项目打动投资者，以便顺利进行融资；另一方面公司也给投资者营造一个好的发展预期。另外，对融资过程中可能存在的风险采取及时有效的措施。

## 四、公司工程总承包后续工作计划

### （一）完善工程总承包管理体系

1. 在团队成熟的基础上成立公司设计院，推进设计资质申报升级。突破公司传统施工绩效体系，建立工程总承包企业独有的薪酬绩效管理机制。完善设计人才专项培养机制，或从设计院引进成熟的设计带头人、成建制设计团队，强化设计综合管理能力与动态设计深化能力建设，推进各专业设计团队融合建设。

2. 推进工程总承包管理经验的总结，促进典型工程总承包项目案例交流分享。组织公司各部门、分公司的核心骨干，建立涵盖市场管理、策划管理、组织管理、计划管理、设计管理、采购管理、智造管理、试运行管理、客户管理等内容的工程总承包管理体系，明确工程总承包各阶段、各环节的管控重点，指导各条线事业部有序实施工程总承包项目，并对体系执行情况进行审核评估，推进体系执行落地。

3.加强对工程总承包项目的监督检查，推进项目的竣工后评价与客户评级工作，明确工程总承包管理的典型方法，持续推进工程总承包项目管理的改进提升。

## （二）提高设计与施工融合度

1.推行项目全生命周期策划管理。涵盖项目组织机构、管理工作、限额设计、采购计划、施工计划、财税统筹、市场商务等内容，对策划执行情况进行动态评估，推进总体策划有效落地执行，进一步推动设计与施工融合。

2.强化设计各阶段部门合作机制。在方案设计与初步设计阶段，实行工程总承包项目部参与方案比选，对施工图纸质量进行审查，对材料设备选型、施工工艺做法进行建议，保证各专业施工的便捷性；在深化设计阶段，设计院统筹专业分包单位深度参与深化设计，工程总承包项目部对深化设计成果进行审查，确保设计一致性且能够指导施工。

3.施工过程中，设计部与项目部合署办公，负责施工图纸交底，解决施工图纸问题，在保证功能品质及投资概算控制的前提下，为施工团队持续优化设计，进一步降低工程项目实施成本，推进工程项目高效竣工。

## （三）推行公司内部合作机制

1.确立"同等条件内部优先"的原则。总部设计机构洽谈拓展的工程总承包项目，原则上优先与分公司合作或交由分公司进行施工；各分公司跟踪的工程总承包项目，原则上优先与公司设计机构联合竞标；各分公司独自承接的工程总承包项目，原则上优先交由公司设计机构进行设计。

2. 完善各分公司内部合作的产值、利润、绩效等分配机制，细化内部合作的结算付款管理。制定适宜的内部合作协议范本，建立长效化的内部合作评价机制，适度调整内部合作的合同额、产值与利润等指标，强化各公司间内部合作，避免无序竞争，促进公司效益最大化。

# 五、进一步推进工程总承包发展工作的建议

## （一）进一步提高认识，统一思想

推行科学化、社会化、专业化的工程总承包，是当期经济体制下的必然选择，是实施"走出去"发展战略的必然趋势，实践证明，推进工程总承包发展，对全面提高我国工程建设的经济效益和社会效益具有十分重要的意义。政府主管部门、行业协会和工程建设单位应充分认识推进工程总承包工作的重要性和紧迫性，大家要统一思想，齐心协力，各省市应大力全面推广工程总承包模式。

## （二）完善国家行业相关法规和政策

修订国家建筑行业法律法规时，建议增加工程总承包的相应条款，明确工程总承包的法律地位，同时在近几年工程总承包市场日渐成熟的经验基础上，制定《工程总承包项目实施效果评价标准》，完善《工程总承包项目计价规则》，以便进一步规范项目管理和总承包服务行为。

## （三）大力培育国内工程总承包市场

贯彻落实国务院办公厅《关于促进建筑业持续健康发展的意见》，对政府投资项目应当通过招标或直接委托方式选择工程总承包能力强的企业负责组织实施，对非政府投资项目应当进一步建立实施监督办法，积极推荐采用工程总承包方式，奖励建设项目。通过政府项目实施的示范引导，各地重点扶持培育一批专业化工程总承包企业。与此同时，工程企业也应努力适应工程总承包市场的需求，转变经营理念，健全公司功能，拓展专

业范围，提高服务质量，为市场提供专业化、集成化的高水平工程总承包服务。

## （四）积极推行符合国际要求的管理技术

工程总承包公司要建立健全策划、设计、质量、安全、成本、进度、资源、信息、环境和职业健康等体系，借鉴国内外先进的管理方法，制定符合本公司，具有先进性的《工程总承包管理手册》和相应的程序文件，逐步实现工程总承包管理的科学化、程序化、制度化，提升整体竞争实力。同时利用信息化集成系统实行公司与总承包项目的融合管理，将工程项目的设计、采购、施工全部功能纳入，建立完善公司级数据库。

## （五）加快培养公司各级管理人才梯队

坚持"引进来"和"走出去"相结合的方针，注重培养三种管理和技术人才：一是能适应技术进步和建筑业发展经营需要的开拓型经营与决策人才；二是能适应公司结构调整和熟悉工程总承包管理的复合型人才；三是熟悉国内外工程惯例、标准和规范，拥有国际工程管理经验并有一定外语水平的复合型人才。

## （六）尽快建立 EPC 项目风险管理机制

工程总承包项目的风险贯穿于项目决策、设计和实施全过程，且风险因素和风险事件涉及面广，建议工程总承包公司要设立专门的风险管理部门，配备风险管理专职人员，建立风险管理体系，制定风险管理计划，不断地监控项目风险，同时健全落实保险、担保等项目风险转移机制。

## （七）努力开拓国际工程总承包市场

1.加强国际工程总承包市场的调查研究，努力整合内外资源，采取与国内工程咨询公司、央企海外公司合作等多种方式，加快开拓国际工程市场进程。

2. 各级建设行政主管部门要积极与有关部门进行协调，加大对工程总承包技术创新成果的资金投入，采取切实有效的措施，促使成果转化通过国际认证，加快扶持培育一批具有国际知识产权的国际型工程总承包企业。

### （八）充分发挥行业协会及院校作用

1. 行业协会要为企业建立一个广泛自由的交流平台，组织会员单位总结、交流工程总承包实施经验，及时宣传、推广成功的经验和做法。

2. 协会应建立工程总承包领域的诚信体系，完善从业人员职业道德准则，规范建企市场行为。

3. 行业协会积极与高等院校联合，有计划、有重点地举办多层次、多形式的工程总承包专业知识和技能培训，重点是针对各地区骨干技术和管理人员。

4. 建议行业协会搭建国际交流平台，促进国内外的交流与协作，及时发布国外工程的最新动态、科技成果、发展趋势。

## 六、结语

综上所述，制约公司开展工程总承包业务的主要因素，有政府在市场管理方面的，有公司本身核心竞争力方面的，也有公司设计各方面人才缺少、资金链紧和管理不匹配方面等因素，但只要政府加强管理和引导，为建筑市场开展工程总承包业务创造有利条件，结合公司不断强化内部建设，厉行改革，使公司组织机构和管理体系持续适应工程总承包业务开展需要，我们认为市场前景仍是非常光明的。

蔡永进　江苏广宇建设集团有限公司董事长
徐　彬　江苏广宇建设集团有限公司总经理
季　政　江苏广宇建设集团有限公司副总经理
刘宇辉　江苏广宇建设集团有限公司经营管理部部长

# 建筑业企业业财税一体化建设情况调查与建议

## 董 非 朱 彭 陈 清 李 延

当前，建筑业企业的经营环境在新时代背景下出现了较为明显的转变，同时也促进了建筑业企业传统业务管理、财务管理、税务管理模式的发展。

为了促进业财税管理模式与"互联网＋"跨业态融合，企业可以利用大数据处理技术，结合建筑业企业运营中的业务流程、财务流程和税务流程，基于业务驱动的业务管理、财务管理、税务管理，构建业财税一体化的信息处理平台。在建筑业企业融合业务数据、财务数据、税务数据的同时，还能有效共享相关数据和信息，对企业的资产、盈利以及现金流情况进行实时掌控。

目前，企业业务、财务和税务管理相互独立的情况依然存在，企业需要在"互联网＋"背景下构建业财税一体化平台，让企业各业务部门之间打破数据壁垒，实现业务管理、财务管理、税务管理的一体化，从而提升建筑企业的核心竞争力以及管理效率。

## 一、建筑业企业业财税一体化简述

建筑业企业业财税一体化的核心是业财税的信息化建设，从而实现无缝对接业务、财务、税务，使企业能够通过大数据技术高效收集和分析相关数据信息，并且通过指令下达，实现税务风险自动化监测、预算指标自动化监控。

通常情况下，业财税一体化建设包括以下几个方面：一是业务方面，将业务管理通过信息化手段，实现即时管控、数据集成、信息共享，打通业务与财务、税务的对接渠道；二是财务方面，能够自动生成业务流水、支付指令、记账凭证，并根据决策要求，使用相关数据信息编制统计报表，从而为决策制定提供数据依据，同时可以使用记账凭证的方法查询原始单据，降低财务核算总量；三是税务方面，进销项发票内容可以实现自动采集和分析，然后自动生成税务申报表，在很大程度上减少税务人员的工作量，同时能够确保发票信息的准确性，有效降低税务风险，保障纳税合理性。

## 二、建筑业企业业财税一体化模式的优势

对于建筑业企业而言，传统的财务管理模式已经不能满足新形势下企业发展的要求，也不能应对市场变化。国家财税体制改革进程正在有序推进，对企业财税管理工作国家相关的监管政策也更加完善。对于建筑业企业来说，加强业财税一体化管理，不断研究业财税一体化建设新技术和新方法，对自身财务管理工作乃至整体发展都具有深远影响，具体优势体现在以下几个方面。

### （一）有助于企业部门间的沟通交流

在传统的建筑施工企业运行模式下，企业各个部门之间的工作开展是相对独立的。从宏观上来讲，一个建筑施工企业的运行与发展需要各个部门的工作人员共同努力完成。虽然各部门的工作在具体内容和工作方法上存在差异，但是各部门工作需要进行衔接和协调，必要的沟通交流是非常重要的。传统模式下相对独立的部门工作状态与企业发展建设的宏观要求存在冲突。在业财税融合的模式下，企业建设发展过程中的各个部门会基于同一个目标进行有效的沟通交流，这不仅能够帮助各部门工作人员认清自身在企业发展建设中的具体作用，更能够通过有效的沟通交流及时发现自身工作开展中存在的问题，是有利于各部门工作开展质量提升的有效方法，当企业各部门的工作都能够稳定有序地进行时，意味着整个企业的发展建设也会取得一定的成效。

## （二）有助于提升企业财务管理成效

通过实施业财税一体化建设，结合企业自身的具体情况，围绕财务管理工作，将资产管理、资金核算、预算管理以及税务管理等各方面的事务通过信息技术进行整合，构建相关的数据平台，这样可以及时掌握和分析企业资金资源等配置、利用和流动等情况，不仅提高了财务管理人员的工作效率，同时也有利于借助智能化的技术和手段来检验相关数据的准确性和全面性，围绕财务管理职能不断提高财务信息化管理水平，进而更好地指导其生产运营。

## （三）有助于强化企业总体发展的稳定性

在业财税一体化背景下，建筑业企业各部门工作开展中的业务流程和工作内容可能存在联动和交叉，与独立开展工作相比，有了其他部门的协助，各部门的工作开展在效率和质量上必然能够得到提升，且从企业运行发展的工作需要上来讲，财务部门的工作开展需要依托业务开展的进度进行合理规划，业务部门工作开展也需要财务部门及时提供资金和资源的支持，这关系到企业运行发展中的利益获取的关键环节。由此可见，在实现了业财税融合的发展模式后建筑施工企业的总体发展在稳定性上会更强。

## （四）有助于推动会计核算模式的转变

通过实施业财税一体化模式，有助于传统会计核算向管理会计模式转变，推进业财税数据融会贯通，积极探索实践业财税一体化建设模式，由传统的各部门管理本部门的业务，向集中化、数据共享化推进。在推进过程中，一是可以逐步制定或规范建筑施工企业关于业财税一体化的相关管理制度标准；二是通过信息系统建设，规范报账管理的流程化、透明化，保障企业的合法经营；三是通过信息技术手段实现数据共享，使业务流程、核算流程以及管理流程能够有效地融合，促进各部门间业务执行效率得到有效提升；四是通过业财税一体化建设模式的实践，能够促进建筑施工企业数字化、智能化转型。

## （五）有助于提升企业经济社会效益

通过实施财税一体化模式，可以借助现代信息技术等不断优化财务管理工作，提升财务管理精细化管理水平。利用数据比对分析等功能对生产运营各个环节的情况，尤其是预算执行等情况可以动态地了解，这样可以引导企业严格按照国家最新的政策要求，并充分考虑企业自身的具体实际等不断调整相关的经营理念和经营战略，实现数据资源共享的同时，也有助于帮助企业进一步优化内部管理机制，强化内外部信息资源等整合，打造综合性的发展平台，为企业节约资金资源的同时，也为企业开拓市场等提供了正确的导向和强大的基础保障支持。当前企业面临激烈的市场竞争形势，财务管理工作的开展也面临新的市场要求，加强财税一体化建设，是企业适应市场形势变革的必然选择，也是更好地推动企业实现持续健康发展的基础工作。为此需要企业结合自身实际不断完善财税一体化制度体系，强化技术开发和信息资源应用，这样才能更好地指导实际工作有序开展。

## （六）有助于推动企业持续科学发展

当前国家财政体制改革政策不断发生变化，面临新的市场发展形势，企业也需要结合自身实际不断调整发展战略，加强新技术、新方法的引入和应用，这样才能更好地提升管理效能，实现科学发展。加强业财税一体化建设，结合时代发展要求以及自身具体情况，从完善财务管理模式的视角优化财务管理流程，可以将企业财务管理、税务管理和业务管理等工作结合起来进行综合管理，基于业财融合的视角对照企业发展战略不断进行内部管控，这样可以更好地挖掘企业发展潜能，提高企业持续发展动力。另外，对于企业而言，加强业财税一体化建设，还有助于借助信息技术等对可能存在的危险等进行排查，进而结合企业的具体情况查找可能存在的问题，帮助企业及时了解和防范相关的隐患，提高安全发展水平。

## 三、建筑业企业业财税一体化建设面临的问题

近期，我们通过电话、邮件、问卷等形式，对我市部分建筑业企业进行调研，企业在业财税一体化工作推进过程中，虽然采取了一系列的措施来加强规范管理和科学探索，但是还面临不少的问题，主要表现在以下几个方面。

### （一）部门整合问题

在传统管理模式下，建筑企业的财务管理、税务管理、业务管理通常都是由不同的部门负责，各部门间在权责职能上相互独立，工作内容间的联系也比较少，因此在业财税一体化改革中，如果建筑企业想要将各部门整合为同一部门，那么在各部门工作人员缺乏融合意愿的情况下，就必然会面临各种各样的困难。

首先，业财税一体化意味着业务、财务、税务方面的工作需要由各专业人员共同沟通协调完成，但是由于不同专业人员的工作理念差异较大，因此在沟通过程中各方很容易出现矛盾，这样不仅很难将业财税一体化在管理效率方面的优势发挥出来，反而还会起到负面作用，延缓各项工作的进度。

其次，在业财税一体化模式下，建筑企业业务、财务、税务管理工作虽然存在着较为密切的联系，但是也同样具有很强的专业性，非专业人员很难有效参与其中，如果仅在内部组织结构上对各部门进行合并，那么在实际上，各专业的工作仍然是彼此独立的，并不能够真正实现业财税的一体化。

最后，由于很多建筑企业已经在信息化建设方面取得了一定的成果，并为各部门建立了专门的信息管理系统，因此不同部门信息系统在信息技术标准上的差异也同样会加大业财税部门融合的难度。

## （二）工作协同问题

业财税一体化对各专业工作人员的协调合作有着较高的要求，但从目前来看，很多建筑企业部门间的工作协同性问题却未能得到有效解决，而这也给业财税一体化的实现产生了很大限制。在实际工作中，由于业财税一体化改革在建筑行业起步较晚，很多建筑企业对业财税一体化仍缺乏深入的认识，因此常常将业财税一体化当作是对一体化管理平台、管理软件的应用，而对于业务、财务、税务等各方面的数据信息交流与共享则非常少，各部门很难集中各方面数据展开综合分析，其决策的合理性也会因此而大大下降。另外，对于业务、财务、税务管理人员来说，由于不同专业的管理目标不同，因此在进行管理决策时，各方很难达成一致，这对工作协同性的影响同样非常大，例如业务管理人员通常会重点关注业务指标的完成情况，而税务人员则是将合理避税作为工作的主要目标，如果业务指标的完成与企业合理避税间出现矛盾，那么各部门间的有效协同就很难真正实现。

## （三）人才需求问题

业财税一体化不仅打破了企业不同部门间的数据壁垒，同时也对各部门管理人员提出了更高的要求，对于业财税一体化管理模式下的业务、财务、税务部门工作人员来说，其不仅要具备良好的工作能力与专业素养，同时也要对其他两部门的工作内容、工作要求等相关专业知识拥有一定的了解，这样才能够在工作中进行有效合作。但由于国内高端管理型人才相对较少，在职员工在综合素质上又存在着诸多不足，因此很多员工仍然很难参与并完成非专业的相关工作，这对于建筑企业业财税一体化的实现是非常不利的。

## （四）网络安全问题

随着互联网的普及发展，各种各样的网络信息安全问题开始逐渐出现，而在建筑企业的业财税一体化进程中，网络信息安全问题则可以体现在两方面。其一是建筑企业普遍仍采取传统的财务管理模式，网络安全意识比较薄弱，对于网络信息安全的防护等级也比较低，一旦一体化管理平台遭受到恶意网络攻击或出现病毒入侵，那么信息系统中财务、业务等各方面的数据信息都会面临遗失、泄漏的威胁，这对于整个企业的运营管理都是非常致命的。其二是当前越来越多的建筑企业都开始习惯于更加方便的网络交易，但其身份认证手段却比较落后，在交易过程中一旦其身份认证的漏洞被不法分子获取，就很容易给企业带来巨大的经济损失。

## 四、建筑企业业财税一体化建设的建议

为了不断提升建筑业企业业财税一体化工作有效开展，更好地服务企业发展，建议从以下几个方面予以完善优化。

### （一）构建集成化管理模式

面对业财税一体化进程中的部门整合问题，建筑企业还需在企业内部建立全新的集成化管理模式，将业务部门、财务部门、税务部门的信息管理系统与企业其他的信息管理系统有效连接起来，建立统一的集成化管理平台，并要求各部门工作人员在平台上完成各项工作任务，为各部门间的有效融合创造良好基础。同时在管理决策方面，建筑企业则可以利用大数据技术，对企业财务税务、业务等各方面的数据信息进行深入挖掘与整合管理，并存储到专门的数据库之中，使不同类型数据能够有效关联起来。在需要进行管理决策时，可以直接提取问题相关数据信息展开综合性的大数据分析，并将分析结果作为管理决策的参考，由于以大数据技术为基础的数据分析综合了多个专业的数据，因此即便工作人员在其他专业问题上专业性有所不足，也能够围绕分析结果有效参与到管理决策中来，因工作理念差异所产生的矛盾纠纷也会大大减少，这些对业财税一体化模式下的部门融合都能够起到很大帮助。

## （二）坚持动态管理原则

对于建筑企业来说，无论是业务管理还是财务管理、税务管理，都与企业的经济效益、经营发展有着直接关系，因此将业务管理、税务管理、财务管理联系起来的业财税一体化很容易得到企业的支持，但对于各部门管理、工作人员来说，业财税一体化却并不能够带来太大的利益，相反还会使其工作难度增加。在这样的情况下，建筑企业要想实现业财税一体化，就必须要坚持动态化管理原则，利用大数据技术对业务管理、财务管理、税务管理进行实时监控，将信息数据传输、工程项目审核、施工成本核算等全部业务流程都纳入监控范围中来，并根据这些业务流程中得到的反馈信息来制定针对性的管理决策，或是对原有管理决策进行适当调整。这样一来，财务部门、业务部门等企业内部各部门间的联系更加密切，利益也紧密相关，管理人员、工作人员自然也就会在工作中积极协作，提高工作的协同性。

## （三）重视培养复合型人才

从企业运行和具体工作开展的角度上来说，复合型专业人才的培养对于企业的发展建设来讲不仅是具有先进性的需求，也是业财税融合背景下的必然趋势。作为建筑施工企业来讲，管理人员应当首先针对综合性人才培养的问题引起充分重视，首先筛选出企业各部门中具有过硬自身素质和工作能力的工作人员，作为企业综合性人才的储备力量进行进一步的培养。其次，也可引进一部分具有综合管理和工作能力的建筑施工方面的专业人才充实原有的人力资源队伍。在针对已有人力资源开展培养提升工作时，企业可通过为各部门工作人员提供一个知识管理平台，使各部门工作人员能够快速了解其他部门的工作内容以及与自身工作之间的联系有一个清晰的认识途径，学习他人分享的先进知识与实践经验，寻找自身在工作能力提升方面存在的问题和不足，从而为后一阶段的自我学习和提升找到科学的方向。另外，在复合型人才的能力素质方面，也要求其具备一定的信息化系统的应用和维护能力。

### （四）加强信息管理和安全防控

企业财税一体化平台的建设和运营，需要信息技术等支持和全员的全面配合。在系统运行过程中，需要加强功能的深度开发。企业应当结合自身的具体情况，从加强全面融合的角度对各类信息系统进行整合，建立企业财税一体化平台与业务管理信息系统等方面的融合体系建设，不断打造完善的综合性信息服务平台，这样可以及时实现数据共享，也有助于减轻工作人员重复采集和统计信息等压力。要不断加强新技术的融入，在数据信息系统的开发维护等方面加强安全防护系统的配置，不断开发新的功能模块，围绕财务预算管理、资金管理、成本核算、项目管理等方面打造更多的专业化功能模块，从而提升企业业财融合管理成效。另外，还需要加强信息安全防护。在看到企业财税一体化平台运行取得良好成效的同时，也要认识到目前企业在财税一体化运行方面面临的风险，要注重加强安全隐患的排查和风险识别，针对各个端口等运用检测技术进行监控，对可能存在的系统漏洞等及时发现，并通过防火墙设置、层层加密、信息备份和防御等方式来进行防范。在信息系统的维护运营等方面也需要企业加强相关资金的投入，引进现代化的设备设施，加强对技术人员的考核，层层设置相关系统权限，引导全员按照各自的职责分工来登录和管理平台，最大限度地提高平台规范化管理水平，降低安全风险或隐患的发生。此外，企业还应当不断学习和借鉴同行在财税一体化建设方面的经验，加强与外部相关部门的沟通，引入更多的先进技术和方法，以此为基础更好地推动财税一体化平台扎实有效开展，打造更具有企业特色的功能体系。

## 五、结语

总之，对于建筑业企业而言加强业财税一体化建设，需要结合市场形势的发展要求以及政策变化，考虑自身实际等构建完善的信息化平台，注重加强规范化管理，强化动态管理，完善人才培育体系，加强风险防控，这样才能切实提升企业业财税一体化管理实施成效，为企业发展提供更强大的基础保障。


董　非　　　　　　江苏省建筑行业协会副会长

朱　彭　　　　　　徐州市建筑行业协会顾问

陈　清（执笔人）　徐州市建筑行业协会副秘书长

李　延　　　　　　徐州市建筑行业协会办公室主任

# 凝心聚力谋发展　砥砺奋进正当时

董传峰　陈炳和

在千年古镇、岳飞抗金之地镶嵌着一颗璀璨的明珠，这颗明珠正以她特有的魅力放射出耀眼的光芒，这就是宏厦创源建设集团有限公司（简称"宏厦创源公司"）。公司坐落于高邮市三垛镇，经过四十多年的岁月洗礼，目前已发展成为房屋建筑施工总承包一级资质企业。连续十多年荣获三垛镇政府纳税十强企业称号，并获得江苏省建筑业优秀企业，扬州市、高邮市建筑业先进企业荣誉称号。

四十年风雨、四十年征程、四十年发展，书写了一篇篇宏厦人的建筑篇章，吟唱了一曲曲宏厦人的建筑之歌，铺就了一条条宏厦人的健康之路。

## 一、宏厦创源公司高质量发展举措

### （一）加强市场开拓，不断拓展企业发展的新空间

市场是建筑企业赖以生存的命脉，没有市场，企业就会濒临破产。因此，宏厦创源公司一直以来大力拓展市场，转战祖国的大江南北，创下了市场开拓的累累硕果，留下了一连串闪光的足迹。一是想方设法巩固老市场。内蒙古霍林郭勒市场是宏厦创源公司外向开拓的首个市场，四十多年来，公司一直坚持"建一处工程、树一处丰碑"的理念，积极做到稳扎稳打，先后在霍林郭勒市承建了100多个工程项目。同时，公司以内蒙古市场为中心，向周边市场辐射，开拓了北京市场，并于去年创下了新辉煌，各项经济指标均比上一年有所提升。二是千方百计培植新市场。公司于去年新培植了高邮城南新区和汤庄镇两个新市场，分别承建了城南经济开发区的江苏乔科科技有限公司1～4号生产厂房及行政服务楼项目和汤庄镇

的扬州益众机械有限公司 1 号、2 号厂房项目，两个项目总造价达 2 亿元。三是不遗余力投标争市场。扬州宏厦、少游劳务、金聚盛三家公司去年共投标 400 余次，中标大、小项目 20 多个，中标金额近 5 亿元。

## （二）调整经营思路，实施企业经营发展的新模式

近年来，宏厦创源公司随着企业的不断深入发展，逐渐意识到：改变陈旧的发展思路，走合作共赢发展之路才是企业永葆青春的"秘诀"。"借鸡生蛋、借梯上楼、借船出海"，坚持与有影响、有实力的大公司合作，是宏厦创源公司这几年尝试的一种成功发展模式。公司先后与扬建集团、华泰集团、高邮水建、南京水建、江苏叁山生态环境等知名企业合作，取得了较好的效果，承建了一系列的合作项目，范围涉及水利水电工程、市政公用工程、绿化工程、房屋建筑、标准化厂房工程等。公司自从调整经营思路以来，一直坚定一个信念，即通过合作，先进入市场，再站稳脚跟，最后抢占阵地，一步一个脚印，把宏厦集团的这面旗帜永久飘扬在合作共赢的阵地上。

## （三）加快转型升级，构建企业经营发展的新格局

一枝独秀不是春，百花齐放春满园。对此，宏厦创源公司积极加快多元经营的步伐，在做好传统房屋建筑工程的基础上，积极延伸、拓展建筑全领域，业务范围拓宽到工业厂房、市政公用工程、装饰装修工程、水利水电工程、园林绿化工程等领域。同时也逐步向建筑劳务、物业管理、三产服务业、房屋出租、建筑用钢管脚手架租赁等方面转型，形成了一个以建筑业为主、多元发展的经营格局。2022 年，承建工业厂房项目 2 个，建筑面积近 10 万 $m^2$，实现施工产值近 2 亿元；承建市政公用项目 3 个、装饰装修项目 2 个、农田水利项目 2 个标段，实现总施工产值近 3 亿元。宏厦商务大厦超市于 2022 年 10 月正式开张营业，既方便了周围群众生活，又给公司带来了可观的经济效益。

## （四）强化内部管理，努力提升企业管理的新水平

管理是企业永恒的主题，事关建筑企业的发展质态和经营成功。近年来，宏厦创源公司始终视管理为生命，通过先进的管理理念、科学的管理手段，进一步理顺内部各种关系，防范和降低企业经营风险，推进企业管理的规范化、现代化，确保企业健康有序发展。一是加强财务管理，严格财务制度，规范操作流程。公司明确一支笔审批制度，所有支出票据必须有经手人、证明人、审批人签字后方可入账，缺一不可；材料支出票据须附购销合同、发货清单等手续，确保"四流合一"；每笔付款、临时借款都必须由领导签字后方可列支。二是抓好成本管理，努力降低施工成本。在项目投标前做好项目预算；在施工过程中，抓好材料管理，采购时货比三家，材料入场查质量、点数量，使用时杜绝浪费；在项目完工后做好项目决算，在签证、变更上做到不少算、不漏项，每分必争。三是注重质安管理，积极提升企业形象。公司狠抓工程质量、安全管理，把加强全员质量、安全意识教育作为公司工作中的重点来抓，将创建优质工程和安全文明工地理念时刻植根于大家的脑海中，并落实质量、安全层层负责制，确保每接一个工程都力争做到"三个必保"：保施工质量达优，保安全文明达标，保工期按期交付，真正做到建一项工程、树一座丰碑、拓一方市场、推一张名片。2022 年，公司获得江苏省文明工地 2 项、扬州市文明工地 2 项、扬州市"琼花杯" 2 项。

## （五）搞活企业文化，积极注入企业发展新动能

企业的发展离不开全体员工的同心同德和同甘共苦，更离不开员工为之自觉奋斗和奉献的企业文化。员工只有在奋斗过程中与企业目标保持高度一致，具有"企兴我荣、企衰我耻"这一共同的奉献理念，才能加快企业的发展速度，才能使企业的核心竞争力得到有效增强。对此，宏厦创源公司积极加快企业文化的建设进程，不断推动公司高质量发展。一是积极参与慈善公益活动。在第 72 个"六一"儿童节之际，为三垛小学筹办

"六一"儿童节活动提供赞助金；在"5.19"慈善一日捐活动中分别向高邮市住建局、三垛镇人民政府捐款上万元；在疫情期间，公司领导、管理人员都带头捐款，充分体现了一个企业、员工的责任担当。二是关心职工身心健康。公司邀请中国红十字会救护员张东锋主任来公司开展"紧急救护、健康中国"主题讲座。通过培训，大家基本掌握了医疗急救、工伤急救的正确方法，对日常生活中食品安全、慢性病预防知识也有新的认知。三是抓好项目党建工作。坚持将党建工作向生产一线延伸，将项目部作为公司党建工作的落脚点和侧重点，扎实推进项目党建工作，围绕工程进度、安全生产、质量保障、经济效益等开展工作，使工程项目部成为展示公司党建工作的"主窗口"、营造公司文化的主阵地和推动项目建设的"主引擎"。

## 二、宏厦创源公司发展中的不足

在肯定成绩的同时，宏厦创源公司也意识到公司的建筑业经济发展水平与兄弟单位相比，无论是规模总量、产业结构调整、企业转型升级、企业自身经济效益、创优夺牌等都存在差距，主要表现在：

一是思想不够解放。在业务开拓方面，仅仅局限于本地区和几个老市场，圈子太小，开拓创新力度有待加强。在人才引进上手笔不大，视野不开阔，在管理人员更新换代上步伐不快。特别是项目部管理班子成员年龄结构偏大，文化水平偏低，已难以跟上企业发展的步伐。

二是制度落实不到位。制度有了，但执行力不够，考核不严谨，奖罚不到位，存在"打和牌"现象，更没有实行末位淘汰制度；职工的工作积极性没有被充分调动，职工的主人翁意识有待加强。

三是少数员工缺少主观能动性。个别同志整天迷迷糊糊，领导安排什么就做什么，不思进取，缺少主观能动性，缺乏举一反三的应变能力，工作积极性不高，责任心有待加强。

四是创优夺牌意识不强。客观原因是，近几年公司承建的大体量房地产项目少，项目规模达不到省优标准；主观原因是，领导重视程度不够，经济投入不足。

## 三、推进宏厦创源公司高质量发展的意见建议

面对自身的不足，宏厦创源公司在今后的发展中，将以踏踏实实的态度、坚韧不拔的毅力、百折不挠的勇气、意气风发的姿态进一步凝心聚力、砥砺奋进，充分做好六个"继续"，切实推进公司高质量发展。

### （一）继续加大市场开拓力度，提升基地占有份额

一是继续保持与江苏省建工集团、中建八局、中建新疆公司、南通四建、北京城建、扬建集团、南京水建、高邮水投、交投集团、高邮市经济开发区、高邮城南经济开发区等单位合作，拓展市场，寻求合作，更好地发挥宏厦一级资质优势，拓展新的市场，力争进军苏南建筑市场。二是在巩固老市场的同时，积极向周边城市辐射，以点带面，全面发展。北京市场是公司的老根据地，我们在站稳的同时，将想方设法做大、做优、做强，把宏厦创源、江苏少游劳务的两个品牌树立起来。同时，不局限于单一的房屋建筑工程，将积极向市政工程、装饰装修工程、消防设施工程、园林绿化工程等方向拓展。

### （二）继续推行经营模式创新，加快企业发展进程

公司将集中优势资源，突破行业瓶颈。按照"一业为主，多元经营，齐头并进"的发展思路，加快企业转型发展步伐，不断扩大企业经营规模，重点放在附加值高、经济效益好的产业上。在抓好房屋建筑工程的同时，向水利工程、绿化工程、市政工程、消防工程、装饰装修工程转向，并改变经营思路，总承包、分包、劳务、挂靠、合作，全面发展。在业务洽谈上将主动出击，舍得投入，多动脑、磨破嘴、跑断腿，绝不会等米下锅，坐以待毙。

## （三）继续加强企业品牌建设，创优夺牌力争突破

品牌是企业的形象，是企业走入市场的"通行证"。公司将进一步树立品牌意识，坚定不移地走质量兴企、信誉立企、品牌强企之路，切实把争创精品工程作为一项重要工作来抓好、落实好，不断提升品牌档次，进一步以品牌塑造形象，以品牌扩展声誉，以品牌提升影响力，充分展示宏厦创源公司在全市建筑业的崭新形象。2023 年公司力争在创优夺牌上有所突破，确保江苏乔科科技有限公司 1～4 号生产厂房及行政服务楼项目创江苏省优质结构工程，争创"扬子杯"；南京汪海集团金海铸造产业园、立华鸡场二期 2 个项目争创江苏省建筑施工文明示范星级工地、扬州市优质结构工程、扬州市"琼花杯"。

## （四）继续注重人才外引内培，积蓄企业发展潜力

人才资源是建筑业核心竞争力的重要组成部分，也是建筑业持续发展的根本动力。要提升建筑业的竞争力，关键依靠人才，人才是企业发展的第一资源要素。对此，公司将根据企业发展需求，对一级建造师（建筑＋市政专业）、二级建造师（水利水电专业）、现场岗位管理人员、分户会计、办公室管理、企业策划、投标专员等岗位所缺人才进一步加大引进、培养力度，对具有同行丰富工作经验的专业人才可破格录用。通过培养、引进人才，充实新鲜血液，力求提高企业的管理水平和活力，增强企业的市场竞争力。

## （五）继续高度重视项目管理，树立企业良好形象

项目管理是建筑企业管理的源头，只有抓好项目管理，建筑企业才会健康持续发展。为此，公司将进一步加大工程项目的质量、安全管理力度，从细节和源头抓起，材料进场严格把关，不仅检查数量，还须检查产品合格证。钢材、混凝土要有检验、检测报告。在施工过程中，严格按规范标准和图纸施工，对隐蔽工程施工要有监理旁站监督。定期开展质量专

项检查，对出现质量问题的项目部将通报批评，奖罚分明，切实把筑造标准化工地、精品工程的思想融入项目部的日常管理之中。同时，定期组织安全生产大检查，注重宣传与预防相结合，把一切安全隐患消灭在萌芽状态，确保安全生产万无一失。

### （六）继续强化企业文化建设，增强企业发展软实力

企业文化建设工作开展得好，对外能展现企业形象和社会价值，对内能凝聚人心，也能充分调动广大职工的工作积极性和热情。因此，公司将围绕五个方面开展工作：一是通过表彰先进来鼓励大家学先进、赶先进；二是做好优秀集体、先进个人的事迹宣传工作，鞭策、带动其他同志；三是"关爱"职工生活，定期组织职工外出旅游和体检，逢年过节慰问困难职工，对考上"985""211"重点大学的职工子女进行奖励；四是积极组织申报"工人先锋号""五一标兵""最美产业工人"等荣誉称号，在公司上下形成一个"比、学、赶、超"的良好竞争氛围，让工匠精神在企业闪光，切实提高企业的凝聚力和战斗力，促进企业和谐、稳定、高效地发展；五是发挥党建引领作用，不断丰富党建活动载体，通过推动党建工作与项目管理工作深度融合、加强党员同志的培养纳新、推广"党旗领航＋工会焊接"党工共建的党建工作模式等形式，着力提高党组织的凝聚力，助推企业高质量发展。

长风破浪会有时，直挂云帆济沧海。宏厦创源公司将以高度的责任感、光荣的事业感、兴衰的荣辱感、崇高的使命感，在高质量发展的征程上踔厉奋发、勇毅前行，不断续写企业发展更加美好的明天！

董传峰　宏厦创源建设集团有限公司总经理
陈炳和　宏厦创源建设集团有限公司办公室主任

# 对接"一带一路" 实现企业转型升级

张向阳　陈国礼　张喜一

## 一、走出去基本情况

近年来，南通建工集团（简称"公司"）在站稳国内市场的同时，把拓展海外工程承包市场作为持续发展"重头戏"，以做精做强做大为目标、以信誉和效益为宗旨，坚持实施"走出去"战略，凭借品牌、核心技术和总承包、总集成管理等综合优势，稳扎稳打，积极进军，近五年共承接海外工程 40 余项（主要在非洲的苏丹、津巴布韦、莫桑比克、塞内加尔、坦桑尼亚等国），累计签约合同额 12 亿美元，累计完成营业额 10 亿美元。公司连续多年荣登"ENR 全球最大国际承包商 250 强""江苏省建筑外经10 强"排行榜。

公司在海外开展传统建筑承包业务的同时，经过一定的市场分析和研究，也开始试点和布局海外投资业务，目前已在苏丹投资开发宾馆、酒店、农场等项目，在莫桑比克投资开发商住楼、土地储备投资等，在津巴布韦也开始进行土地储备投资。

## 二、存在问题

公司虽然在海外市场经营开拓中取得了一定的成效，但必须清醒地认识到当前地方建筑企业在企业国际化比例、国际竞争力、国际市场占有率等方面与国内外大型承包商还存在着巨大差距。公司目前主要市场在非洲，工程承包市场尽管潜力很大，发展前景广阔，但面对种种来自外部和自身的困难和问题，仍需认真研究和解决。

来自外部的问题主要表现在：近年来，全球贸易逆差全球化趋势日益明显，国际政局动荡不安，阵营对抗加剧，国际投资大幅减少，投资贸易环境显著恶化，导致国际工程承包市场份额缩小。部分国家政局不稳，经济形势恶化，治安状况较差；政府运作不够规范、材料物资严重缺乏，工人操作技能低下；与其他国家承包商的竞争日趋激烈，尤其中资企业间的竞争更显突出等。

而公司自身存在的问题也是多方面的，特别是以下四大难题，亟须破解。

## （一）资金短缺，融资能力不强，金融支持力度仍需加大

发展国际工程承包和基础设施建设，需要大量的资金支持，虽然非洲地区接受世行等国际金融组织的资金援助，但是大部分工程项目需要承包商融资或垫资，大型项目普遍采用带资承包和租赁经营模式，由于地方企业资金实力较弱，融资渠道窄，融资手段有限，加之政策性银行支持力度小，使竞争力受到很大限制，融资能力欠缺或带资条件不足而在项目竞争中失败的事例屡见不鲜。我公司虽说在金融授信方面取得一定突破，但仍不能满足做大做优海外市场的实际需要。特别在涉及项目融资领域很难有所作为，只能承接一些处于价值链底端的中小型项目，要实现企业对外承包业务升级，实现从低端市场向中高端市场转型，实现从竞标拿项目到从项目开发拿项目的难度很大。

## （二）职业化、复合型的国外经营管理人才仍较缺乏

海外市场经营和国际工程管理涉及众多专业，诸如项目管理、合同管理、成本控制、风险防范、财政税务、金融保险、工商海关、生态环保、公共关系等。这些专业事务不仅需要专业人士和职业经理人担任，而且还需他们具有较高水平的外语表达、通晓国际经贸规则等方面的能力。在国内从事这些专业的人员不一定适合国际经营业务的要求，本身的职业化程度也不高，随着国际工程承、发包方式的变革，业主越来越重视承包商提供综合服务的能力，EPC、PPP等一揽子的交钥匙工程，对施工企业的设

计施工水平、组织管理能力、采购供应渠道以及合作机制的完善等综合实力提出了很高的要求。因此，没有一支高素质的专业化、复合型经营团队，要在国际市场中站稳脚跟，做大做优是不可能的。虽然经过近几年的培养，我们也拥有了一支具有一定规模的国外经营管理人才，但与目前对外承包市场发展的趋势和要求来说还显不足，特别缺乏具有市场商业开发能力和技术管理能力的复合型领军骨干人才。

## （三）业务单一、市场布点局限

公司目前海外承包业务主要为房屋建筑工程，很少涉足道路、桥梁、海工、水利、电力、大型工业项目等附加值高、效益好的领域，房建门槛低，竞争激烈，利润空间有限。市场布点局限分布于非洲，目前进入这些市场的企业较多，竞争激烈，而欧美等发达地区很少进入，当然存在市场准入的问题，但也存在我们对外承包实力不够、信心不足、市场调研不到位、国际合作能力低等问题。

## （四）风险评估与防范机制亟须完善

当前，复杂多变的国际政治经济和社会治安形势，尤其是国际金融危机爆发，使海外施工企业随时面临着"走出去"的现实风险。公司目前的重点市场在非洲，由于部分国家和地区局势极不稳定，突发事件屡有发生，加之通货膨胀和汇率变化等不可控因素很多，随着经营规模的扩大，企业的安全和经济风险也日益增大。比如当地国家的货币贬值风险，我们经历了津巴布韦创人类历史的津元巨大贬值，以及苏丹磅、莫桑比克梅蒂卡尔的大幅贬值和埃塞俄比亚比尔一夜 15% 的突然贬值等，斯里兰卡政府破产导致在建工程长时间停工，将我们辛辛苦苦获得的项目实施利润化为乌有，应收账款的滞付更是进一步削减了企业效益。特别是 2023 年 4 月，苏丹首都发生战乱，根据党中央、国务院的指示，所有我驻苏丹全部职工撤离回国，我在苏所有投资酒店、农场和在建工程全部停止经营，由于得不到有效保护，目前部分财产已被当地人员偷盗和抢劫，回收工程款希望也变得极为渺茫、遥遥无期，损失极为惨重。

# 三、下一步发展思路及意见建议

当前，"一带一路"倡议已进入务实推进、全面铺开的阶段，这给我们建筑企业"走出去"带来了新的发展机遇，我们将全新定位，科学审视，积极出击，主动融入，不断扩大海外市场经营开发力度。

## （一）发展思路

### 1. 抓住历史机遇，实现转型升级

基础设施互联互通是"一带一路"倡议的前提，这是我们建筑施工企业难得的又一个历史机遇。根据国家顶层设计，房屋建筑领域将不会是重点建设的基础设施，而铁路、公路、机场、码头、电站、供水、通信等领域的基础设施项目将会较多。我们要通过专业承包领域的转型升级，从原有的房屋建筑承包领域向这些专业承包领域尽快转变，从专业人才队伍的建设、专业机械装备的配备、专业市场经营的研究等方面做好充分的准备。同时，利用既有房屋建筑施工优势，通过积极为专业基础设施建设提供配套建设服务的机会，进入专业领域市场和相关国别，通过参与这些项目的建设，进一步实现经营业务的开拓。

通过参与"一带一路"所涉及地区的基础设施建设，对这些市场经济发展尚不发达的国家和地区的产业进行科学详细的市场分析研究，结合企业的实际情况，包括人力结构、资金实力、产业整合能力、项目管控能力等优势，以建筑业为基础，围绕建筑产业链甚至在建筑业以外的工业、农业、矿业和服务业等领域进行实体投资、资本输出、外贸交易等，通过产业结构的转型升级加快企业经营规模和运营质量的提高发展。

### 2. 对接国内"一带一路"涉及的基础设施建设

就国内而言，"一带一路"倡议规划包括了许多边境省份以及西部省份，在这些地区的基础设施建设及产业发展方面将有较大机遇。我们要加

大对这些边远地区的经营力度，捕抓商机，力争国内市场份额在原有基础上进一步放大。同时，要利用既有的边境省份和西部市场，如我们的西北分公司、新疆分公司、广西分公司等已有的市场优势，进一步向周边辐射，并直接从这些国内分公司走出国门，对接邻近"一带一路"相关国别的市场开拓。

**3. 积极开展国别分析，进一步加大"走出去"力度**

"一带一路"涉及中亚、西亚、中东、东欧、东南亚、南亚、东北非等 60 多个国家和地区，同时通过这些沿线地区还涉及相关经济圈，如东盟、东亚、欧洲等，我们要进行科学分析、仔细研究，结合企业实际情况，开展适合自我发展的地区市场经营工作，在既有的非洲市场、中东市场的基础上，重点对接东盟、中西亚两大市场，近期公司已在相关地区进行了考察，并在当地成立了办事机构，为下一步开展工作奠定基础。

**4. 对接国内大型企业，实行"两条腿走出去"**

在具体主持建设涉及"一带一路"的大型项目方面，国内大型央企有着明显的人脉关系资源、社会渠道资源、信息获取资源、专业整合资源、资金筹措资源等优势，他们可以从这些大型基础设施建设的蛋糕中分到很大的一块，我们则可以利用与他们已建立的良好关系，充分利用我们实施项目的优势，与他们进行对接，做到优势互补、互利双赢。

**5. 对接进出口银行、开发银行等国内金融机构和亚投行、金砖银行等国际金融机构，多渠道解决融资难题**

随着国内各金融机构针对"一带一路"倡议相关金融产品的推出，以及我国政府主导和参与的亚投行、金砖银行和上合组织银行等国际金融机构的正式运营，我们将积极主动地与这些国内、国际金融机构进行对接，了解相关金融产品和融资服务的工作流程及要求，结合我们在海外开拓经营过程中的项目特点和实际情况，正确选择相关融资平台和融资产品，为项目实施提供可靠的融资服务。同时，积极关注相关国际金融机构的项目招标信息，熟悉国际项目招标规则，主动参与由国际金融机构主导的相关基础设施建设任务。

## （二）意见建议

目前的海外市场无论是从项目类型、涉及产业和行业、承包方式还是从项目规模、技术含量、风险控制等方面，都需要我们加大企业间的合作，针对我省对外承包企业存在的问题，建议出台相关政策鼓励自主经营的对外承包企业加快走出去步伐，从加大财政对对外承包企业走出去的扶持力度、加大行业协会对对外承包企业走出去的引导力度、加大金融企业与对外承包企业的联合、加大我省对外承包企业间的联合、加大对外承包企业与其他产业的联合等几个方面入手，全面提升我省对外承包企业的运营质量和水平，提高我省自主经营的对外承包企业走出去积极性，打造建筑外经强市。

**1. 加大财政对自主经营对外承包企业走出去的扶持力度**

目前各级财政均有对走出去企业的相关扶持政策，我省也于 2022 年推出了鼓励企业走出去的政策，但相比国家和省级财政以及其他地方财政，我省的扶持力度还不够，其中对实施对外承包业务的企业也仅在新市场开拓、完成营业额、承接大项目等几个方面有些补贴，但力度明显不够，有的只有数万元，建议市政府有关部门考虑自主经营对外承包企业走出去面临的困难和风险，进一步加大投入，增加扶持资金额度，建议对国家和省级财政已补贴的项目，地方财政继续补贴，并要进一步加大对自主经营、独立承接海外总承包项目企业的资金扶持力度，鼓励企业主动承揽总承包项目，取消对分包企业的补贴。同时，建议对开展自主经营对外承包业务的企业在所在国已交纳的税收予以补贴，对带动物资出口而产生的海运费、出口关税予以补贴。

**2. 加大行业协会对对外承包企业走出去的引导力度**

目前我省对外承包企业组建的外经协会是一个很好的行业交流和互动平台，建议行业协会继续加大引导力度，成立专家委员会，由熟悉外经业务的专业人员、在海外工作生活多年、了解和掌握海外项目运作规则的人士组成，对外经企业走出去遇到的困难和问题进行咨询和指导，定期和不定期地开展相关业务培训和讲座，同时也可邀请开展对外承包业务质量较高的大型央企专家来我省传授经验，以帮助提高我省对外承包企业的运营质量。

**3. 加大金融企业与对外承包企业的联合**

由于海外大型项目大多采用投融资方式，要求承包商具有相当的筹措资金能力和融资能力，目前国家开展境外投融资业务的主要是国家开发银行、进出口银行等政策性银行，这些银行主要服务对象为大型央企和国有企业，对地方企业很少顾及，希望国家政策性银行加大对地方实体企业"走出去"的扶持力度，对走出去历史较长、业绩较好、企业综合实力较强的地方实体企业，进行重点扶持和政策倾斜，让具有较高竞争性和管控力的有实力的地方实体企业直接走上融资项目的前台，担当起承担国家政策性融资项目的生力军，为中国企业更好地实施国家走出去宏观战略贡献自己的力量。并建议我省商业银行加大对海外工程承包业务的熟悉和了解，在建立一定风险抵押措施和市场调研的基础上，加大与我省骨干对外承包企业的合作，特别是对已开展海外业务多年、未发生海外项目索赔的企业要在保函授信抵押担保方面予以政策倾斜，推行信誉担保，减少或免除资金实物担保。

**4. 加大我省对外承包企业间的联合**

目前我省对外承包企业基本处于各自为政、单独作战的局面，很少在海外开展企业间的联合，就是在所在国也很少合作，建议行业协会要发挥牵线搭桥的作用，对外承包企业自身要加强合作意识，加强信息沟通，通过同行企业间的资本合作、社会资源合作、品牌影响力合作、项目管理团队合作、项目施工生产要素和资源合作等形式加大竞争实力，由单独走出去变为抱团走出去，发挥各自优势，在所在国形成南通集团军式的运作态势，进一步加大我省对外承包企业在所在国的知名度和影响力，并有序安排项目的独立实施或合作实施，实现海外经营布点的放大，做大做强海外市场。

**5. 加大对外承包企业与其他产业的联合**

当前的大型海外项目已不是承包企业一家就能实施运作的，一般的房建项目很难实现质和量的突破，对外承包企业要打破原有思路，从单一的房建项目向复杂的专业项目转型，特别是大型工业项目，水利电力、海洋工程等项目专业化要求、专业分工要求越来越高，我省工业体系完整，相关配套企业数量、质量均能满足海外项目的需要，要实现海外项目规模和质量的突破，多产业的联合势在必行。建议对外承包企业要敢于承揽跨行业、多专业的大型项目，主动与相关企业加强联系，各行业协会间也要加强联系，在遇到专业化要求较高的大型海外项目时，要发挥我省工业化水平较高的优势，不要畏惧，要勇于承揽，通过多产业的联合来完成。同时建议财政奖励企业带动其他产业走出去，在扶持资金上予以考虑。

张向阳　南通建工集团董事长
陈国礼　南通建工集团总经理
张喜一　南通建工集团副总经理

# 民营建筑总承包企业发展痛点的调研与思考

戚家斌 王 军 赵 雨 徐 佳

## 一、调研目的

为民营建筑企业在属地良好有序发展，解决生存问题，资质保级风险等向相关部门建议。

建筑总承包企业是综合性建筑施工企业，能负责整个工程项目的规划、设计、施工、设备采购和质量控制等方面工作。民营建筑总承包企业是指特定意义上区别于国企、国资控股企业，能承担建筑工程总承包业务的企业；民营企业是民营经济的重要组成部分。目前，建筑总承包企业发展极不平衡，特别是国企和属地民营企业之间的微妙关系，我们认为：在建筑领域，国企应该承担着重大的国家基础设施项目、重点工程以及重要的国家战略性项目。国企在技术实力、资金实力和资源整合能力方面具有明显优势，能够承担大规模的工程项目，具备较强的创新和研发能力。

民营建筑企业则主要从事地方经济建设和社会民生领域的建设项目。属地民营建筑企业在地方经济发展中具有重要地位，能够更好地了解和适应本地区的实际情况，具备更强的地方资源整合和运作能力。在房地产、建筑业大步快跑过程中，国企通常拥有更多的资源和资金，具备更强的技术实力和品牌影响力，同时也有更多的政府支持和资源配置优势。国企与地方政府平台更容易建立"政企合作"关系，比如："中国建筑集团有限公司与苏州市人民政府在苏州签署深化战略合作框架协议""中建X局与苏州市吴江区签订项目合作协议""中建X局与苏州市吴江区东太湖生态旅游度假区管委会签订项目合作协议"。

属地民营建筑企业原本熟悉的地方市场已经由国企漫漫渗入和超份额占领。形成国企大国品牌同化为与地方小微企业的低段位竞争，即使技术含量不高、工程量极低的民生项目，均能一一参与角逐。再比如："鼓楼区湖南路等五个街道老旧小区改造工程施工""鼓楼区宁海路等六个街道老旧小区改造工程施工""鼓楼区挹江门等六个街道老旧小区改造工程施工"中标单位均为国有大型建筑工程施工总承包特级企业。

在房地产企业大步快跑后，突然迎来各类建设项目窒息式停顿、房地产企业纷纷淘汰出局（"爆雷"）和政府公共建设资金困难局面，使得属地民营建筑总承包企业生存更是难上加难。在此危难之际，中共中央、国务院 2023 年 7 月 19 日发布《关于促进民营经济发展壮大的意见》，提振民营经济预期信心"31 条"直击当前民营经济面临的疑难急重痛点，因为民营经济贡献了 50% 以上税收、60% 以上国内生产总值、70% 以上技术创新成果、80% 以上城镇劳动就业和 90% 以上企业数量。"31 条"出台，政府"问题靶向"精准、措施非常给力，为民营经济新发展清除障碍、撑腰鼓劲。在协会帮助下，江苏省金陵建工集团有限公司组织团队，着力调研和思考**"民营建筑总承包企业发展痛点"**。

## 二、调研方向

市场竞争、企业资金、智能建造人才、政策法规影响、项目管理。

### （一）市场竞争压力

民营建筑总承包市场竞争异常激烈，就建筑项目发展状况，目前建筑市场"僧多粥少"。比如：2023 年 6 月 5 日广西发改委发布"债务风险地区下年度不得新开工政府投资项目"；"南京 6 月卖地未拍先冷，超七成地块在出让前夜延期"，2023 年 6 月 14 日南京土拍，最终只有溧水一宗地块底价成交，土拍起拍金额将从 65 亿元，缩水至成交 2.88 亿元。建筑市场超速发展后迎来的市场停顿与冰冷，相当于给建筑企业快速切断了口粮。

全国有建筑类、工程类企业 226 万家，具有施工活动的具有建筑业企业资质的总承包和专业承包建筑业企业 12.9 万家，其中特、一级建筑业企业数量达到 1.6 万家。建筑业从业人员约为 5200 万。无论是企业数量还是从业人员数量，已持续三年呈减少状态。

民营企业需要与国企总承包企业竞争项目，需要在技术实力、价格、服务等方面有竞争优势。思考如何提升企业的核心竞争力，如加强技术研发、提高施工效率、优化资源配置等，也不足以与大型国企总承包企业竞争。

建筑总承包特级企业生存状况：

据住房和城乡建设部"四库一平台"统计，截至 2023 年 6 月 27 日，全国建筑工程总承包特级企业资质 552 家，国有企业 325 家，民营企业 227 家。国有企业破产重整 4 家；民营企业破产重整 17 家。国有企业债券、票据违约等 6 家，占比 1.8%；民营企业破产重整 15 家，占比 6.6%。

江苏省内建筑总承包特级企业生存状况：

全省总承包特级企业 95 家，总承包一级企业 1400 多家，总承包企业无级别超万家。江苏省是唯一一个总承包企业数超万的省份。

根据中国建筑业协会发布《2022 年建筑业发展统计分析》：2022 年全国房地产开发情况，全国房地产开发投资 132895 亿元，比上年下降 10.0%；其中，住宅投资 100646 亿元，下降 9.5%。2022 年，房地产开发企业房屋施工面积 904999 万 $m^2$，比上年下降 7.2%。其中，住宅施工面积 639696 万 $m^2$，下降 7.3%。房屋新开工面积 120587 万 $m^2$，下降 39.4%。2022 年，房地产开发企业到位资金 148979 亿元，比上年下降 25.9%。其中，国内贷款 17388 亿元，下降 25.4%；利用外资 78 亿元，下降 27.4%；自筹资金 52940 亿元，下降 19.1%。2023 年房地产开发和建筑行业市场恶化程度已经远超报告预测。

且看 2023 年第一季度江苏省建筑业企业产值统计分析：2023 年一季度，江苏省建筑业生产总值为 5804.53 亿元，较 2022 年同期相比增加了 365.26 亿元；2023 年一季度，江苏省建筑业企业在建合同额为 30221.83 亿元，较 2022 年同期相比减少了 327.02 亿元；一季度生产总值在增加，企业在建合同额在减少，说明建筑业市场明显萎缩。

## （二）企业经营资金压力

建筑工程总承包需要大量的资金用于项目投入和前期准备，而项目款项往往需要一定周期才能回收，容易导致企业资金周转困难。思考如何合理规划资金流动，如寻求银行融资支持、与业主商讨合理付款方式等。

资金之于企业，犹如血液之于人体，资金是企业开展所有生产经营管理活动的物质基础，是维持企业正常运转的重要前提，对企业的生存和发展起着至关重要的作用。一个企业经营不善，经济效益滑坡，利润出现亏损，往往首先会在资金周转状况上有所体现。

在行业"僧多粥少"的时代，资金紧张已成为影响建筑施工企业运转、制约企业发展的一个重要问题。尽管资金流动量大，但建筑施工企业资金周转仍然困难，众多企业的领导都在千方百计地寻求缓解资金紧缺的途径，以维持企业生产的正常进行，让企业在严峻的建筑市场中求得生存和发展。在找到解决资金问题的答案之前，我们需要首先明确问题的本源，资金为什么会紧缺？

### 1. 资金紧缺的外部因素

1）建筑市场大环境。从市场供需的角度来讲，当前建筑商品供给量大于需求量，处于放量供给的供应方盈利就受到了制约。现阶段生产建筑商品的生产商"建筑施工企业"数量仍在不断增加，供给持续增加，结果就会导致价格进一步降低，即使企业一切运转良好，在市场大背景下，盈利空间也会被压缩。同时，由于供过于求，建设方处于主动市场地位，即买方市场。

2）地方政府保护及相关政策。很多地方政府部门，出于扶持属地企业和央企的发展、保护国资企业经济利益和项目任务、增加行政收入、税收收入等目的，设置一些资金门槛，如缴纳一定的施工保证金、履约保证金、工资保证金等，这无疑增加了建筑施工企业的资金压力。为建筑施工企业承接项目增加了额外的时间和金钱成本。

3）建设单位的要求及工程款支付。在整个项目的施工过程中，建设单位可能会通过各种方式，在不同阶段影响施工企业的资金情况。

（1）投标。投标前，要求开具保函或缴纳投标保证金；投标阶段，凭借竞争优势地位而压低价格；签订施工合同时，要求缴纳履约保证金，还有部分业主、建设方拒绝接收银行保函，用施工单位缴纳的保证金支付施工预付款。

（2）施工。通过减少施工方提交的工程量、随意变更图纸工程量及施工工序等不良行为，导致项目成本增加。

（3）资金使用。存在过度监督现象，使施工单位在资金运用上僵化，不能灵活决定资金使用。

（4）结算。在结算阶段进行合同签证，变更工程量及相应的进度款支付，故意增加审批环节，延长工程款支付时间。

（5）保修。业主、建设方会扣留高比例质保金、延长质保期等。

**2. 资金紧缺的内部因素**

（1）垫资施工成为普遍现象。垫资已经成为建筑业内公开的"潜规则"，一些建设单位的工程项目从开始立项资金就有缺口，前期的概算为达到立项目的往往按低标准测算，而后即要求施工方垫资。垫资进场的另一种表现形式，即以投资拉动施工的"伪投资"项目，看似投资，实则垫资。

（2）成本开支增加。随着监管部门对施工方工程管理的要求越来越高，各类收费也随之而来，如标牌费、文明施工管理费、环保费等非生产性费用逐年上升。同时，随着人民生活水平的提高，职工正常工资收入增加、工资附加费等相应的提高，五险一金社会保障费用不断增加，金额越来越高，加之工人工时费上升，致使企业管理成本越来越高，人工费的增长幅度高于劳动生产率的增长幅度。

（3）资金管理意识淡薄。建筑施工企业进行生产经营活动，所需的流动资金除了小部分从税后利润中提取补充外，大部分流动资金或靠向银行借贷解决，或通过资产证券化、永续债、债转股、可转债、基金等合理金融工具盘活资产。由于受"重产值、轻管理、重投入、轻效益"的观念影响，传统建筑企业领导人资金管理意识较为淡薄，对资金管理不够、措施不力。

（4）内部管理不力。项目资金收支计划考虑不全，项目施工中无资金计划，预算管理制度未建立或不健全。

### （三）智能建造人才短缺

建筑工程总承包业务需要具备专业技术人才和管理人才。但当前建筑行业存在适用人才短缺的问题，企业往往难以招揽到符合要求的人才。思考如何加强人才引进和培养，如与相关高校合作、设立培训机构等。智能建造是借助物联网、大数据、人工智能等先进技术，实现建筑全产业链数据集成，支持建筑全周期。当前在智能建造领域，3D打印、BIM（建筑信息模型）和施工现场智能管理等先进技术，正在被广泛研究与应用。智能建造时代来临，新建筑智能建造将高度需求定制化、高端化人才，智能建造直击传统建筑业建安成本高、安全风险大、生产效率低等痛点。发展智能建造是大势所趋。企业的数字化进程分为在线化、数字化、智能化三个阶段。在这个过程中，企业亟需三类人才：专业性人才、数据分析应用人才、数据化思维管理人才。在向管理要效益大潮下，建筑业裁员屡见不鲜，行业优胜劣汰加速。与此同时，一边是提倡人效，另一边是大举引入"一张白纸"的毕业生。充满矛盾的现象，指向了新时代下建筑业行业对定制化、高端化人才的高度需求。

### （四）法律法规和政策变化

建筑行业受到法律法规和政策的影响较大，政策调整对企业经营产生重大影响。比如2022年10月28日《住房和城乡建设部办公厅关于建设工程企业资质有关事宜的通知》，资质改革给建筑业资质体系带来了一系列的变化，新政策将施工总承包专项资质改为施工综合资质，已取得三级施工资质企业可以续展为二级证书，二级证书也包含了原来的二级资质，相当于三级直接晋升二级。新政策还将强化资质管理，对不符合条件的企业将予以取消资质、降低等级等处罚措施。此外，新政策还将推行信用评价制度，对建筑企业的信用状况进行评估。建筑行业环保法规变化可能导致公司需要采用更环保的材料和工程方法，从而可能影响成本和工程周期。劳工法规的变化可能影响劳工成本和工时管理，可导致项目预算和进度调整。建筑安全法规的加强可能提高项目的安全标准，但也可能增加合规成本。土地使用法规的变更可能影响项目选址、规模和开发节奏。

总之，法律法规变化可以影响建筑项目成本、进度、合规性和可行性，因此建筑业务需要密切关注法规的变化并作出相应的调整。思考如何及时了解并适应法律法规和政策变化，如建立专业的政策研究机构或与行业协会保持密切联系。

### （五）新形势下企业项目管理

建筑工程总承包项目涉及多个参与方的协作，需要有效的项目管理和合作机制。思考如何提升项目管理水平，如引入项目管理软件、建立有效的沟通渠道等。建筑工程施工环境复杂，安全风险较高，同时施工质量是企业信誉和发展的基础。思考如何加强安全管理和质量控制显得更加重要，如建立健全的安全管理制度、加强培训与监督等。

## 三、调研后的思考和建议

企业发展思考：

总承包企业的市场需求，就是未来这个市场到底有多大。对 2022 年工程总承包市场做了粗略测算：勘察设计行业做了 1.4 万亿元，施工企业在国内做了约 1.16 万亿元，海外约 0.78 万亿元，工程总承包营业收入大约 3.34 万亿元；2022 年全国建筑业企业（指具有资质等级的总承包和专业承包建筑业企业，不含劳务分包建筑业企业）完成建筑业总产值 311979.84 亿元，国内工程总承包占整个工程行业收入的 8.20% 左右。

总承包企业的发展分析,可以了解市场对总承包服务的需求情况。这有助于了解总承包企业在当前市场环境中的竞争状况,以及未来的发展潜力。

研究、分析总承包企业的发展趋势,可以预测未来总承包行业的发展方向和重点。这有助于企业进行战略规划,调整业务结构和发展方向,以适应市场需求和变化。

总承包企业的管理模式和经营策略对企业的发展起着重要的作用。可以借鉴其成功的经验和做法,以提升自身的管理水平和竞争力。总承包企业在发展过程中面临着各种挑战和机遇。通过调研总承包企业的发展情况,可以深入了解这些挑战和机遇,并为企业提供有针对性的建议和解决方案,以应对市场的变化和竞争压力。

总承包企业组织能力转型要在思想转型、管理体系转型、资源匹配方式和管理转型、组织管理方式转型、技术能力提升、人力资源结构和能力转型六个方面同步推进。

总之,通过调研总承包企业现状和发展趋势,可以帮助企业了解市场需求、积极适应政策变化预测发展趋势、借鉴成功经验、应对挑战和抓住机遇,从而制定出更有效的发展战略,提升企业的竞争力和可持续发展能力。推动建筑业企业高质量发展,离不开发展高质量属地民营建筑业,变"建筑大省"为"建筑强省","建筑强省"必先"建筑强企",建筑业的发展得益于建筑业企业的支撑。近几年,全省建筑业保持了较快发展势头,但我省建筑业总体上工业化、信息化、智能化水平偏低,企业"大而不强",发展方式粗放,企业核心竞争力不足,不同程度制约了建筑业可持续和高质量发展。加之,经济下行、新冠疫情等多重因素叠加影响,企业生产经营面临诸多困难,亟需出台政策措施,积极主动惠企纾困。

帮扶省属民营企业的建议:

1. 努力解决属地民营建筑业企业当前面临生产经营困难问题的迫切需要。聚焦企业生产经营面临的痛点、难点、堵点问题,综合提出了工程项目业绩录入有效认定、属地民营企业参与属地项目优先、公司应对资质调整合并分立、改进施工现场"锁证"方式、合理分担不可抗力因素损失、工程款支付、推行银行保函保险、拓展融资渠道等惠企纾困的支持政策。

2.着眼推动民营建筑业长远发展、加快"建筑强省"建设的综合考量。紧扣省建筑业高质量发展大局，鼓励科技创新转型发展、专项资金奖补、支持联合体参与招标投标、筹建"大建工"集团、提升企业"投融建营"能力、培育专精特新企业、加强人才队伍建设、促进外向经济发展等方面的正向激励措施。

3.立足统筹联动、实施"建筑强企"，培育优质属地民营企业行动目标取向。综合性极强的系统工程和发展工程，涉及市场主体诸多协调事项，必须上下联动、协同推动，着力把政策措施落到实处，在挑战中育新机，于变局中开新局，坚持把支持建筑业发展摆到突出位置，加强会商研判和服务指导，有效破解属地民营企业生产经营重难点问题。

戚家斌　江苏省金陵建工集团有限公司副总经理

王　军　江苏省金陵建工集团有限公司总工程师

赵　雨　江苏省金陵建工集团有限公司经营合约部经理

徐　佳　江苏省金陵建工集团有限公司综合部经理

# 移动端学习平台，建筑业安全教育发展新方向
## ——建筑产业工人安全生产教育培训情况调查与建议

耿裕华　俞国兵　张雪峰　王嘉晖　徐　卓

　　安全教育一直是施工企业、项目部确保工程安全生产的关键环节。从国家基本法律法规到各级政府的规范性文件中，均对施工现场的安全教育有着明确的内容和时长规定。工人在进入现场施工时，必须接受完整的安全三级教育。节假日后复工复产，还必须接受复工复产教育。

　　长期以来，由于缺乏有效的技术手段，安全教育培训一直以线下培训为主。工人在进场后，接受相关培训，并通过纸质材料完成受教育记录。近年来，随着互联网技术的发展，一些省市开始着手建立线上培训系统。但这些平台的培训思路仍局限于传统的电视教学模式，每节课不仅学习时间长，而且内容过于深奥、枯燥，不利于工人对现场安全隐患产生共鸣，因此学习效果不佳。

　　目前，我国建筑业正在面临一场巨大变革，一方面以 BIM、智慧工地、智能建造为基础的数智化技术不断冲击、逐步改变传统施工模式；另一方面，现有施工项目仍主要依靠数量巨大、身体持续衰老、文化程度较低的建筑工人实施生产，导致建筑行业的安全生产形势异常严峻。

　　在这种形势下，既符合数智转型思路，又能有效提高建筑工人安全意识、行为的数智化施工安全教育技术，是行业发展的必然结果，也是引导未来行业良性发展的刚需。

# 一、企业简介

## （一）南通四建集团有限公司

南通四建集团有限公司创建于 1958 年，是新中国建筑行业的开拓者。集团总部位于江苏南通，注册资本金 10.08 亿元，公司现有技术管理人员 9000 余人，其中各类技术中高级职称人员 5000 余人，国家一级注册建造师 700 余人。

截至 2023 年 9 月，南通四建集团先后荣获鲁班奖 33 项、国家优质工程奖 20 项、詹天佑奖 7 项以及其他省级以上荣誉 1000 多项，总承包工程获鲁班奖数量江苏第一，位居全国前三，在江苏建筑业乃至全国创下了鲁班奖十连冠纪录。

集团为建筑工程施工总承包特级资质企业，公司年施工面积超 4000 万 $m^2$，位列 2023 中国民营企业 500 强第 170 位、2023 中国企业 500 强第 361 位、2022 年度江苏省建筑业综合实力百强榜第 1 名。

## （二）江苏轩尔网络科技有限公司

江苏轩尔网络科技有限公司成立于 2021 年 6 月，注册资本金 2000 万元，母公司为南通四建集团有限公司。

公司搭建了轩尔教育学习平台，平台以自制的 3D 动画短视频为核心，将劳务实名制与 BIM 技术、虚拟现实技术融合应用，为建筑工人提供全流程数智型教育服务，通过移动端 APP 碎片化学习、VR 沉浸式学习和交互式考核等学习方法，提供更具交互性和沉浸感的学习体验，从而达到提升建筑工人安全意识和技能水平的目标。目前，轩尔安全教育平台上的学习视频内容已经超过 900min，逐步形成了一套面向施工一线工人的"安全＋技能"培训体系，教学内容正在不断丰富和完善。自 2022 年 3 月 31 日至今，已有超过 500 个项目部使用该平台，累计学习人数超过 8.9 万人。

2023 年 7 月 11 日，轩尔教育平台的"建筑业安全教育移动端数智交互平台关键技术研究与应用"的学术成果，顺利通过了江苏省土木建筑学会组织的鉴定会，缪昌文院士、王铁宏会长分别担任鉴定委员会的主任和副主任。经鉴定，该成果达到国际先进水平，建议全面推广使用。目前，平台拟在江苏南通、宿迁、常州等地区开展推广教育，用于一线工人的日常安全教育培训。

## 二、问题调查

### （一）建筑行业安全管理专业程度高，与工人文化程度普遍较低之间存在冲突。

建筑行业安全教育内容丰富，经过多年的事故经验总结，形成文字性的安全管理规定。对于接受过高中、高职以上教育的人员而言，完全可以理解这些经验总结，并约束个人在现场的行为。

对于大部分仅接受过小学、初中教育的建筑工人而言，尽管绝大部分在现场接受了安全教育，但他们对文字性的经验总结理解有限，也就限制了其在作业现场严格执行相关规定的效果。

因此，形象生动、深入浅出的安全教育模式，有利于文化程度较低的工人迅速接受安全教育的知识点，并在现场约束自己的作业行为，降低安全事故发生率。

### （二）建筑工地作业强度高、工期紧，与工人需接受全周期安全教育存在冲突。

施工现场作业强度高，时间紧张，由此导致劳务工人在多个项目流转施工时，难有很长的空余时间进行三级教育。而传统安全教育模式，源于对中等职业教育培训产业工人制订的标准课程、课时等要求，整个三级安全教育的培训周期长达 50 个学时。若建筑工人严格按照相关规定完成全套安全教育，必须最少预留 6 个工作日全身心地投入三级教育培训。

除了三级教育外，现场安全教育还包括了班前培训、复工复产培训等，只有充分利用工余时间进行碎片化学习，才能确保工人在完成高强度作业之后，实施有效的安全教育培训。

因此，科学、高效的安全教育模式，让工人在工余时间有兴趣、全身心参与安全教育，才能使安全教育起到积极作用，推动现场安全作业管理的落地。

## （三）施工现场安全教育的规范化管理，与建筑工人的频繁流转存在矛盾。

各级政府对工程项目安全教育有着严格的规定，最终落实到每个工人。最后的学习内容和结果，目前只能依靠纸质留档，无法在项目间进行共享。大项目因施工周期较长，工人长期在项目部住宿，有充裕的时间完成安全教育，但中、小项目因施工流水周转快，工人可能在多个项目中轮流周转，反而影响了现场的安全教育。工人很有可能在没有进行完整的安全教育的前提下，就已完成作业任务离场。

# 三、措施和方法

针对以上建筑行业安全教育培训的现状和存在的问题，南通四建集团和江苏轩尔网络科技有限公司在移动端建筑工人培训课程体系、学习体系等领域展开了研究，形成了研究成果，并在南通四建集团各项目工地展开了应用实践。

## （一）学习平台的搭建

随着信息产业的高速发展，采用移动端短视频学习代替传统安全教育模式为建筑工人提供安全教育培训已成为可能。

首先，移动端安全教育短视频学习模式具有极高的方便性和可移植性，只需下载相关 APP 并登录，即可浏览相应的安全教育教学视频。建筑工人利用工余时间，随时随地进行碎片化安全教育学习，不必受到时间或空间的限制。

其次，相比传统课堂式安全教育，移动端安全教育短视频学习模式更加生动活泼。一个长而冗杂的视频，在观看时很容易就会分心或厌烦，而如果是一个简短的视频，人们就会更容易集中注意力去看。安全教育短视频时长一般在 3min 以内，通过图像、声音、文字配合呈现形式，确保建筑工人可以轻松理解安全知识。而且，视频教程通常会非常简洁易懂，有助于提高工人的学习效率，大大提高个人的工作效率和安全事故的防范意识，降低工伤事故的发生。

通过开发移动端 APP，一方面建筑工人可以利用手机或平板电脑进行线上学习，通过实名制系统登录 APP，结合工人的入职情况、岗位信息、工作经历等数据，及时推送所需的短视频教程；另一方面，工人也可根据自身情况，利用工余时间，选择不同的模块进行碎片化学习，APP 后台根据工人的学习情况对工人有效的学习效果进行评价和反馈，方便项目部对工人进行综合管理。

### （二）三维动画的呈现方法

建筑工人安全教育内容多、专业性强，若采用实拍的方式，制作一套完整的安全教育系列视频，则需要专业的拍摄设备和真人演员去工地现场拍摄，拍摄期间还需考虑不同季节、不同气候等外在因素对现场施工的影响，这些必然会耗费大量的时间、金钱和人工，普通的制作团队根本无力去完成如此庞大且复杂的实拍项目。

同时，由于安全教育内容需根据不同时代的发展要求，不断进行迭代更新，但实拍视频后期修改难度较大，一旦内容发生大的变动，相关的视频只能重新拍摄，无法满足安全教育实时更新的要求。因此，以实拍的方式呈现安全教育内容不可行。

而三维动画与传统方式拍摄的教学视频相比，优点明显。首先，它能够完成实景拍摄无法完成的工作，缩减影片拍摄成本，避免拍摄中高危作业带来的风险隐患。其次，三维动画可以呈现建筑工人几乎所有的作业场景，并且可以自由切换到不同的角度和位置以满足不同视觉需求。最后，三维动画还可以实现更真实的物理效果，让建筑工人在观看三维安全教育动画后，更加容易理解并掌握其中的知识与技能，提高安全意识和自我保护意识。因此，三维动画应该成为未来建筑工人安全教育视频的主流方向加以推广。

## （三）课程体系和学习体系搭建

由于缺乏有效的技术手段，传统安全教育培训一直以线下培训为主。无论是三级安全教育还是班前安全教育，一般都是纯文字解说，很少会进行现场实操和模拟练习。对于大部分仅接受过小学、初中教育的建筑工人而言，尽管在现场接受了安全教育，但由于教育内容过于深奥，导致他们对文字性的经验总结理解有限，不能真正掌握安全技巧并加以运用，也就限制了其在作业现场严格执行相关规定的效果。

除了纸质版的安全教育，传统安全教育还会以电视教学的方式进行培训，通常会将建筑工人集中在一起观看生产安全事故警示系列教育片，该类型警示片一般一个学时时长为 45min，工人长时间观看视频，往往会造成视觉疲劳，容易产生疲倦、抵触等心理，不但影响安全教育的学习效果，还无法起到安全事故的警示作用。

因此，在移动互联网时代，从**法律法规、安全常识教育、应急救援教育、心理健康教育、工种安全教育**五个维度重新构建建筑工人安全教育课程体系，进行学习内容的梳理和制作，同时根据教育形式，将建筑工地安全教育分为**三级安全教育、岗前安全教育、班前安全教育、复工复产安全教育**四个模块，在特定场景下对工人展开碎片化安全教育，是今后发展的趋势。

## （四）应用实践

自 2022 年 3 月 31 日至今，南通四建集团已有超过 500 个项目部使用轩尔教育平台。后台对各区域公司、项目人员在线安全教育学习情况进行统计和排名，鼓励大家你追我赶，争取一个好的名次。同时，后台管理程序实时统计工人的学习情况，将各项学习数据统计成表格，供管理人员使用。

通过使用轩尔学习平台进行安全教育，各项目部每月将建筑工人在线安全教育学习情况进行汇总，并按照公司相关要求进行奖惩考核，将相关数据上报至项目所在的区域公司。区域公司汇总辖区内各项目建筑工人学习情况和考评情况后，上报集团公司。集团公司可通过后台管理系统，每月对各区域公司进行学习数据的实时监控和排名，监督其做好安全教育培训工作。

## 四、效用分析

通过在线安全教育，企业可以为员工提供更加丰富和专业的安全教育资源，帮助员工了解和掌握更加全面的安全知识，从而提高员工的安全意识和安全素质。

在线安全教育可以让企业更好地了解员工的学习状况，通过学习数据进行分析，可以了解员工的学习兴趣、学习效果等情况，为企业提供更好的培训管理服务。

在线安全教育可以帮助企业落实安全责任，提高安全生产水平。通过在线安全教育，企业可以为员工提供更加全面、系统的安全知识，加强员工的安全意识和安全技能，减少安全事故的发生。

随着国家对安全生产的要求越来越高，企业需要不断提升自身的安全管理水平，以确保项目的顺利进行。而在线安全教育可以帮助企业更好地培养和管理工人，提高工人的安全意识和技能，从而提高企业的综合竞争力。

总之，在线安全教育对于大中型企业的管理具有重要作用，可以提高员工的安全素质，提高企业的安全生产水平，同时也可以为企业提供更好的管理服务。

# 五、意见建议

数智型移动端碎片化施工工人安全教育系统，不仅能够充分提高建筑工人的学习效果和学习效率，而且能降低实施工人安全教育所投入的管理精力和时间。在此基础上，若能够进一步开发针对工人实际隐患行为的跟踪、统计功能，即能够建立全方位的工人安全行为画像，为社会（政府）、企业和项目部选择优秀的建筑工人，全面提高施工现场安全管理水平奠定基础。

移动端数智交互型安全教育模式，可进一步结合其他行业产业工人安全教育的实际要求，进行适当优化，即能面向各个行业提供系统的安全教育培训，从而全方位地提高整个社会安全教育水平，直接为社会的安定、团结提供服务。

耿裕华　南通四建集团有限公司董事长
俞国兵　江苏轩尔网络科技有限公司董事长
张雪峰　南通四建集团有限公司企管部总经理
王嘉晖　江苏轩尔网络科技有限公司总经理
徐　卓　南通四建集团有限公司总工室主任

# 房建企业进入轨道交通建设领域的实践与建议

韩　伟　方　韧　刘　震　马　超　潘云高

## 一、企业基本情况

### （一）企业情况介绍

苏州第一建筑集团有限公司（简称"苏州一建"），位于苏州工业园区东旺路 28 号，始建于 1952 年，2003 年国有资产全部退出，改制为民营的有限责任公司，注册资本 40880 万元，现有房屋建筑施工总承包特级、建筑设计甲级、2 个总承包一级和 5 个专业承包一级资质。主要从事各类房屋建筑和市政工程、机电安装工程总承包施工，拥有土建、市政、设备安装和消防、智能化、设备租赁、管廊、轨道交通等 10 多个专业分公司，控股苏州市华丽美登装饰装潢有限公司、苏州恒信建设技术开发检测有限公司、苏州兴业建设发展有限公司、苏州恒远建设产业发展有限公司、苏州恒工机械有限公司 5 家子公司，并开拓外地市场，设立南京分公司，参与股权投资，分享资本市场收益。形成了开发设计、施工、安装、装潢、租赁等技术和装备齐全的集团型企业。集团拥有高、中级人才 500 多人，其中正高级近 20 人。

### （二）企业管理体系

苏州一建自 1999 年开始运行 ISO 9001 质量管理体系，2004 年开始实施质量、环境、职业健康安全管理三合一体系，遵循"守约、保质、薄利、重义"的原则，贯彻"顾客的满意是我们持续改进和永恒追求的目标"的企业宗旨，发扬"敬业、互爱、求实、争先"的企业精神，按照经济规模化、经营多元化、技术现代化、管理科学化的方针，把业主满意、关爱员工、履行社会责任作为企业不懈追求的目标，并视信誉为企业的生命，严格履约，为业主和用户提供一流的服务。

### （三）企业信誉荣誉

苏州一建获得7项鲁班奖、6项国家优质工程、10项AAA级安全文明标准化诚信工地以及国家级新技术应用示范工程、全国建筑业绿色施工示范工程、中国安装之星、中国钢结构金奖等诸多国家级奖项，集团主编或参编各类规范、标准、规程5项；国家发明、实用新型、外观设计专利56项；国家级工法5项。荣获全国五一劳动奖状、全国建筑业先进企业、中国建筑业企业竞争力百强企业、全国建筑业AAA级信用企业、全国"守信用重合同"企业、全国建筑业质量管理优秀企业、全国质量效益型先进企业、全国"安康杯"优胜企业、全国模范职工之家、全国工人先锋号等多项全国性荣誉；被江苏省人民政府评为江苏省先进建筑业企业、江苏省建筑业优秀企业；荣获江苏省科技进步三等奖、江苏省建筑业科技成果二等奖；江苏省建设科技先进集体、江苏省建筑业最佳企业、江苏省建筑业综合实力50强、江苏省文明单位等多项荣誉称号。集团公司董事长、党委书记、总经理韩伟被评为江苏省建设系统劳动模范。

## 二、近年来企业经营和转型概况

### （一）更新观念，积极应对

自2003年完成改制以来，苏州一建紧紧围绕转变企业体制、机制，以制度为保障、以规范为规则、以标准为指南、以创新为先行，深化改革，坚定不移地走科学发展之路。加大结构调整力度，加快经济发展方式根本转变，大力推进科技创新、认真谋划企业发展，重视人才培养和提高员工收入，形成可持续发展的体制机制。企业综合素质逐年提高，逐步实现了企业可持续发展目标。

虽然2019年底疫情的出现对建筑业产生了较大影响，但是公司在近三年的承接任务逆势增长。在做精做强房屋建筑主业市场的前提下，苏州一建将集团下属专业公司向专业化、精细化发展。保持以南京为主战场，选择性辐射省外的对外开拓方针；在稳固土建专业的同时，一业为主，全面发展，进一步拓展轨道交通、EPC 总承包和装配式建筑等"十四五"规划政府倡导的领域；推进数字建造、绿色建造、智能建造的发展模式，提升 EPC 总承包管理实力，加速建筑产业步伐；以项目推广 BIM 技术应用为契机，形成产学研一体的 BIM 发展通道，引领集团推广应用 BIM 技术的发展方向。

### （二）注重实际，真抓实干

作为地方龙头建筑企业，苏州一建创造了苏州建筑业史上的多个第一：20 世纪 90 年代苏州市的第一高楼、第一个省"扬子杯"优质工程、苏州工业园区第一个鲁班奖工程等。尤其在轨道交通建设上，成为江苏省首家进入轨交主体区间施工的地方民营企业。截至目前，集团共参与了苏州轨道交通 1、2、3、4、5、6、7、8 号线及 S1 共计 9 条线路 16 个项目的建设，施工内容从车辆段土建施工、机电安装及装修跨入到了正线区间隧道盾构施工，标志着苏州一建全面进入轨道交通建设，在转型升级中取得新突破。

面对能够参与轨道交通正线施工的企业转型升级重要契机，苏州一建在管理体系、组织结构、财务资金、设备采购、专业人才引进等方面均作出重大举措。集团公司集聚工程管理和工程技术专业力量，成立了轨道交通工程事业部，由集团副董事长挂帅，并配备隧道工程、地下结构、地质、电气、测量和机电等专业人才。同时，成立由集团总工程师牵头、地下工程、地质专家、外部专家顾问和基础设施委员会委员为成员的专家组，指导轨道交通工程事业部和试点工程项目部各项工作开展。

为了开拓这一领域，苏州一建成立盾构采购领导小组，历经商务、技术、服务谈判交流、厂家考察、招标、开标、评标、合同谈判等过程，采购了苏州一建第一台盾构机。同时，苏州一建组织多批管理人员、技术人员，参加盾构施工专业知识和技能培训，并赴多个在建城市轨道交通工程现场学习、实地操练，为后续盾构施工培养和储备人才。

### （三）开拓创新，稳步推进

在首次参与城市轨道交通建设过程中，苏州一建创新管理模式，实施多项举措，促进轨道交通工程稳步推进。

公司内部管理方面。由轨道交通工程事业部主导轨道交通工程建设的同时，苏州一建集团公司旗下多专业优势，共同辅助和支持试点项目实施。如地基基础专业公司实施对深基坑的风险管控支持，钢结构专业公司配合盾构始发平台、反力架等钢构件制作安装，设备专业公司组织大型设备采购、租赁及维修保养等，发挥优势力量。

与盾构厂家合作方面。充分发挥厂家技术力量、设备设施等方面优势，加快人才培养进度，降低过程风险，稳步推进盾构施工相关工作。如委托盾构厂家提供下井吊运服务、500m试掘进技术服务、激光导向系统技术服务、全程保驾服务、备品备件供应服务、现场技术服务、盾构组装调试指导、设备检查技术服务、设备保管及维修服务、理论和操作培训服务、技术咨询服务等。

### （四）同心合力，共同发展

苏州一建作为省内首批参与轨道交通建设的建筑业企业，在自身参与轨道交通建设的同时，优先选择地方相关建筑业企业共同合作发展。如车站主体及附属结构施工，选择优秀房建施工劳务队伍，充分发挥房建施工劳务队伍工种分工细、技术水平高、人员调配方便的优势。发挥本地企业对当地土层充分了解、经验丰富的优势。采用大模板、盘扣支架等新技术，优先选择地方物资租赁、供应企业，发挥地方企业供货周期短的优势。这种合作模式，在发挥地方相关建筑业企业优势的同时，也带领地方相关企业共同跨入轨道交通建设领域，利于建筑业企业发展和转型升级。

# 三、轨道交通项目情况

## （一）苏州市轨道交通 5 号线工程土建施工项目 V-TS-11 标

2017 年，苏州第一建筑集团有限公司和中铁二局集团有限公司联合体中标苏州市轨道交通 5 号线工程土建施工项目 V-TS-11 标工程项目。本工程包含"两站两区间"土建工程，苏州一建负责李公堤站主体及附属、李公堤站—石莲街站盾构区间和星波街站桥恢复工程。其中，李公堤站为地下两层岛式车站，外包长度 233.6m，含 3 个出入口、2 组风亭。李公堤站—石莲街站区间长度约 1.1km，采用盾构法施工。

该项目是苏州一建参与的第一个轨道交通正线施工项目，在与中铁二局联合体牵头方合作中，苏州一建认真学习老牌铁路施工企业先进技术和管理经验，并从公司、项目两个层面加强加深合作。在项目层联合体管理方面：

一是，管理为先，实效为本，集思广益探索联合体合作管理新模式。实施项目提出了"携手同行共创轨交新模式，并肩齐进打造地铁新亮点"的口号，确立"1＋1＞2""实效为本"的联合体管理目标，对联合体管理制度、方式、职责、分工等实施过程中遇到问题不断改进，完善组织机构、任务分解、工作流程，形成联合体管理制度 40 余项。

二是，务实党建，砥砺前行，凝心聚力开启联合体党建工作新征途。联合体成立党建共建基地，联合开展了如"七一党课""两先两优"表彰、两轮形势任务教育、"先锋大讲堂"务实党建成果展示视频会、"我来讲党课""创岗建区""两个看齐"等一系列党建主题活动，共同参加了由中铁二局华东片区党工委主办的"红歌唱响苏州，建设和谐地铁"红歌会、由苏州市住建局工会联合会主办的"庆祝建党 96 周年住建工会职工歌颂党文艺汇演"活动，并承办了苏州市建设局主办的"不忘初心跟党走，脚踏实地建新功——十九大精神进工地"现场推进会活动。通过一系列的党建活动，为项目建设凝聚"红色力量"，将政治宣传与企业文化、建设任务很好地融合起来，取得了良好的效果。

三是，同心同德，休戚与共，情同手足，共建联合体员工生活新家园。通过建立联合体职工书屋、文体活动室、职（民）工夜校，开展每季度联合体员工生日集体庆祝活动、每月项目管理人员聚餐、内外部篮球联谊赛等各种活动，增进了双方的感情联络，增加了团队的凝聚力，更有利于工作的协作配合。

该项目建设任务的顺利完成，为苏州一建参与城市轨道交通正线项目的建设，培养了技术人才和管理人才，并积累了宝贵的经验。

## （二）苏州市轨道交通 6 号线工程土建施工项目 VI-TS-11 标

苏州市轨道交通 6 号线工程土建施工项目 VI-TS-11 标主要包含"三站三区间"土建工程，由北京城建中南土木工程集团有限公司和苏州第一建筑集团有限公司联合体承建，其中苏州第一建筑集团有限公司承建金家堰站、金家堰站—斜步站盾构区间。

金家堰站为地下两层岛式车站，采用地下 2 层单柱双跨钢筋混凝土框架结构。共设 4 个出入口、1 个安全出口、2 组风亭、1 组冷却塔。主体结构外包总长度 198m，端头井基坑宽 24.4m，标准段宽 19.7m，基坑深 16.3～18.2m，车站总建筑面积 12007.83m$^2$。金家堰站—斜步站区间长度 663.8m，采用盾构法施工。

通过 V-TS-11 标的经验积累，VI-TS-11 标在项目管理方面，做到了对联合体牵头方依赖程度的大幅降低，管理工作相对独立。主要体现在：

人员方面。本项目搭建项目部组织架构体系时，优化了人员配置，继续加强项目管理人员各方面的培训，除车站采用自有劳务人员外，组建了盾构区间施工自有专业劳务队伍，在降低施工人员成本的同时，提高项目部的管理和施工技术水平。

技术管理方面。本工程采用砂土分离系统对车站及区间砂土进行回收利用及制砖，解决渣土外运困难的同时，提高了经济效益，也有效地控制了土地资源的浪费。组建 BIM 团队，利用 BIM 技术深化设计图纸，对钢筋、模板用量提前建模计算翻样，给现场半成品加工提供参照，可有效控制工程施工中的材料损耗。围护结构支撑体系采用 1 道混凝土支撑和 4 道钢支撑，钢支撑施工采用新型保载型活络头，有效减小应力损失，保证基坑体系的稳定性。优化管线设计方案，在河道中间打钢管桩和钢支架平台代替围堰施工，避开污水管道，同时将给水、燃气等管线通道改迁至钢支架平台上，相较于围堰施工，大大加快了施工进度，节约了工程成本，在保证正常的河道过水率、提高汛期河道施工安全性的同时，有效简化了施工流程。

### （三）苏州市轨道交通 7 号线北段延伸线工程总承包项目 Y-Ⅶ-SG-01 标

苏州市轨道交通 7 号线北段延伸线工程总承包项目 Y-Ⅶ-SG-01 标主要包含"四站四区间"土建、装修及机电安装等工程。Y-Ⅶ-SG-01 标一工区由中交隧道工程局承建；Y-Ⅶ-SG-01 标二工区由苏州一建承建，包含：永昌路站、永昌路站—石港路站区间、石港路站、石港路站—莫阳站区间，车站、附属、区间土建结构施工及机电安装装修施工，共含"两站两区间"。

永昌路站为地下两层岛式站台车站，车站外包总长 270m，设有 4 个出入口及 2 组风亭，总建筑面积为 14790.94m²。石港路站是地下两层岛式站台车站，车站主体结构外包长度 206.6m，设有 2 个出入口、2 组风亭及 1 个冷却塔，总建筑面积 15194.94m²。

永昌路站—石港路站区间右线长度为 1413.319m，左线长度为 1408.417m，左右线总长 2821.736m。左右线均采用盾构法施工，设置 2 个联络通道区间。石港路站—莫阳站区间右线长度为 2290.070m，左线长度为 2296.378m，左右线总长 4584.848m。左右线均采用盾构法施工，设置 3 个联络通道区间。区间均采用盾构法施工。

本项目是苏州轨道交通首批采用"大标段"模式的施工项目。目前，该项目进入车站主体基坑开挖施工阶段。我公司对本项目的实施，发挥公司多专业优势，抽调集团旗下机电安装、装饰公司精英人员，与原轨道交通正线土建管理人员共同组建 Y-Ⅶ-SG-01 标二工区项目经理部。技术创新方面，本项目拟采用智能建造施工技术，将引入 BIM、装配式、智能施工管理、建筑产业互联网等智能建造技术辅助施工。其中，冷冻机房、消防泵房的全数字化装配式施工。同时，组建专业 BIM 人才团队，基于 BIM 平台进行施工现场临时设施布置、冲突碰撞检查和建造前期对各专业的碰撞问题分析、施工模拟、机电设备和装饰构件虚拟安装分析等，培养专业技术人才。本项目还将通过安装在建筑施工作业现场的各类监控视频，构建智能监控和防范体系，就能有效弥补传统方法和技术在监管中的缺陷，实现对人、机、料、法、环的全方位实时监控，变被动"监督"为主动"监控"。

### （四）其他在建轨道交通项目

除正线土建施工项目，目前苏州一建在建轨道交通项目还有苏州市轨道交通 S1 线工程车辆基地 ±0.000 以上施工项目 S1-TS-16-1 标、苏州市轨道交通 S1 线控制中心施工项目 S1-TS-18 标于今年已完成工程竣工验收，苏州市轨道交通 6 号线机电安装及装修 SRT6-13-4 标、苏州市轨道交通 8 号线机电装修 SRT8-13-3 标进展顺利。

## 四、企业未来发展方向或设想

2016 年苏州一建成为苏州市城市轨道交通建设试点企业，这既是省、市政府对地方建筑企业的关心和扶持，也是企业转型升级的重要契机，既改变目前地方建筑业企业比较单一的结构，也成为地方建筑企业新的增长点，走出一条新路。未来，以联合体方式积极参与重大基础设施建设，抢抓机遇不断向地铁、城市高架桥、地下隧道等高附加值建筑领域拓展，是苏州一建发展方向之一。

"十四五"期间，建筑行业"危""机"并存，危机带来的行业变革转型已拉开序幕，转型既是市场的需要，也是企业高质量发展的需要；而机遇则对建筑企业自身能力提出了更高的要求。在"新冠疫情"的后续影响和"十四五"规划机遇的驱动下，苏州一建将始终坚持以客户为中心，以奋斗者为本，持续艰苦奋斗，坚守长期价值主义的核心价值观，打造组织能力，把技术创新和工程品质做好，真正围绕市场提升客户价值创造能力。

苏州一建将坚持以客户、社会为服务宗旨，以员工为核心的企业理念，坚持稳字当头，稳中求进的工作总基调，坚持高质量发展不动摇，坚持新发展理念，紧扣"十四五"战略既定目标，以深化改革为动力，稳增长、调结构、促转型、防风险、增福祉，努力推动企业实现质的稳步提升和量的合理增长，持续提升企业治理能力和管理水平，推动质量变革、效率变革、技术变革，实现更高质量、更有效率、更可持续的发展。

## 五、建议

我们在参与城市轨道交通 5、6 号线及 7 号延伸线的盾构区间实施的基础上，希望通过拓宽试点和扩大试点领域等方式，使本地建筑企业与相关行业加强横向联合、优势互补并开展技术合作，以联合体投标形式参与市域范围内即将开工建设的其他重大基础设施建设试点（如港口航道、地方铁路、公路、水利工程等大型基础设施项目）。

近年来，本地施工企业在资质、装备、技术、人才等方面做了大量的积累，并已通过多种形式积极参与苏州重大工程的建设。希望通过为本地民营企业提供参与"两新一重"建设的机会，帮助我们打破业绩瓶颈，也为推进我市建筑业高质量发展，提升"苏州建造"品牌含金量和影响力，以民企活力助推经济发展"内循环"提供苏州样本和智慧。

韩　伟　苏州第一建筑集团有限公司董事长
方　韧　苏州第一建筑集团有限公司副总经理、总工程师
刘　震　苏州第一建筑集团有限公司副总经理
马　超　苏州第一建筑集团有限公司副总经理
潘云高　苏州第一建筑集团有限公司副总工程师、轨道交通事业部经理

# 苏锡常地区装配式建筑工厂产能情况调查

徐惠元　　张刚志　　王德胜　　焦作为　　余　舟

## 一、调研背景

装配式建筑是指用预制的构件在工地装配而成的建筑。装配式建筑，可以看作是一种组装的模式，也就是先在工厂中将元部件进行生产加工，然后在建筑工程的现场进行装配而组合成建筑物。

党中央、国务院在《关于大力发展装配式建筑的指导意见》中明确提出："力争用十年左右时间，使装配式建筑占新建建筑的比例达到 30%"。"十四五"规划将加快推动绿色低碳发展列入其中，装配式建造方式是推进建筑领域碳达峰、碳中和的一个重要路径。住房和城乡建设部、发展改革委等 13 部门联合发布《关于推动智能建造与建筑工业化协同发展的指导意见》中提出："推进建筑工业化、数字化、智能化升级，加快建造方式转变，推动建筑业高质量发展。"2017 年江苏省发文（苏建科〔2017〕43 号文），在全省范围内逐步推广应用"三板"。2020 年江苏省发布了《江苏省装配式建筑综合评定标准》DB32/T 3753—2020，明确要求居住建筑预制装配率不低于 50%，公共建筑预制装配率不低于 45%。我省装配式建筑发展迈上一个新台阶。

## 二、调研目的

我省装配式建筑目前并不是市场自发行为，而是由政府推动的，各地政府的政策不一样，经济发达地区对建筑业转型升级、推进建筑产业现代化的力度大，目前集中在住宅市场推广装配式建筑，在土地出让环节就明确预制装配率，且装配式的增量成本能大致在房地产开发成本中平衡。三、四线城市或者经济欠发达区域，要求装配式建筑占比小，地方市场空间就较小，因此出现全省预制工厂发展布局不均衡现象。为此，本调研小组针对省内苏州、无锡、常州等地区的装配式建筑工厂产能情况做市场调研，并分析目前装配式建筑工厂产能存在的困难，给出发展意见和建议。

## 三、调研方式

课题小组成员于6—7月以多种形式走访考察了苏州、无锡、常州三个城市的装配式建筑预制构件生产厂家。在工厂参观了预制构件的生产流程，从砂石、钢筋、金属连接件等生产材料，到模具拼装、钢筋弯折绑扎、混凝土浇筑振捣、连接件固定、构件脱模、构件堆场等各个环节。调研企业的基本信息，包括工厂面积、生产线条数、台模数、设计产能、近三年的实际产能、工人模式、预制构件生产种类、构件销往区域等信息，并深入一线调研分析影响企业产能的因素，研判现阶段装配式建筑工厂遇到的困难和征询装配式建筑工厂的发展建议。

## 四、苏州、无锡、常州装配式建筑工厂产能情况

### （一）调研信息汇总

调研信息汇总见表1。

装配式建筑工厂产能调研信息汇总表　　　　　　　表1

| 序号 | 地区 | 工厂单位名称 | 工厂面积（m²） | 工厂生产线条数 | 台模数（台） | 设计年产能 | 实际产能（2022年） | 实际产能（2021年） | 实际产能（2020年） |
|---|---|---|---|---|---|---|---|---|---|
| 1 | 常州 | 常州杰通装配式建筑有限公司 | 8.2万 | 6条 | 240 | 15万m³ | 3.6万m³ | 6.5万m³ | 4.8万m³ |
| 2 | 无锡 | 江苏东尚住宅工业有限公司 | 12万 | 5条 | 350 | 15万m³ | 4.8万m³ | 5.2万m³ | 8万m³ |

| 序号 | 地区 | 工厂单位名称 | 工厂面积（m²） | 工厂生产线条数 | 台模数（台） | 设计年产能 | 实际产能（2022年) | 实际产能（2021年) | 实际产能（2020年) |
|---|---|---|---|---|---|---|---|---|---|
| 3 | 无锡 | 无锡嘉盛商远建筑科技有限公司 | 9万 | 7条 | 320 | 10万m³ | 8万m³ | 7.5万m³ | 6.9万m³ |
| 4 | 无锡 | 无锡中构绿色建筑科技有限公司 | 8.4万 | 7条 | 300 | 20万m³ | 4万m³ | 4万m³ | 6万m³ |
| 5 | 苏州 | 远大住宅工业科技（常熟）有限公司 | 10万 | 9条 | 510 | 20万m³ | 9万m³ | 3万m³ | 未投产 |
| 6 | 苏州 | 嘉盛宝成建筑科技有限公司 | 10万 | 9条 | 395 | 12万m³ | 8.5万m³ | 8.5万m³ | 6.8万m³ |
| 7 | 苏州 | 苏州良浦节能新材料股份有限公司 | 9.5万 | 12条 | 600 | 50万m³ | 19万m³ | 18万m³ | 17万m³ |
| 8 | 苏州 | 苏州嘉盛万城建筑工业有限公司 | 5.7万 | 11条 | 461 | 15万m³ | 8.5万m³ | 10万m³ | 10万m³ |
| 9 | 苏州 | 苏州杰通建筑工业有限公司 | 4万 | 2条 | 80 | 5万m³ | 3.2万m³ | 3万m³ | 2.9万m³ |
| 10 | 苏州 | 苏州绿建住工科技有限公司 | 6万 | 4条 | 200 | 12万m³ | 4万m³ | 3.9万m³ | 4.5万m³ |

## （二）产能统计分析

通过走访调研苏州、无锡、常州等地共 10 家装配式建筑工厂，统计分析各工厂近三年的产能情况，近三年的总产能稳步提升（图 1～图 4）。

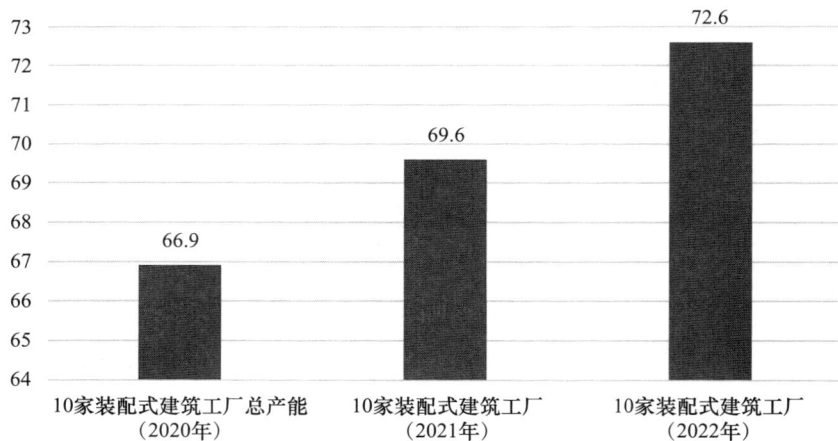

**图 1  10 家装配式建筑工厂近三年总产能（万 m³）**

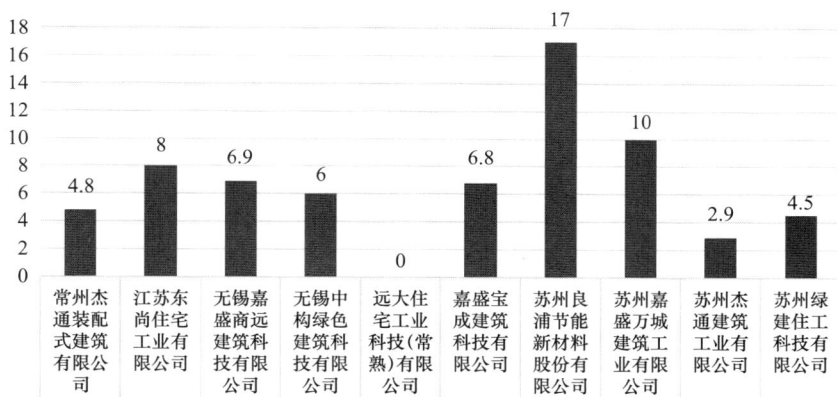

图 2　2020 年装配式建筑工厂产能统计（万 $m^3$）

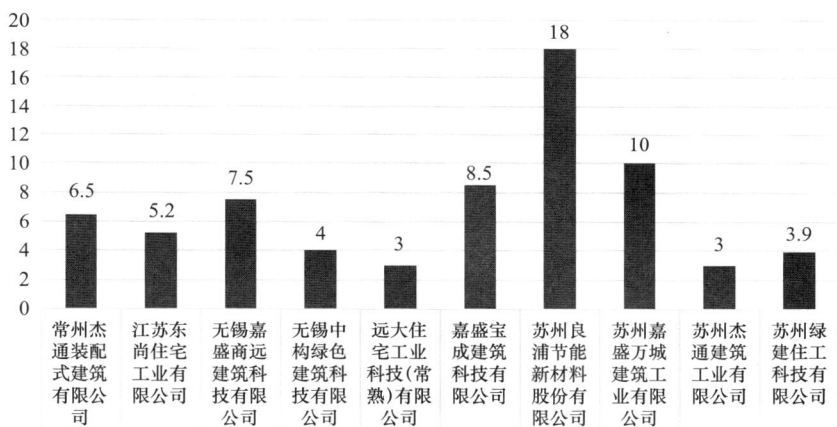

图 3　2021 年装配式建筑工厂产能统计（万 $m^3$）

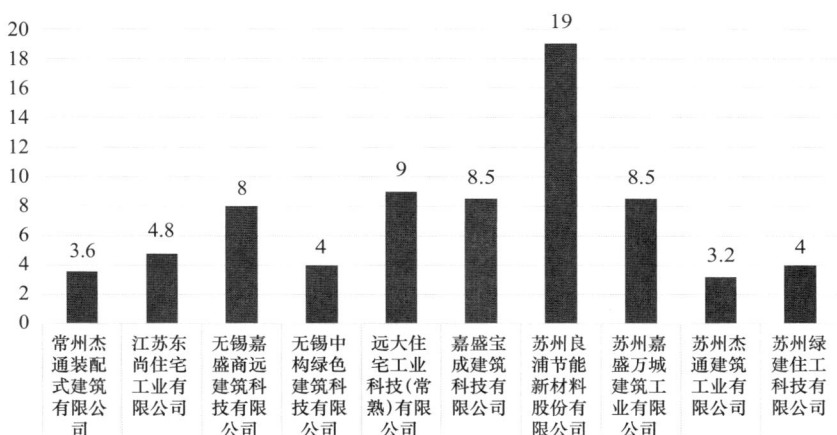

图 4　2022 年装配式建筑工厂产能统计（万 $m^3$）

近三年装配式建筑工厂产能基本保持平稳，部分工厂因为疫情、市场行情等原因出现产能下降的情况（图5、图6）。但各家装配式建筑工厂的实际产能均未达到工厂的设计年产能。调研走访的10家装配式建筑工厂2020年实际总产能66.9万 $m^3$，占设计总产能的38.45%。2021年实际总产能69.6万 $m^3$，占设计总产能的40.00%。2022年实际总产能72.6万 $m^3$，占设计总产能的41.72%。

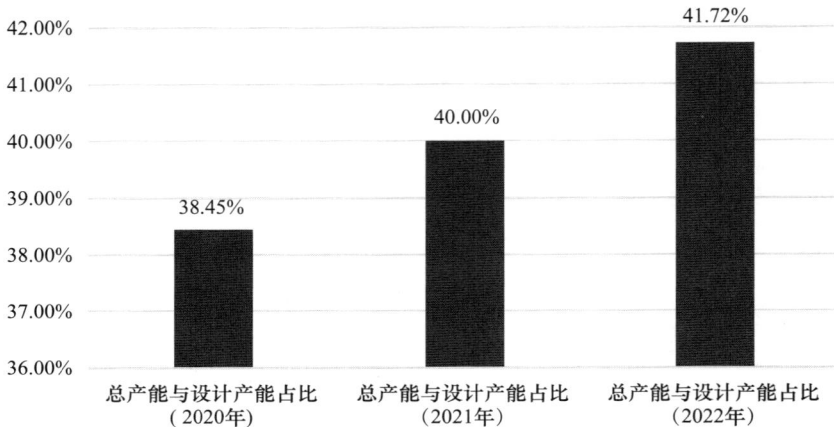

图5　装配式建筑工厂实际产能与设计产能占比

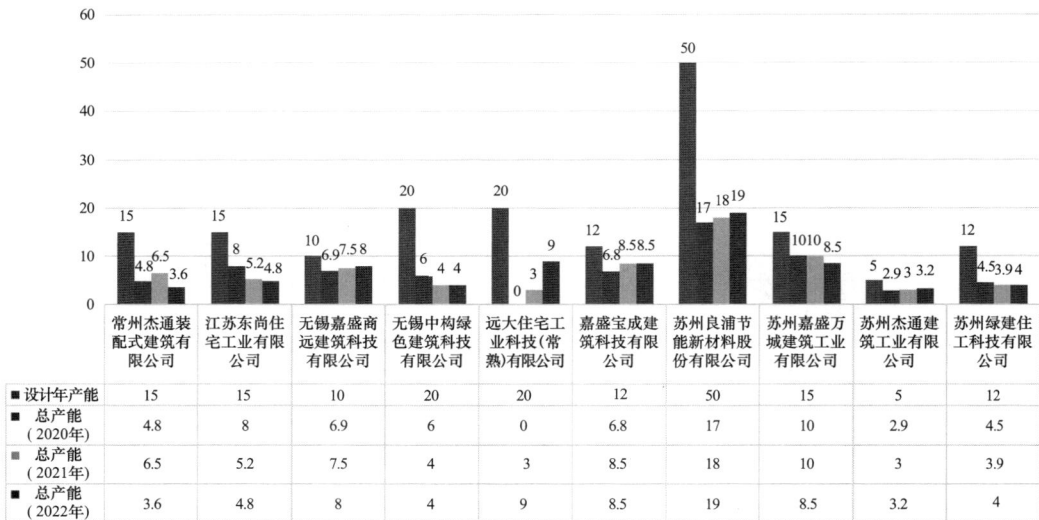

| | 常州杰通装配式建筑有限公司 | 江苏东尚住宅工业有限公司 | 无锡嘉盛商远建筑科技有限公司 | 无锡中构绿色建筑科技有限公司 | 远大住宅工业科技(常熟)有限公司 | 嘉盛宝成建筑科技有限公司 | 苏州良浦节能新材料股份有限公司 | 苏州嘉盛万城建筑工业有限公司 | 苏州杰通建筑工业有限公司 | 苏州绿建住工科技有限公司 |
|---|---|---|---|---|---|---|---|---|---|---|
| 设计年产能 | 15 | 15 | 10 | 20 | 20 | 12 | 50 | 15 | 5 | 12 |
| 总产能（2020年） | 4.8 | 8 | 6.9 | 6 | 0 | 6.8 | 17 | 10 | 2.9 | 4.5 |
| 总产能（2021年） | 6.5 | 5.2 | 7.5 | 4 | 3 | 8.5 | 18 | 10 | 3 | 3.9 |
| 总产能（2022年） | 3.6 | 4.8 | 8 | 4 | 9 | 8.5 | 19 | 8.5 | 3.2 | 4 |

图6　调研装配式建筑工程设计产能与实际产能统计（万 $m^3$）

## （三）工厂生产线条数

10 家装配式建筑工厂，每家工厂均配有自动化流水生产线，包括 PC 标准生产流水线、固定台模线、自动钢筋生产线等（图 7）。

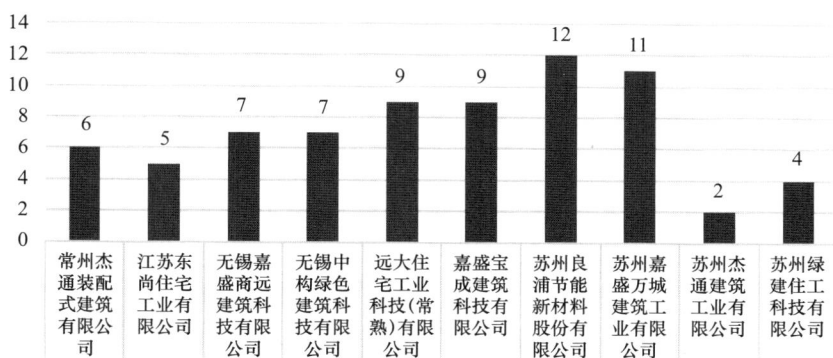

**图 7　各工厂生产线条数**

## （四）台模数

10 家装配式建筑工厂，每家工厂台模数量均在 80 台以上（图 8）。

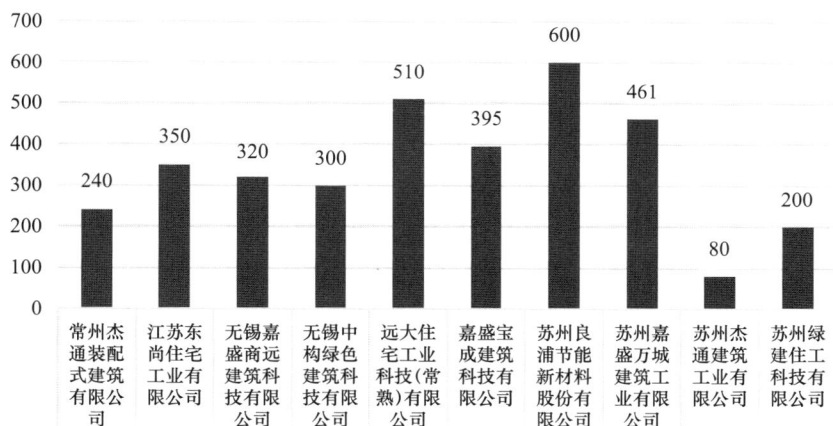

**图 8　各工厂台模数**

## （五）养护条件

PC 构件在脱模之前需要达到一定的强度要求，应保证混凝土强度不低于 15MPa，传统 PC 构件养护方法有自然养护、蒸汽养护、太阳能养护、红外线养护等方式，其中常见的是自然养护和蒸汽养护两种。走访调研的 10 家装配式建筑工厂均采用了蒸汽养护。

## （六）工人模式

我国劳动工人价格逐年上涨，且工资增速也在逐渐加快，人工成本在 PC 构件中占比越来越高，为了降低人工成本，有些 PC 构件厂选择将劳务进行外包，通过和劳务公司签订派工合同，对工人进行组织生产，使用劳务外包方式一般工资成本比自有员工更低，且可以在"五险一金"上按照更低标准进行交付，整体的显性成本更低，但是也存在着派遣人员素质参差不齐、难于管理等方面的问题。自有工人工资和福利待遇更高，在产能需求不足时仍然需要支付定额工资，会带来一定的成本负担，但是由于自己培养的产业工人，素质相对更高，产品质量也更有保证。调研走访走访的 10 家装配式建筑工程的工人模式统计如下：采用部分工人外包的模式占比较大为 70%，自有工人的占比为 20%，全部外包的占比为 10%。

## （七）预制构件种类

目前我省的预制构件产品主要集中在住宅建筑用的预制墙板、预制楼板、预制梁、预制柱、预制楼梯、预制阳台等方面。通过调研走访发现，现阶段装配式建筑工厂生产的预制楼板、预制楼梯、预制墙板占比较多。

## （八）产品销售区域

调研的 10 家装配式建筑工厂预制构件销往区域，主要集中在长三角区域，包括上海、苏州、无锡、南通、湖州、常州等地（图 9）。

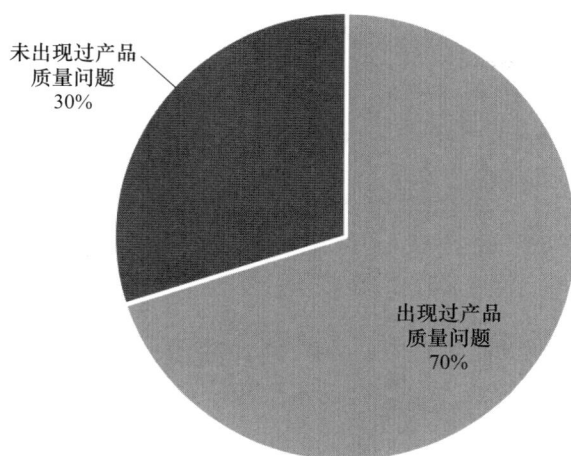

图 9　预制构件产品质量统计

## （九）产品质量

预制构件生产是装配式建筑的重要环节，其产品质量的高低直接影响装配式建筑能否顺利实施。通过调研分析，预制构件工厂在生产过程中由于时间紧、任务重、管理不当等原因，都曾遇外观质量、尺寸偏差、预留孔堵塞等问题，造成工厂内部分预制构件成品出现质量缺陷，影响了装配式建筑的整体质量。

## 五、影响工厂产能的因素

通过走访一线装配式建筑生产工厂，调研分析影响装配式建筑工厂产能的因素，分析有以下几点：

1. 市场需求的原因，市场订单不足，导致产能受影响；

2. PC 深化设计图纸的原因，图纸深化设计质量、交图及时性、图纸变更次数对产能的影响非常大，如果图纸的深化合理、科学，遵循了标准化、模数化的原则，拆分的 PC 构件种类少、数量多，便于 PC 工厂规模化、大批量生产，那么产能就会大大提高，这样还会因为模具循环次数多而降低成本；

3. 设备设施的原因，设备的故障频率、码垛机进出窑速度及养护窑数量也是影响产能的因素；

4. 建设项目的原因，项目对 PC 生产的周期与流水作业的情况不了解，现场进度控制完全按照现场自身情况调配，未考虑工厂生产的周期性；

5. 资金回收的原因，项目付款拖欠，流动资金不足影响工厂生产产能；

6. 劳务人员的原因，劳务人员的能力高低、劳务人员的流动性对工厂生产产能有一定的影响。

## 六、现阶段装配式建筑工厂存在的困难

经过与一线装配式建筑生产企业的深入沟通交流，听取企业现阶段主要遇到的困难，整理有如下几点：

1. 建筑部品部件为定制化产品，非标准件，模具摊销较高。

2. 当前钢筋、砂石、水泥等原料价格大幅上涨，但是由于市场进入恶性竞争阶段，出厂成品价格反而一降再降，市场环境处于非常不健康阶段。再加上当前建筑业和房地产行业投资普遍下滑，对于正规的建筑产业化工厂，反而影响较大，现金流迟迟不能得到解决。

3. 收款困难，受多方面的影响，各施工单位及房地产开发商合同履约能力较差，严重影响装配式建筑工厂的健康发展。

4. 现在市场皆以价格为标准，忽视产品质量导致年销售量降低，长期各类不同规模从业企业恶性竞争更会加剧行业危机，好多项目明显是低于成本价在销售的，一些私人投资工厂通过偷工减料来控制生产成本，造成劣币驱除良币的市场状态。

5. 人员流动较之其他行业大，人员的流动增加了企业在培训、社保等方面的成本。

6. 房产建筑市场萎缩，装配式构件工厂过多导致供大于求，毛利低。

# 七、装配式建筑工厂发展的建议

本次调研过程中，各装配式建筑企业积极建言献策，提出对行业装配式建筑工厂发展的有利建议，具体汇总如下：

1. 建筑产业化、工厂化、标准化转型过程中，农民工在转型产业工人过程中，无法满足建筑产业工厂化的需求，工人普遍文化薄弱，对工厂化生产的简单图纸无法识别等；当前产业工人主要是建筑工地的农民工转移到工厂，学历普遍在小学水平，年龄在 30～60 岁。建议加强培训，进行在线和视频教育，并颁发产业工种证书，提升行业整体质量。

2. 建议协会更好地整理疏导市场，对外省市进入企业加以审核或予以相应限制，尽可能阻止市场恶性竞争现象的发生。

3. 建议制定市场准入规则，完善设计前端，标准化设计，对装配式设计的设计资质也作出要求；建议制定最低限价标准，引导市场良性竞争。

4. 建议发布行业信息价，并支持推行标准化合同，其好处在于可以在定价方面，防止构件企业恶性竞争，相应责权公平，并可针对原材料价格波动进行联动，保护构件企业利益。

5. 以质量为第一位，提高各自产品质量，放弃恶性价格竞争。

6. 在保证质量的前提下，提效降本，让行业健康发展。

7. 加强预制构件厂的工厂质量保证能力监管，包括由质量检测专家组成的专家组对装配式构件厂家进行实验室能力评估和定期检查。

8. 为建立完整的产业质量管控体系，强化预制构件厂对进场原材料质量的验收、确认水平，对于预制构件原材料质量不合格的情况，装配式预制构件厂应承担连带责任。

9. 建议加大对装配式设计、生产、施工类企业的政策支持力度，鼓励国有建设单位及房企开发商积极响应相关政策，支持装配式建筑行业健康稳定发展。

10. 多组织活动，让大家更好地交流与学习，增强专业度；同时增强人脉，实现共赢。

11. 发展运用具有现代工业企业特征的流水、智能化生产线。

12. 工厂管理人员应具备一定数量的相关专业中、高级职称人员。

13. 因地制宜，结合区域发展要素，加强合作对接，协同促进产业发展，提高自主创新能力，积极研发新产品、新技术。

## 八、希望协会及行业主管部门给予的扶持政策

调研走访的共计 10 家装配式建筑工厂近三年的实际生产总产能占设计年产能的比例分别为 38.45%（2020 年）、40%（2021 年）、41.72%（2022 年），均未达到设计年产能，且差距较大。受到市场行情、非标准化深化设计、设备设施、项目施工周期、资金回款、人员流动等方面的原因，装配式建筑工厂产能无法实现较大程度增长，现阶段乃至很长一段时间都要面对如何活下去的考验，无额外资金投入研发。各装配式建筑工厂希望政府和行业协会起到监督引领作用，具体有如下建议：

1. 出台政策。希望能够引导各个院校和研究院与企业进行合作开发，提供相关连线平台，组织相关研讨会，实现互利共赢。

2. 对预制构件生产企业进行监督和质量评价定级，设立严格的备案准入制度，有序竞争，规范市场行为。严厉打击低于成本价销售的私人小厂，禁止通过偷工减料来控制生产成本，造成劣币驱除良币的市场状态。

3. 加快推进装配式发展，提高装配率；对企业给予合理范围内的政策帮扶。

4. 目前是政策导向被动式使用，在提前预售、容积率奖励等方面政府尽量给予业主单位支持，逐步通过规范市场价格、严控质量、提升产业工人效率等让被动变主动。

5. 希望进一步加大对装配化装修的扶持力度，在政策上，新建的保障性住房要求全装修的全部采用装配化装修，新建商品房的装配化装修占比从 30% 开始逐年提高。

6. 对企业进行定期及不定期临时上门抽检，严格监控质量标准。

7. 开展活动，组织学习参观标杆优秀企业或项目；加强行业内部的互动交流，避免恶性低价竞争，增加行业自律。

8. 希望能建立融资平台，加大贷款、融资扶持的力度，建议近期根据构件生产企业的现状（资金短缺等），或者出台低利率银行贷款政策，或者效仿科技企业政策可以申请短期的贷款贴息政策等。

9. 统一行业合同格式，规范与 PC 有关的报价格式、检测要求、付款套件、质量标准等硬性条款。

10. 加强对装配式建筑的技术开发与管理，统一各技术规范，加强构件标准化生产与应用。

11. 完善设计前端，推广装配式建筑用预制混凝土构件标准化设计。

## 九、结束语

建设单位对预制构件成本高昂的质疑与生产企业不断降价难以生存的矛盾日益凸显，行业发展遇到瓶颈。一方面，除一些大企业经营管理较好外，一般工厂因为缺乏产业链整体优势，经营状况和经济效益都较差；另一方面技术人员短缺，管理方面的制度也不健全，虽然工厂数量增加，但产品的质量问题改善不大；再一方面，工厂标准化设计程度不高，导致构件生产都是订单式生产，很难均衡生产；产品技术创新力度不够，更多的是常规产品，致使人工成本高，机械化、自动化程度较低。构件工厂同质化的现象也比较严重，产品大同小异。真正有竞争力、成本低、产品质量好的构件生产厂家很少。

企业经营管理者需要结合当地和自身特点去创新拓展本土化的发展道路，将主要精力用在产品＋服务中，建立良好的企业信誉，和大客户、优质客户建立长期的战略合作伙伴关系。同时，也要重视新产品开发和精细化管理，不断为客户创造价值。全面提升预制构件的生产效率和产品质量。应积极参加技术交流和培训，不断提升产品质量和管理水平，还应加强本土化协作，基于区域市场的持续发展需求，共同维护市场秩序，形成价格自律机制。

预制混凝土构件行业的发展不会一帆风顺，注定是要历经艰难险阻的磨炼，现阶段乃至很长一段时间都要面对如何活下去的考验。越过寒冬，预制构件行业会进入稳定发展期，建筑产业化市场供需平衡，新厂建设非常少，预制构件厂能够长期稳定运行。

优胜劣汰，价值为王。企业和从业者务必要树立坚定信念，脚踏实地地做好企业经营管理工作，不断提升产品质量和综合服务水平，才能真正实现 PC 行业高质量发展的目标。

徐惠元　苏州嘉盛建设工程有限公司总工程师

张刚志　苏州嘉盛建设工程有限公司副总工程师

王德胜　苏州嘉盛建设工程有限公司技术科长

焦作为　苏州嘉盛建设工程有限公司技术科员

余　舟　苏州嘉盛建设工程有限公司技术科员

# 以精细化管理提升工程利润水平 夯实高质量发展基石

屠亚星　朱海峰　韩奎杰　黄秀艳

根据省住建厅关于开展"走进建筑工人、走进建筑工地、走进建筑企业"专题调研活动的要求，集团公司组成课题组开展专题调研，旨在深入剖析中江国际集团国内工程项目精细化管理程度不够、项目利润水平偏低等问题的根源，并研究解决的办法和路径。在习近平新时代中国特色社会主义思想的指导下，我们以高质量发展为首要任务，致力于以精细化管理提升工程利润水平，夯实高质量发展基石。因此，我们对集团所属的三家区域公司进行了深入调研，并形成了调研报告。

## 一、调研背景

### （一）调研目的

在当前经济发展的背景下，建筑工程行业作为国民经济的支柱产业，对于推动经济发展、提升国家综合竞争力具有重要作用。然而，国内经济形势下行，房地产行业逐渐萎缩，建筑行业竞争日益激烈，施工企业为了争取项目，往往以微利甚至亏损的价格竞标，导致恶性竞争的局面。与此同时，中江国际集团作为江苏省内唯一一家省属国有建筑施工企业，也面临着央企和民营企业市场竞争的双重挤压，承受着巨大压力。

为了解决集团项目管理不够精细化和项目利润水平偏低等问题，根据《中江国际集团党委关于在全集团开展调查研究的实施方案》的要求，对国内工程板块下属的三家区域公司进行了深入调研，以寻找解决问题的路径和方法。

### （二）调研方法

1. 书面调研：根据调研目的和要求，编制调研提纲，下发调研函，以了解各单位在区域公司建设、生产经营情况、质量安全管理、集团品牌建设情况和价值创造行动的开展情况等方面内容。重点关注各区域公司的市场开拓方向、项目管理团队建设、项目管理标准化水平、项目成本管控和提高项目利润的方法。

2. 现场调研：我们前往五建的浙江分公司、建设集团的上海分公司和直营分公司及所属项目部进行深入调研。重点了解区域公司的发展规模、市场开拓方向、人才培养和工程项目的进度控制、质量控制、成本控制、合同管理、安全管理、信息化管理等情况。

3. 会议讨论：组织相关单位和项目部人员就市场开拓、提升项目精细化管理水平和提高项目利润率等方面展开充分交流和热烈讨论。大大促进了集团公司所属各区域公司之间的相互了解与沟通，互相借鉴项目管理经验，相互启发，取长补短，推动了区域公司市场竞争力和项目管理水平的共同提升。

## 二、调研市场经营情况

### （一）各区域公司经营市场方向

1. 五建的浙江分公司：市场经营区域主要分布在江苏、浙江、上海及安徽，主要经营方向是新能源产业、汽车制造业、医药企业厂房项目和地方政府投资开发的基建项目等。

2. 建设集团上海分公司：以江浙沪地区的外资工业厂房项目为主要开拓目标，重点为汽配、医药食品、物流等行业。

3. 建设集团直营分公司：市场战略布局为"南北兼顾"，南方团队在深耕细作南京市场的同时，努力进军宜兴市场；北方团队在深度参与徐州市场项目实施的同时，大力拓展连云港赣榆市场项目建设。

## （二）各区域公司项目管理情况

### 1. 五建浙江分公司注重成本管控

五建分公司采用了大预算管理的方式，将采购权充分授权给项目部，通过五建的资金管理系统，实现了控量、控总价的双控机制，以防范项目经营风险。五建总部负责统筹各区域公司的项目资源和人员调配，重大项目通过设立指挥部的方式，将各区域公司的项目管理人员融合成一个管理团队，根据各区域公司的贡献度，分享该项目经营指标，以提高区域公司间管理人员的流动性和积极性。这样做既平衡了各区域公司的发展，也提升了项目管理人员的管理水平。

浙江分公司注重成本管控，所属项目部通过三个阶段来保证和提升项目的利润率。首先，在项目实施至 1/3 时，根据项目的实施情况确定目标责任成本，从而确定初步的利润水平；其次，在项目实施过程中，通过加强项目的二次经营，增加项目的利润；最后，在项目竣工结算时，通过精细化预算管理和攻关，再次提升项目的效益。浙江湖州天能项目在投标时测算会亏损，项目管理团队通过设定目标责任成本，加强二次经营，强化竣工结算增加了项目利润，最终项目略有盈利。

五建完善了项目激励制度，将项目部一部分利润作为奖金池，用于分配给项目管理团队。通过项目激励，提高了项目团队成本管控的积极性和二次经营的主动性，降低了项目成本，提升了项目利润率。

### 2. 建设集团的上海分公司和直营分公司成本管理

建设集团的上海分公司和直营分公司经营范围和业务类型有所区别，但成本管理模式类似，实行分公司统一采购，项目扩大劳务分包管理的方式，以达到降低成本、增加效益的目标。材料采购均由分公司主导，以规模优势谈判取得战略采购价格，既确保供货质量又降低采购成本。分包实行扩大劳务分包形式，与长期合作的劳务方履行项目，下放管理权限，充分利用分包方的管理力量，以较少的人员投入，实现降本增效的效果。

具体措施如下：一是精细化合同管理。与劳务分包商签订明确的合同，详细约定劳务分包商的工作范围、人员配置、工期要求、质量标准、工资支付等内容；细化管理标准和违规的处罚条款，强化了管理要求。同时，合同中应明确成本控制的要求和指标，确保劳务分包商在成本管理方面的合规操作。二是强化成本预算和核算。在项目前期，进行详细的成本预算，包括劳务分包成本、材料成本等。在项目进行过程中，实施精细化的成本核算，及时掌握各项成本的情况，确保成本控制在要求范围内。三是加强劳务分包商的管理和监督。与劳务分包商建立良好的合作关系，建立健全的管理机制，对劳务分包商进行定期的绩效评估，及时发现问题并采取相应措施。同时，加强对劳务分包商的监督，确保其按照合同约定进行施工，并按照成本管理要求进行操作。四是加强沟通和协调。与劳务分包商保持良好的沟通和协调，及时解决问题，确保项目进展顺利，同时与其他相关部门（如采购、财务等）加强协作，共同推动成本管理工作的顺利进行。

通过以上具体措施，分公司统一规模采购，降低了材料成本；扩大劳务分包形式的管理更加有效地提高了施工效率、降低了管理成本，提高了项目利润率。

## 三、对比分析

项目成本管理对于施工企业的盈利能力和可持续发展至关重要。大预算管理和扩大劳务分包形式是两种常见的项目成本管理方法，它们在实践中具有不同的特点和应用场景。

### 1. 定义和目标

大预算管理：大预算管理是一种根据项目的特点和需求，对整个项目进行详细细化的成本估算和预算编制的方法。其目标是制定合理的项目预算，控制项目成本，确保项目实施过程中的成本和效益的平衡。

扩大劳务分包：扩大劳务分包是指将原本由公司内部完成的工作外包给劳务分包商，以减少公司内部的劳动力成本和管理成本。其目标是提高施工效率，降低成本，同时专注于核心业务。

**2. 范围和适用性**

大预算管理：适用于对整个项目的成本进行细致管理和控制的情况。这种方法需要详细的项目规划和预算编制，以便对项目的每个阶段和每个成本项进行控制。

扩大劳务分包：适用于劳动力成本较高的行业，如建筑和制造业。这种方法可以将非核心业务外包给劳务分包商，提高施工效率和降低管理成本。

**3. 控制和管理**

大预算管理：通过制定详细的预算和成本计划，大预算管理可以对项目的每个成本项进行细致的控制和管理。通过监控实际成本和预算成本的差异，可以及时采取措施进行调整和控制。

扩大劳务分包：通过外包非核心业务给劳务分包商，可以减少公司的劳动力成本和管理成本。管理方面，公司需要与劳务分包商进行有效的合作和沟通，确保分包工作按时按质完成。

**4. 风险和挑战**

大预算管理：大预算管理需要对项目的成本进行详细的估算和预测，因此可能存在估算不准确的风险。此外，如果项目规模或需求发生变化，预算管理也需要相应调整，可能增加管理的复杂性。

扩大劳务分包：扩大劳务分包需要与劳务分包商建立稳定的合作关系，并确保分包商能够按时按质完成工作。如果合作关系不稳定或劳务分包商无法满足要求，可能会导致项目延误或质量问题。

综上所述，大预算管理和扩大劳务分包在目标、适用性、成本控制和风险管理等方面具有不同的优势和局限性。大预算管理方法适用于需求稳定、成本控制较为关键的项目，它可以更好地控制成本和风险，但需要投入更多的时间和人力成本。扩大劳务分包形式适用于规模较大、需求变化频繁或需要专业化施工能力的项目，它可以降低成本并提供更灵活的资源配置，但需要更加注重风险管理和沟通协调。选择哪种方法取决于项目的特点和需求，以及公司自身的资源和管理能力。施工企业应根据项目的特点和需求，选择适合的管理方法，并在实践中不断改进和优化项目成本管理策略，以精细化管理提升工程利润水平，提高项目的盈利能力和可持续发展。

# 四、调研总结与建议

## （一）调研总结

### 1. 管理体系的建立是关键

无论采用大预算成本管理还是扩大劳务分包形式的成本管理，建立科学有效的工程项目管理体系是实施精细化管理的关键。管理体系应包括项目计划、成本控制、施工管理和信息化建设等关键要素，并在项目实施过程中不断完善。

### 2. 提升管理水平和质量是必要的

实施精细化管理需要施工企业提升管理水平和质量，以更好地掌握项目的各项要素。这包括加强成本控制能力，提高成本估算和预测的准确性，监控实际成本与预算成本的差异，并及时采取调整措施。同时，施工企业还需要加强对施工过程的监督和管理，确保施工质量和安全。

### 3. 信息化建设是重要组成部分

信息化建设是精细化管理的重要组成部分，通过引入先进的信息技术，可以提升项目管理效率和水平。施工企业应该积极推动信息化建设，包括不断加强工程项目管理信息系统的推广力度、应用移动设备进行实时监控和数据收集等，以提高工程项目管理的效率和准确性。

### 4. 实施精细化管理的好处

实施精细化管理可以提高工程的利润水平和企业的竞争力。精细化管理有助于降低资源的浪费和项目风险，提高项目的执行效率和质量。通过精细化管理，施工企业能够更好地掌握项目的各项要素，为企业的可持续发展奠定坚实的基础。

综上所述，施工企业工程项目的精细化管理是提升项目利润率，实现企业可持续发展的必要前提。

## （二）意见与建议

1. 建立统一的工程项目管理标准。施工企业应加强规范施工管理，制定标准化、可操作、有指导性的施工管理手册，统一项目管理标准，使得项目管理标准化。同时，也需要注重制度的不断完善，及时更新和调整管理制度，以适应和引领行业的发展。

2. 重视成本预算的确定和控制，建立成本绩效管理体系。施工企业应加强对成本的预算和控制，确保成本的可控和优化。同时，需要注重项目计划的制定和管理，加强对项目进度和质量的监督与控制。通过建立成本绩效管理体系，可以实现成本的有效控制和利润提升。

3. 加强信息化建设，实现工程项目的数字化、智能化和高效化管理。施工企业应加强信息化建设，推动工程项目的数字化、智能化和高效化管理。通过引入先进的信息技术，如集团公司工程项目管理系统，可以实现对工程项目的全面管理和监控。为了提高系统的使用率，可以加强对系统的宣传和培训，解决对新系统的理解不到位和使用参与度不够的问题。通过信息化手段，可以提高管理效率，提升工程利润水平，实现智能化减人增效的目标。

4. 加强合作，实现资源的共享和互补。鼓励各单位区域公司之间，以及与对标世界一流企业开展多方面合作，通过开展合作，可以实现资源的优化配置，提高企业的综合竞争力。同时，也可以借鉴和学习对标企业的先进管理经验和技术，进一步提升管理水平和质量。

综上所述，为了实现施工企业工程项目的精细化管理，建议加强完善以下方面：建立统一的工程项目管理标准，项目管理标准化，并注重制度标准体系的不断完善和发展；重视成本预算的确定和控制，建立成本绩效管理体系；加强信息化建设，实现工程项目的数字化、智能化和高效化管理；加强合作，实现资源的共享和互补。通过这些措施的落实，施工企业能够更好地实现以精细化管理提升工程利润水平，夯实高质量发展的基石。

屠亚星　中江国际集团党委委员、副总经理
朱海峰　中江国际集团国内业务部　部长
韩奎杰　中江国际集团国内业务部　部长助理
黄秀艳　中江国际集团国内业务部　副经理

# 政府及其平台公司拖欠建筑业企业工程款情况调查及建议

蔡永进　徐　彬　季　政　刘宇辉

　　建设工程中发包方不按合同或结算报告支付款项、拖欠工程款，导致承包方拖欠上下游纠纷债务发生，长期困扰着国内施工企业正常的生产经营活动。近年来，国务院在全国范围开展了大规模的清理整顿建筑领域拖欠工程款和农民工工资的专项活动，各个地区根据上级安排与部署，全面推行清欠工作并获得了阶段性成果，建筑市场欠款情况趋于平稳。但是，由于拖欠工程款问题由来已久，原因复杂，涉及面广，实现清欠预定目标，任务仍然十分艰巨。为进一步解决拖欠工程款和农民工工资问题，通过调研地方国有企业，获取了相关情况，汇报如下。

## 一、现阶段工程款的拖欠特点及影响

### （一）特点类型

　　1. 房产项目拖欠工程款问题相当严重。经历了"三道红线"阵痛的房地产行业逐渐由高杠杆、高周转的模式走向高质量发展，但之前土地财政和金融市场的无序，导致房地产仍未走出一个市场供需失衡的状态。2021年的恒大、华夏幸福、富力、阳光城，2022年的融创、中梁、荣盛等主力民企相继出现问题，无疑加速房企公司拖欠工程款现象愈演愈烈，乃至部分龙头建筑企业被迫债务重组。

　　2. 政府公建项目拖欠现象比较突出。2015年国家发展改革委网站新增了PPP项目库专栏，公开发布PPP推介项目，鼓励各类社会资本通过特许经营、政府购买服务、股权合作等多种方式参与建设及运营。当年发布的

PPP项目共计1043个，总投资1.97万亿元，项目范围涵盖水利设施、市政设施、交通设施、公共服务、资源环境等多个领域，但到了2018年火了四年的PPP市场突然冷静了下来。虽然国家财政部出台了《财政部关于做好2018年地方政府债务管理工作的通知》（财预〔2018〕34号）、《关于规范金融企业对地方政府和国有企业投融资行为有关问题的通知》（财金〔2018〕23号）等文件，及时安排部署防范化解政府债务风险，但大批非规范化的PPP项目造成的工程款拖欠问题延续至今。

3.大型建筑企业被拖欠情况多发。国家陆续出台政策，支持和鼓励PPP、城市更新、"一带一路"建设等具有融资特征的工程项目，尤其是大型国有建筑企业，往往承载着太多的期待和责任，没有退路可言，选择"大市场、大业主、大项目"和"高大新尖特"的业务战略。如果盲目乐观、风控不严，一旦所选择的项目因地方政府财政状况转差而无法回购或履约，企业甚至为此付出破产倒闭的极端代价。

4.民资投建项目常以拖欠换空间。现阶段民营企业融资渠道较少，建设项目资金相对比较缺乏，并且投建项目市场盈利性普遍偏低，碰到建设资金成本高、投资周期长、维护支出大的新建、改建项目，势必会要求施工单位大幅让利、带资进场、约定承兑支付及以物抵款等，拖欠工程款现象就时有发生。

5.易发生大额债务且久拖无解。小额的拖欠影响不大，易于处理，而大规模工程中往往容易出现拖欠工程款现象，且欠款通常会拖至一年或两年，部分甚至会超过五年以上，以至于最后成死账、坏账。

## （二）拖欠因素繁多，内外部交错影响

从表面上看，建设单位拖欠工程款主要原因可归结为三点：一是建设资金不足，工程预算不准确；二是工程启动后原材料涨价或原设计方案变更，造成预算超限，引发双方矛盾；三是工程决算审计时间太长，拖延多年。从深层次分析，产生工程款拖欠及久拖不决的原因比较复杂，我们认为主要可归结为以下两个方面。

### 1. 工程内部原因

在一个项目开发建设中，从政府审批到建设单位发包，从勘察、设计、施工单位承包到建设单位验收，构成一条前后衔接的链条，其中任何一个环节发生意外，都可能造成工程款拖欠。

（1）项目立项

政府有关部门对建设项目的审批，不仅包括建设项目的各种技术经济指标的评估，还需包括项目投资能力的审核，如果对项目投资能力审查不严，就会造成投资不到位，形成拖欠工程款的源头。在拖欠工程款的案例中，有85%以上源于资金先天不足或概算批准后追加项目投资而形成的拖欠。

（2）建设单位

建设单位不按照基建程序办事，在建设资金不足的情况下，超投资申报项目，无资金先上项目，少资金上大项目，概算超估算，预算超概算，决算超预算，给工程项目留下很大的资金缺口。有的建设单位甚至利用参建单位同业竞争激烈、僧多粥少的心理，搞带资承包，重复审计，故意变相拖欠工程款。

（3）参建单位

勘察、设计、施工企业竞争激烈，部分企业饥不择食，只要能拿下项目，什么条件都答应，甚至主动垫资施工。大多数单位自我保护意识不强，缺乏信用风险意识，在签订和执行合同中不善于应用法律手段维护自己的合法权益，少数单位执行合同不力，工程质量不合格或延误工期，为建设单位提供了拖欠理由。

### 2. 市场外部原因

（1）建筑市场的供过于求

随着经济建设步伐的加快，大规模项目的投资主体、资金来源、投资方式、融资渠道等都发生了根本性转变，在固定资产投资规模中，国家财政部分已由主体地位大幅下降，但人们对发展的要求又远远高于现有的投资能力，使得资金不足的问题更显突出，尤其是房地产开发企业自有资金普遍缺乏，其项目投资 70% 来源于银行贷款，绝大多数工程项目资金不到位。然而建筑施工队伍增长大于建设工程项目数量的增长，建设投资又远跟不上建设项目数量的发展，导致建筑市场激烈无序甚至恶性竞争。业主与施工企业间已经失去了本应有的平等地位，施工企业是有苦说不出，就是东挪西借垫资承包也要做下去，因为没有工程就没有盈利，企业也就无法生存下去，这就为以后的拖欠工程款埋下了隐患。

（2）政府拖欠行为

建设单位对项目筹划、投资建设、生产经营的责任并未得到完全落实，市场对项目建设行为缺乏必要的约束，特别是政府工程"投资、建设、监管、使用"一体化，平台公司的市场行为几乎不受任何制约，致使一些地方政府在资金不落实或存在大量资金缺口的情况下，开展项目建设，导致拖欠款。其次建筑企业与政府之间没有建立平等的市场主体关系，无论资金是否到位，企业都要做这些工程，结果多数建设项目都发生拖欠。政府拖欠工程款给施工企业造成的危害绝不仅仅在于拖欠数额本身，还在于助长了建筑市场拖欠之风蔓延，增加了清欠的难度，尤其是政府治理拖欠的重拳难出，重锤难下。

（3）建筑企业法制观念薄弱

一些建筑企业虽然知道拖欠款可以靠法律来解决，但是在实际遇到问题时并不愿意诉诸法律，一是怕引起纠纷影响与业主的关系及在当地建筑市场的企业形象，二是打官司需要牵扯到大量的人力、物力，耗费时间比较长，即使胜诉也不一定能顺利执行。相关法律的不健全及其适应性不强也给一些业主制造了钻空子的机会，给建筑企业通过法律途径解决纠纷制造了困难。同时如果负责签约的人员仅仅以承建工程为目的，对合同条款缺乏周密细致的考虑，为今后项目实施埋下隐患，最终通过法律途径索取工程款时就失去了有力的书面证据。

（4）信用体系不健全，诚信意识不足

信用是社会运行的基础，也是企业发展的最基本要求，在建设领域里诚信经营更显得无比重要，但由于建筑市场信用经济发展较晚，以信用关系为纽带的工程担保制度还未全面落实，建筑企业基本的信用意识和信用道德观念缺乏，加上国家针对政府的信用体系还很不完善，相关的惩罚机制不健全，导致政府及平台企业的经营行为得不到有效的监督和控制，市场交易秩序混乱，"拖欠有利"的风气在建设领域盛行，少数企业甚至将拖欠工程款作为一种经营手段，丢失诚信，弃合同于不顾，在拖欠之路上越走越远。

## （三）拖欠工程款造成的影响恶劣

### 1. 束缚企业经营，制约行业发展

我国建筑业属微利行业，利润率不足 2%。公司算了一笔账，如果本企业年产值为 100 亿元，若按照 2% 的利润率计算，公司若被拖欠 2 亿元工程款就相当于白干 1 年。由此可见，拖欠工程款对企业的影响相当严重，不仅影响了资金的周转，而且还大大增加了贷款利息负担和负债率，甚至一些企业因资不抵债导致破产。此外，大量资金被占用，还影响了企业生产设备更新和技术进步，造成企业骨干、技术人才大量流失。更为严重的是，一些企业为转嫁拖欠工程款的风险，在工程中偷工减料，降低质量标准，给项目留下了安全隐患。另外，巨额拖欠款使全国国有企业的利润逐年锐减，已经形成了我国建筑业改革发展的明显障碍。

### 2. 影响职工生活，危及社会稳定

常年拖欠巨额工程款导致企业资金严重紧缺，致使长期不能足额按时支付企业职工的工资福利、五险一金，尤其会造成拖欠农民工工资现象日趋严重。2022 年数据显示全国进城务工农民已近 3 亿人，其中 18% 集中在技术含量较低、劳动密集度较高的建筑业，因而建筑工地成为拖欠农民工工资的重灾区。近年来，清理拖欠工程款和农民工工资工作已初见成效，特别是清理拖欠农民工工资工作大有进展，但遗留问题仍多次引发了集体上访以至堵路、封桥事件，一些农民工甚至用极端方式追讨工资，增加了社会不稳定因素。

### 3. 破坏诚信原则，扰乱市场秩序

拖欠工程款必然引起广泛的连锁反应和恶性循环，一方面建筑企业被大量拖欠工程款，另一方面建筑企业又拖欠分包单位的工程款、材料设备供应厂商的购货款、农民工工资和国家税款、银行贷款。大量"三角债"的产生，引发了多头的债务纠纷，造成了社会信用关系的极大扭曲，同时也掩盖了因建设资金不足而盲目建设的问题，破坏了正常的社会经济秩序。

## 二、地方国有企业被欠工程款解决之道

江苏广宇建设集团有限公司作为地方龙头国有建筑企业，稳步发展的同时，也频频遇到工程款拖欠问题。针对全公司建设领域拖欠工程款和农民工工资情况进行了调查摸底，近几年被拖欠工程款总金额为近亿元，其中政府项目拖欠款 7000 多万元，房地产项目拖欠 3000 多万元。公司按照省委和市委的统一部署，切实加强领导，明确责任，健全机制，强化督查，全司被拖欠工程款和农民工工资清理工作取得了一定的成效，截至 2023 年已清偿拖欠总额 95% 的工程款。

### （一）加强组织领导，落实工作责任

公司领导十分重视清欠工作，专门成立了清欠工作领导小组，由公司董事长任组长，各部门为成员，做到主要领导亲自管，分管领导具体抓，小组成员专职办，逐级签订了清欠工作目标责任书，建立目标完成情况检查考核制度。

### （二）健全工作机制，扎实推进清欠

定期召开清欠工作专题会议，通报清欠工作进展情况，研究清欠工作中的突出问题，对清欠工作进行分析和部署，制定相应的计划措施，明确每周具体工作内容和要求。到目前为止，公司清欠小组已先后召开联席会

议 200 余次，有力地推动了公司清欠工作的深入开展。建立清欠工作月报制度，每月一次将清欠工作进展情况和采取措施及时报上级主管部门和督办机构，反映存在的问题，谋求政策支持。同时建立公司级市场诚信库，记录建筑市场各方主体及从业人员不良行为，对有拖欠工程款和民工工资行为，且情节严重的客户和分供商，列入黑名单，不予合作。

### （三）突出清欠重点，穷尽催要手段

工程欠款是个老大难问题，其解决必然要耗费大量的精力，贸然采取诉讼方式也会破坏双方的合作关系，公司每年对拖欠工程款和农民工工资情况进行两次摸底，核查汇总清欠数据，将工作的重点放在农民工工资清欠、政府投资工程项目清欠和房地产项目清欠三个方面，有针对地综合采取诉讼及非诉讼等多种手段来促使欠款得到及时偿付。

1. 对于欠款数额较大的"三角债""连环债"，积极与甲方协调，共同落实资金，协助销售房屋，监管售房资金收入，撮合分供商购买商品房抵消公司所欠分包材料款，或者尝试利用债权转让的方式将自己享有的针对业主的债权转让给材料商、劳务队等债权人，来抵消自己部分债务。由债权人直接向业主追索欠款，这样一来降低了公司的债务压力，二来避免了采取直接诉讼方式，维护了和债务人的良好关系。

2. 对于政府公建项目，及时致函，请求当地政府或住建局帮助协调，召开各方协调会，形成会议纪要，敦促相关项目遵照办理。针对市场复苏的地方，与业主沟通，通过新建、续建工程，延伸清欠时效，冲抵综合损失；对无市场前景并拒签还款计划，已胜诉未执行和已起诉尚未判决的债权，通过向政府投诉、上访、媒体披露、诉讼及仲裁的方式，或积极向省市清欠办发出行政督办申请，寻求政府帮助。同时利用各种社会关系清欠工程款，争取社会资源的理解、支持和帮助，譬如形成人大代表建议、政协委员提案的方式。

3. 及时依法诉讼，充分利用"优先受偿权""最高人民法院关于审理建设工程施工合同纠纷案件适用法律问题的解释"等相关法律依据，保护

我们的合法债权。对于证据充分，事实清楚，具备还款能力而又催讨无果的，坚决进行法律诉讼。针对涉诉款项，公司一是行使工程留置权，申请将在建或者完工的工程保留，并通过法院变卖等方式来实现自己的权益；二是行使工程价款优先权，特别是对于商品房项目，工程款优先于银行的抵押权。经催告不执行的，公司直接申请人民法院拍卖在建工程或已完工工程，优先受偿拍卖所得。

这里有一个需要特别注意的是诉讼时效问题。诉讼时效，是指权利人请求人民法院保护自己合法权益的法定期限。超过了诉讼时效，虽可提起诉讼，但所主张的权利则不受法律保护，错过时效的应收账款就会变成坏账，可采取如下措施来恢复诉讼时效：

（1）利用最高人民法院《关于民事诉讼证据若干问题的规定》中允许的方式，采用电话录音、录像，取得了本案时效中断的视听证据。通过电话或现场主张债权，应明确欠款金额、归还时间等关键信息，通话过程全程录音（录像），保证证据中现场环境、在场人员、电话过程清晰可见。同时，提取通话清单完成了中断时效的证据锁链，取得对方拖欠施工方工程款的证据，为恢复诉讼时效提供了法律证据。

（2）通过协商对账，双方重新签订联系单、对账单等有效清欠证据，业主从银行走汇票支付后，设法恢复诉讼时效，或者故意主张超过欠款金额数倍的债权，并以特快专递方式书面致函业主，债务人若回函承认部分金额，便构成恢复时效依据。

4.退步协商及折扣追偿，追讨欠款后期，业主常要求免除利息和滞纳金，甚至对本金提出折扣偿还的要求。为了及时取回工程欠款，不得已放弃部分债权，放弃的同时，通过签订对赌还款协议，约定若业主能在某个时间节点前付清，利息和滞纳金视作减免，否则仍应按原债权金额履行且承担违约金，以防止业主不按新签还款协议履行。对债务人无现款偿还但同意以物抵债的，及时进行第三方审计评估，办理相应权属抵押登记手续。

5.公司针对一批难点项目，与社会相关单位签订风险代理，通过高回报来提高清欠概率，同时给予一定的奖励政策，鼓励清欠小组成员竭力而为。对于清欠难度大的"钉子"类债权，清欠小组采取"贴、跟、咬"的方式，不达目的誓不罢休，经常往债务人处跑，用诚意感动对方，积少成多地索回工程款。

### （四）完善过程管控、强化类发预防

签订施工合同时，争取在合同中尽可能约定一个对施工方有利的预付款、进度款支付比例。在工程进展过程中，施工单位享有主动权，如果建设单位延期付款可以顺延工期来制约业主，争取在工程完工前最大限度地支付较大数量工程款。出现逾期支付预付款或进度款的情形，不能碍于情面，应及时提出要求付款的书面申明或索赔申请。这样一是可以在工程索赔程序中获得主动，二是为将来可能发生的诉讼提供了最充足的证据。再者，对于项目工程款的支付情况要及时核对，必要时定期和建设单位采取财务对账的方式来固定证据，对账的书面单据要加盖双方印章。由于财务对账属于业务部门之间的行为，因此不会引起发包人的防范，而财务的对账单据又可以作为证据，后期即使发生了纠纷也可以使施工企业处于有利地位。

## 三、后期预防政府及平台公司拖欠工程款的建议

（一）持续完善建设单位资信评级制度，可以让投标单位了解建设单位如期还本付息能力、履行承诺的能力和市场诚信度的综合评价，使交易双方充分掌握对方的信息。如将有无拖欠工程款的行为作为评级的一项重要指标，将拖欠工程款的历史记入信用档案，设立从高到低不同的信用等级，迫使那些经常拖欠工程款的业主退出市场。

（二）强制执行建设单位工程款支付担保、承包商分包工程付款担保制度，是解决拖欠工程款，提高建设领域的准入"门槛"，全面规范建筑市场秩序的一个有效办法。发包方将不低于工程造价 25%～30% 的资金存

入银行监管的账户或提供相等的银行保函，作为办理工程规划许可证、工程建设项目报建、工程招标投标、施工许可证的必备文件。

（三）针对高流动性的农民工进行有效的组织化管理，加强对用人单位支付劳务人员工资情况的监督，建立企业欠薪公示公告制度，全面推行企业用工诚信等级制度，增强企业工资监管工作的透明度。配合人社部门加大监察力度，对建设单位不及时支付农民工工资专用资金的，坚决予以查处和纠正。建议建立一种信用激励机制，能有效发挥法律和市场机制对失信行为的双重惩罚机制，使失信成本提高，切实保护守信企业的合法权益。如规定建设单位拖欠建筑业企业工程款，致使建筑企业不能按时发放工资的，要严格追究建设单位的责任；对没有资金来源或资金不落实的项目且业主有拖欠工程款记录的，在申请立项和办理规划、施工许可时仍未结清的，不得批准立项及办理规划、施工许可；总承包企业拖欠分包工程款，致使分包企业不能按时发放农民工工资的，追究总承包企业的责任，记入信用档案，通报有关部门并向社会公布。建设行政主管部门可依法对失信企业的项目立项、市场准入、招标投标资格和项目施工许可等进行限制，并予以相应处罚。

（四）建立投资和管理领域权力制衡机制，政府投资的工程"投资、建设、监管、使用"适当分开，政企分开和实施相对集中的代建原则，严格规范政府投资行为，建立政府工程按正常审批程序报批后，接受同级或上一级人民代表大会的审查和监督，由财政部门按照承发包合同的约定，直接向中标施工企业拨付工程款的政府投资管理运行机制。

（五）进一步完善有关法律法规。目前清理拖欠工程款和农民工工资还主要依据行政措施，应该把这些行之有效的措施用法律的形式确定下来，增加其时效性，加大其制约力度；应抓紧修改《建筑法》、完善《招标投标法》，增加法律对规避招标、任意压价、压缩工期、拖欠工程款等违法行为明确予以禁止和处罚的规定；应尽快补充我国《刑法》《民法典》中对破坏诚信造成严重后果的行为严加处罚的规定和司法解释，以充分发挥我国法律对市场经济中良好信用的刚性保障作用。

# 四、结语

有效遏制工程款拖欠现象，除了要不断健全信用体系，改变整个行业的信用理念，更要执法从严，严格落实工程建设项目立项和建设程序的审批，完善工资支付监管制度，建立法律援助制度，协调政府、企业、社会各方力量，共同协作配合也是解决建设领域拖欠工程款的关键所在。

蔡永进　江苏广宇建设集团有限公司董事长
徐　彬　江苏广宇建设集团有限公司总经理
季　政　江苏广宇建设集团有限公司副总经理
刘宇辉　江苏广宇建设集团有限公司经营管理部部长

# 推广智能建造过程中产生的新产业、新业态、新模式的调查

薛乐群　纪　迅　徐金保　何纪平　殷会玲

互联网时代，数字化催生着各个行业的变革与创新，建筑行业也不例外。智能建造通过应用数字化、智能化系统及相关技术，减少对人的依赖，达到提高建筑的性价比和可靠性，能够有效解决长期困扰人们的建筑行业低效率、高污染、高能耗等问题。

本文简述推广智能建造的必要性、紧迫性，以及推广智能建造的政策规划、初步成效，重点调研、反映推广智能建造过程中产生的新产业、新业态、新模式。

## 一、推广智能建造的必要性、紧迫性

建筑业对整个国民经济发展的推动作用比较突出。全国建筑业总产值已从 2000 年的 1.25 万亿元，增长到 2022 年的 31.2 万亿元；建筑业增加值占 GDP 的比重持续多年保持在 6% 以上，2022 年达到 6.89%；2022 年建筑业企业从业人员数占全社会就业人员的比重为 7.7%，连续 6 年保持在 7% 以上。长期以来，建筑业作为实体经济，服务民生、改善民生，扛起了"稳增长""促就业"勇挑大梁的责任，其支柱产业、富民产业地位和作用日益凸显。

但是，建筑业近几年面临前所未有的困难和挑战，特别是在百年未遇之大变局、新冠疫情反复冲击、后新冠疫情时代的严峻形势下，建筑业亟待提高建造过程的数字化、智能化水平，以解决粗放型、传统型建造和管理模式带来的不利影响。这种不利影响反映在很多方面，其中比较突出的

有以下三个方面：

一是全国建筑业企业的利润总额增速、产值利润率已连续 6 年下降，其中 2022 年的企业利润总额为 8400 亿元，比上年下降 1.2%，产值利润率仅为 2.68%，为多年来最低。这种状况显得与建筑业的支柱产业地位和作用不相称不协调。

二是建筑劳务用工老龄化趋势明显提升。国家统计局数据显示，自 2008 年到 2022 年，全国农民工平均年龄上升了约 7.5 岁，青年劳动力由于建筑业苦脏累环境而迅速减少，每年全国农民工与上年相比减少人数最多已达到 500 多万人，截至 2022 年建筑业从业人数也是连续 4 年减少，出现比较严重的"用工荒"。

三是全国建筑全过程能耗总量、碳排放总量占比常年处于高位。据有关权威资料显示，2020 年全国建筑全过程能耗总量为 22.7 亿 tce，占全国能源消费总量比重为 45.5%，全国建筑全过程碳排放总量为 50.8 亿 $tCO_2$，占全国碳排放的比重为 50.9%。

建筑业这种高投入、低效益、高龄从业人员、恶劣工作环境以及高消耗、高风险的发展模式已经难以为继，迫切需要加以改变，以适应创新、绿色、低碳的新发展理念要求。

## 二、推广智能建造的政策规划、初步成效

### （一）政策规划

我国建筑业智能建造最早起源于二十世纪八九十年代的计算机智能类系统（利用 CAD 技术进行设计计算、分析和绘图等）、分析智能类系统和联想智能类系统，以及进入 21 世纪以来开始的综合智能类系统。但真正从政策法规层面确定我国建筑业智能建造发展方向和目标任务的，还是"十三五"时期以来的事情。

**——在全国层面，政策推动力度不断加大。** 国务院 2015 年印发《中国制造 2025》，提出推动新一代信息技术与制造技术融合发展，引领智能

制造技术的变革；国务院办公厅 2016 年印发《关于大力发展装配式建筑的指导意见》；国务院办公厅 2017 年印发《关于促进建筑业持续健康发展的意见》，明确"推广智能和装配式建筑""加强技术研发应用"等方面的发展意见。

住房和城乡建设部等 13 部门 2020 年联合印发《关于推动智能建造与建筑工业化协同发展的指导意见》，提出形成全产业链融合一体的智能建造产业体系，提升工程质量安全、效益和品质；工业和信息化部等 17 部门 2023 年印发《"机器人＋"应用行动实施方案》，提出研制各类机器人产品，推进建筑机器人拓展应用空间，助力智能建造与新型建筑工业化协同发展。

**——在省级层面，规划落实措施不断深化。**各地对于智能建造做了相关规划、实施意见或指导细则，甚至将智能建造量化指标纳入部门年度考核，或作为评优评先必具条件。比如：2022 年，上海市出台碳达峰实施方案，大力推进装配式建筑和智能建造融合发展，减少建设过程中的资源消耗；黑龙江省提出，到 2025 年底智能建造与建筑工业化协同发展的政策体系和产业体系基本建立，装配式建筑占新建建筑比例达到 30%。

作为建筑大省，江苏智能建造政策规划等工作走在全国前列。2017 年，江苏省政府提出提高装配式建筑占比、扩大全装修成品建筑的发展意见；《江苏建造 2025 行动纲要》明确以精益建造、数字建造、绿色建造、装配式建造为主的变革路径。2020 年以来，江苏省住建厅把推进智慧工地建设作为智能建造的落脚点，发布智慧安监技术标准、智慧工地建设标准。2023 年 1 月，出台《关于推进江苏省智能建造发展的实施方案（试行）》，明确智能建造专项实施指南、试点项目和企业、技术服务试点单位评价指标。

## （二）初步成效

**1. 智能建造意识不断深入人心。**在传统的碎片化、粗放式的建造方式带来产品质量欠佳、资源浪费较大、环境污染严重和生产效率较低等一系列现实问题的困扰下，在政策规划的推动和有关建造标准的推行下，建筑领域培育合格的智能建造领军人才和专业技术人员的紧迫感、重要性不断增强，人们通过 BIM、3D 打印、物联网、人工智能、云计算、大数据、元宇宙等新技术在建筑行业中的应用意识及水平也显著提升。

**2. 智能建造标准不断得到完善。**我国智能建造推进整体滞后，但经过近几年的探索和实践，除了我国首部《智能建造评价标准》已列入 2023 年度编制计划，具体将由中国建筑、珠江设计、上海建工、固工机器人、东南大学、龙信建设等产业链上下游机构共同开展，拟于 2024 年发布实施之外，各地智能建造产业、技术、工具、管理及对应的标准体系正在逐步建立和完善。此外，根据教育部数据，全国累计共有 106 所高校获批智能建造专业（含江苏的 10 所高校），其中仅 2023 年就有 38 所高校获批智能建造本科专业，这为未来的智能建造标准有效执行和升级提供了坚实的专业技术人才基础。

**3. 智能建造成效不断得到体现。**在国务院和行业主管部门出台相关政策引导下，建筑业龙头骨干企业及中下游企业从使用材料、工艺等方面促进建筑的绿色建造、智能建造和品质提升。在存量建筑中，对住宅及工业、公共建筑进行智能化改造，每年现有约 5000 亿元的市场规模；在新建建筑中，智能建造、建筑智能化市场规模更是巨大。截至 2022 年底，与建筑智能化、智能建造经营范围相关的企业超过 100 万家，其中江苏省分布最多（约 2 万家），其次为广东省和山东省。长三角、珠三角及京津冀地带在智能建造领域已经具备了一定的应用和发展基础。

## 三、智能建造的新产业、新业态、新模式

为大力发展智能建造，住房和城乡建设部 2021 年发布了 5 大类 124 个创新服务典型案例，总结推广在数字设计、智能生产、智能施工和建筑产业互联网、建筑机器人等方面的可复制经验做法，指导各地全面了解、科学选用智能建造技术和产品；2022 年征集遴选北京、南京、苏州等 24

个城市开展智能建造试点，为全面推进建筑业转型升级、推动高质量发展发挥示范引领作用。

现从智能建造关键基础技术、建筑工程智能建造各阶段，以及建造阶段使用的智能装备及网络平台三大方面，反映在推广智能建造过程中产生的新产业、新业态、新模式及有关应用场景。

## （一）比较成熟的智能建造关键基础技术

进入 21 世纪以来，新一代信息技术（云计算、大数据、移动通信）、数字化技术（BIM、3D 打印、计算机视觉）以及集成技术（自动化、机器人、物联网、人工智能、虚拟现实）已不同程度逐步运用到人们的日常工作、生活和学习中。这些技术之间相互独立又相互联系，形成了比较成熟的一套技术体系。以这些技术为业务的企业在早已获得市场影响和可观效益基础上，加快适应市场需求，加快集成技术创新，提升了服务的能力和水平。

近几年，我国智能建造基础技术产业市场规模大幅度提高。其中，3D 打印、人工智能、云计算、大数据、物联网产业规模年平均增长率分别约 38%、45%、36%、30%、24%，2022 年产业规模分别超过 100 亿元、1500 亿元、3000 亿元、15000 亿元、35000 亿元。随着"中国制造"步伐的加快，智能建造基础技术也不断更新和发展，未来产业市场规模将呈现爆发式增长。

## （二）方兴未艾的建筑工程智能建造技术

主要包括智能设计、智能生产、智能施工、智能运维等阶段。

**1. 智能设计**——标准化设计、参数化设计、基于 BIM 的性能化设计和协同设计、智能化审图、设计智能化等。

自建筑业设置特级资质企业以来，大型有实力的施工企业通过内部整合和外部并购等方式设立了设计院，为如今的智能建造设计奠定了基础，但大部分企业设计院与市场上的专业设计院相比，缺乏建筑、结构、设备管线、装修等多主体多专业一体化集成设计、深化设计，以及施工进度和成本的动态管控等方面的竞争力。部分企业设计院（比如年营收 200 多亿元的金螳螂装饰）、一些专业企业（比如年营收 65 亿元的广联达科技）已经做到设计—造价—施工一体化、数字—业务—管理平台化，实现设计、工艺、建造协同，拓展了建筑工程建设前端领域的优势。2023 年 4 月，《苏州市相城区 BIM 技术应用指南》正式发布，成为全国首个智能建造地方性 BIM 应用标准，BIM 技术在工程全生命周期的应用能力得到极大提升。

**2. 智能生产**——标准部品／部件生产管理、存储与运输管理、无人生产工厂、智能生产体系和标准等。

一些企业通过多年的产业链延伸拓展，各类建筑物资供应、标准部品／部件生产趋于专业化、智能化和规模化，既满足了企业内部施工的基本需求，又占有了外部市场一定份额，成为企业新的经济增长点。锡山三建经过十多年的实践和优化，"盘扣架"及各类模板系统研发、生产、销售、租赁、施工、技术服务等已处于国内领先水平，成为建筑企业中为数不多的国家高新技术企业，业务范围已覆盖东南亚、北美、欧洲、南美洲、大洋洲等 30 多个国家和地区。扬建集团拥有门窗幕墙、线缆、商品混凝土、钢构、PC 构件、管桩、铝模 7 大生产基地，其中省级建筑产业现代化示范基地 4 个，用地面积 500 余亩，2 家生产企业被认定为江苏省高新技术企业。龙信集团重视项目管理数字化、企业数字化、智能建造、智慧建筑科技创新，在绿色建筑、装配式建筑、住宅全装修等方面处于业内领先地位，其数年前承建的南通政务中心停车综合楼项目，预制率达 56%，整体装配率达 70%。

**3. 智能施工**——智慧工地应用、智能化施工工艺应用、装配式建筑智能化施工，以及智能施工体系和标准等。

智能施工是建筑工程建设的关键阶段，是各类技术、资源、信息等要素的一种交替导入、集中汇接，同时实现对施工过程的实时感知、全面掌控、自动预警和智能决策。目前，智慧工地、智能化施工工艺、装配式等为智能施工提供了有力支撑、发挥了巨大能量。中国建筑通过构建智慧工地管理系统，做到技术、质量、安全、物资、设备、计划、履约、环境、劳务等业务管理线上化、可视化，实现线下业务替代。"精益建造"才良模式通过"数据＋工序级标准"和"8S 管理系统"，交付"零投诉"、高品质、低成本的住宅产品，达到了智能施工所追求的高效高质、节约安全的建造目标，得到国务院发展研究中心、清华大学、东南大学等科研院所，以及中国建筑业协会、中国建设报的肯定和推广。深圳三院应急院区建筑面积 4.5 万 $m^2$、房间 1000 个，通过装配式建筑智能化施工，从规划、设计到建成仅用时 20d。

**4. 智能运维**——智能化空间管理、安防管理、设备管理、能源管理、巡检管理，以及基于 BIM 的综合运维管理等。

不管是建筑工程智能建造还是传统建造，不同建筑拥有不同个性需求，后期运维模式的要求也不同。通过智能运维，就能避免前期建造"轰轰烈烈""又快又好"，后期运维"偃旗息鼓""拖拉不畅"。中亿丰新建研发大楼项目，以 BIM 为载体实现智慧建筑后期运维"以人为中心"的目的——停车场车流量预测，提前判断高峰期各个出入口排队拥堵情况，并做好车位引导；房间温湿度、空气质量实时监测，可单独对房间或区域内的温度进行调节；对区域或房间灯光进行控制，调节各区域灯光……这个"智慧大脑"能够运转指挥到建筑里的每一个角落。

### （三）成效显著的智能建造装备及网络平台等

**1. 智能装备**——智能模架系统、建筑机器人（测量、材料配送、钢筋加工、混凝土浇筑、楼面墙面装饰装修、构部件安装和焊接、机电安装等）、3D 打印设备以及标准等。

在智能建造各项技术逐步提高特别是控制系统加速智能化的背景下，智能装备开始走进施工现场并发挥了人工无法比拟的作业成效。比如：在中国建筑总部展厅里，可以看到全球独创的"空中造楼机"模型。该集成平台是一座高空立体建造工厂。在这座可以爬升的移动工厂内，建设者能同步推进钢筋捆扎、模板安拆、混凝土浇筑、混凝土养护等多项结构及外立面装饰的所有工序,形成全天候的工厂化作业环境,显著提升了高层住宅施工现场的工业化建造水平。又比如:使用机器人进行 8h 约 1000m² 的腻子施工,约是人工施工面积的 10 倍;约 3500m² 的乳胶漆施工,约是手持喷涂机效率的 2 倍。机器人可准确调节材料用量并均匀喷涂,可节约 20%~25% 的材料成本。

**2. 互联网平台**——智能化数字化协同设计、工程造价全过程管理、供应采购、建造全过程管理等平台和标准等。

基于现代项目管理的需要,建筑产业互联网平台建设已由夯基筑台的起步阶段步入创新引领的快速普及阶段,取得可观成效。作为我国工程建设领域首个自主开发的 IT 项目——国家石油天然气管网数字化协同设计平台,通过数字化实现项目不同设计单位在统一平台开展工作,输入、输出和过程均实现标准化,为施工、运行维护阶段的智能化奠定数据基础。中建三局采用物联网技术的水电计量新模式(自动判断异常情况),1 年大概使用 11 亿度电,预计节约率为 5%~10%,至少节约 5500 万元(安装智能电表成本 1000 万元),同时也降低了安全隐患。南通四建早在多年前通过筑材网平台集中采购建筑材料,当时每年就直接为企业降低成本 1 亿多元,其中土建材料成本节约率 4% 左右,安装装饰材料成本节约率 8% 左右。

**3. 智慧监管**——项目审批、审查、监督、验收等工程建设"全链管"管理系统的数据共享和业务协同。

构建覆盖主管部门、建筑企业、工程现场等多方联动的智慧监管系统,是实现建筑工程智能建造、提升质量安全水平的重要保障。据了解,浙江省台州市近年来开展的智慧工地监管平台,包括起重机械管理、务工人员管理、视频在线监控、扬尘在线监测、监理工作考评、关键岗位人员管理、样板工地考评、检测监管和质量验收等 10 个子系统,实现了资源整合、集中管控、实时监管和全程可溯目标;武汉市正在推进实施城市桥隧智慧监管,全市城市桥隧智慧监测覆盖率已达到 90%,成为国内规模最大的城市桥梁智慧管理系统,并将打造"看得见、调得动、用得好"的高效监管平台。

　　总之，随着新一代信息技术以及人工智能技术的发展，智能建造成为建筑行业转型发展的方向，建筑工程领域从前期规划设计到工程管控，再到项目施工、装备制造等全流程数字化、智能化技术将全面应用，反映建筑工程更高智能建造水平的新产业、新业态、新模式将不断呈现，中国建筑工业化也将全面实现，"中国建造"核心竞争力必将得到全面提升。

薛乐群　江苏省建筑行业协会对外承包和市场研究分会会长
纪　迅　江苏省建筑行业协会常务副会长、建筑产业现代会工作委员会会长
徐金保　江苏省建筑行业协会对外承包和市场研究分会副会长兼秘书长
何纪平　江苏省建筑行业协会对外承包和市场研究分会伏秘书长
殷会玲　江苏省建筑行业协会建筑产业现代会工作委员会副秘书长

# 建筑机器人在智能建造中应用情况的调查

中亿丰建设集团股份有限公司

## 一、智能建造发展背景

智能建造是以 BIM、IoT、AI 人工智能、云计算、大数据等技术为基础，可以适应于实时变化需求的高度集成与协同的建造系统。工程机械是工程建造水平的标志。当前，机器智能成本呈现不断下降、性能不断提升的趋势。可以预见，随着大数据、BIM、5G、IoT 等科学技术和工程机械技术性能的不断稳定和发展，人机共融的智能建造方式必将突破现有的建造方式。

我国高度重视机器人产业发展，国务院发布的政策、"十三五"规划、政府报告、领导讲话等都对建筑机器人行业做了一些纲领性的指导。习近平总书记指出，机器人是"制造业皇冠顶端的明珠"，其研发、制造、应用是衡量一个国家科技创新和高端制造业水平的重要标志；"中国制造2025"也将机器人作为重点发展的对象。智能建造已成为中国建筑行业未来十几年的顶级部署。

建筑行业工人老龄化的加剧和建筑工人数量的下降、建筑机器人技术的不断迭代和发展以及政府和相关部门出台的相关政策对中国建筑行业建筑机器人的大力支持，在智能建造崛起的大背景下，建筑机器人替人趋势不可逆转，建筑产业转型升级的大幕已经拉开。

## 二、国内外企业建筑智能机器人的研发探索

### （一）国外建筑智能机器人

国外建筑机器人产品公司有大致两种产品设计方向（表1）。一种是研

发用来辅助和替代高强度、大量重复性劳动作业的机器人，以 Construction Robotics 的砌砖机器人、nLink 的打孔机器人和 Transforma Robotics 的 Picto Bot 墙面喷涂机器人为代表；而另一种是帮助优化建造流程、缩短工期、节约建造成本，以 Transforma Robotics 的 Quica Bot 建筑质量检测机器人和 Doxel 扫描机器人为代表。

国外建筑智能机器人调研报告　　　　　　　表 1

| 地区 | 企业名称 | 成立时间 | 主要产品 | 详情 | 图片 |
|---|---|---|---|---|---|
| 美国 | Construction Robotics | 2009 年 | 拥有自主研发的 Semi-Automated Mason (SAM) 半自动砌砖机器人和 Material Unit Lift Enhancer (MULE) 智能升降助手两种产品。运输叉车机器人、焊接机器人、施工机器人 | 砌砖机器人价值 40 万美元，能在 8h 内砌好 3000 块砖石，是普通工人工作量的数倍 | |
| | Doxel | 2015 年 | 跟踪项目系统 | 推出了基于人工智能的计算机视觉软件，根据数据扫描为项目管理人员提供建设项目全程的进度追踪、预算和质量方面的实时反馈 | |
| | Built Robotics | 2016 年 | 建筑自动化系统 | 重型机器系统 Exosystem 机器人操作软件 Everest 机器人操作工具 Field Kit 远程操作监督系统 Guardian | |
| | Advanced Construction Robotics | 2016 年 | TyBOT; lronBot | TyBot 是一款自动钢筋捆扎机器人系统，可以在许多结构上工作，包括桥梁、高速公路和预制系统。它可以处理高达 12% 的等级和 12% 的超级海拔，并与 8 号×9 号螺杆钢兼容 | |

续表

| 地区 | 企业名称 | 成立时间 | 主要产品 | 详情 | 图片 |
|------|---------|---------|---------|------|------|
| 美国 | Civ Robotics | 2018 年 | 提供土地测量、标记机器人 | CiVDot＋适用于精度要求高的重型土木项目（1/2″精度）。CiVDot 用于精度要求低的重型土木项目（2″～6″精度）。CiVDot 路面适用于对路面和压实土精度要求较高的路面 | |
| | Ken Robotech | 2013 年 | 钢筋绑扎机器人Tomorobo 是一种协作机器人，搭载 2 个电动钢筋绑扎机，人机协作实现钢筋绑扎的自动化作业 | Tomorobo 获得日本 2021 年"文部科学大臣奖" | |
| 日本 | 清水建设 | 2003 年 | 自主型焊接机器人 Robo-Welder、自动搬运机器人 Robo-Carrier、安装顶棚和地板的"安装机器人 Rabo-Bur" | 已经正式投入建筑现场使用 | |
| | 小松公司 | 1921 年 | 液压挖掘机 | 于 2014 年研发推广，内置智能机器控制技术的智能挖掘机，依托智能决策平台实现了现场施工数据实时传输、分析、计算和对施工机械的智能指挥 | |
| 德国 | 库卡 | 1898 年 | 研发了一系列搬运、上下料、焊接、码垛等建筑机器人 | 推动了建筑部品部件的智能化生产 | |
| 挪威 | nLink | 2017 年 | 移动钻孔机器人、机器人升降机－机器人臂式升降机 | 研发出世界上第一款可挪动的移动钻孔机器人，通过方便使用的控制程序和激光定位加以引导，保证了毫米级的工作精度和施工连续性，适用于各类建筑工地。在实际操作中，挪威 nLink 比传统的人工方式普遍快 5～10 倍 | <br>机器人升降机—机器人臂式升降机<br><br>赫菲斯托斯—钻孔和支架安装机器人 |

续表

| 地区 | 企业名称 | 成立时间 | 主要产品 | 详情 | 图片 |
|---|---|---|---|---|---|
| 新加坡 | Transforma Robotics | 2017 年 | Picto Bot 墙面喷涂机器人、Quica Bot 建筑质量检测机器人 | Picto Bot 墙面喷涂机器人使用其机器人技术，与两名人类画家组成的团队相比，可以节省高达 25% 的时间。质量检验和评估机器人可以自主移动以扫描房间，所需时间约为手动检查的一半，使用高科技相机和激光扫描仪来拾取裂缝和不平坦表面等建筑缺陷。机器人可以将扫描的 3D 数据上传到云端，并通知人类操作员，然后操作员可以检查关键和复杂的缺陷 | |
| 澳大利亚 | Align Robotics | 2017 年 | AutoMARK、Terra MARK | AutoMARK：无界打印机几乎可以在建筑或项目现场的任何水平表面上打印。该机器人可以解释 CAD（2D）图纸，通过专利绘图、绘画和机器人机制，实现自动化测量预标记、标记、设置和定位过程。TerraMARK：完成 AutoMARK 的功能，加上 LIDAR 测量现场特征的额外好处，可以创建三维特征的三维测绘点云数据，有效实现测量过程的自动化 | |
| | FBR-Fastbrick Robotics | 2015 年 | Hadrian 109 大型砌筑机器人系统 | 现场几乎零浪费 | |

续表

| 地区 | 企业名称 | 成立时间 | 主要产品 | 详情 | 图片 |
|---|---|---|---|---|---|
| 瑞士 | ABB Robotics | 1988 年 | 喷漆机器人、铰接式机器人、笛甲机器人 | ABB 全面的 6 轴铰接式机器人产品组合为材料处理、机器维护、点焊、电弧焊、切割、组装、测试、检查、点胶、研磨和抛光应用提供了理想的解决方案。全系列涂装机器人可帮助提高涂装车间运营的生产率和质量。全球龙头机器人制造商。ABB 正在进行的项目包括使用机器人为瑞士迅达（Schindler）安装电梯，以及将预制模块化住宅组件的生产自动化 | |
| | Brokk AB | 1976 年 | 电动爆破机器人 | 主要型号包括Brokk 110/Brokk170/Brokk 200/Brokk 900 | |

## （二）国内建筑智能机器人（表2）

国内建筑智能机器人调研报告　　　　　　　　　　　表 2

| 地区 | 企业名称 | 成立时间 | 主要产品 | 详情 | 图片 | 优势 |
|------|---------|---------|---------|------|------|------|
| 佛山市 | 广东博智林机器人有限公司 | 2018 年 | 地面抹平、地坪研磨、PC 内墙板搬运、安装、地砖铺设、外墙喷涂、建筑清扫、腻子打磨、室内喷涂、测量等不同专项机器人 | 地坪研磨机器人：研磨宽度达800mm；机器人实时定位、自主导航和全自动研磨作业。建筑清扫机器人：通过自主研发的激光SLAM技术，3D视觉识别技术，融合料位检测传感器技术实现复杂场景的激光高精地图建立、定位、自主导航和停障等功能。腻子打磨机器人：施工综合工效为 $50m^2/h$，为传统人工工效的 1.5 倍以上，并能长时间连续作业 | | 国内建筑机器人头部企业，具有良好的测试应用环境，以实际应用为导向 |
| 苏州市 | 中亿丰控股集团（中亿丰建设集团/中亿丰数字科技集团等成员企业） | 2011 年 | 整平、抹平、抹光、巡检、巡检无人机及无人机基站、搬运、无人值守智能电梯、履带式墙板安装抹灰、打磨、人员定位安全帽、喷涂、实测实量等机器人 | 四轮激光地面整平机器人：扫平精度2mm。室内打磨机器人：应用于腻子墙面，乳胶漆墙面等多种材质等打磨设备。通过自主开发的控制算法和执行机构，可保证墙面打磨效果均匀，同时在作业过程中具备避障导航、安全急停控制、设备边界搜索、自动定位及遍历边界行驶等功能。远程遥控或自主控制作业，可实现高效地无人化施工；吸尘功能，可保证作业环境干净、整洁 | | 国内首个打造智能建造完整应用体系和产品服务的企业。基于"1平台＋6专项"形成智能建造工业互联网PaaS平台DTCLOUD、智能建造运管平台DTPM、BIM 数字一体化设计平台DTBIM、部品部件智能生产平台DTFRY、智慧工地平台DTSITE、十二类施工作业机器人及共享服务平台DTRaaS、建筑劳务产业工人平台DTWKS、智慧建筑运维管理平台DTBUILDING |

续表

| 地区 | 企业名称 | 成立时间 | 主要产品 | 详情 | 图片 | 优势 |
|---|---|---|---|---|---|---|
| 苏州市 | 苏州方石科技有限公司 | 2019年 | 履带抹平机器人，四盘地面抹光机器人、实测实量机器人、室内喷涂机器人、室内打磨机器人 | 履带抹平机器人：机器人采用履带底盘巡航技术以及智能摆臂算法，实现无人自主运动及高精施工。抹盘直径达到880mm，施工面积可达200～400m²/h。节省人工成本60%以上，6万～8万 m² 施工面积即可收回成本 | | 拥有多位跨学科、多领域融合的技术专家，是国内较早一批具备建筑施工现场实战经验和建筑特种机器人研发能力的工程技术团队，研发团队硕博比例超过50%，核心技术负责人均拥有海内外知名高校博士学位 |
| 上海 | 上海蔚建科技有限公司 | 2020年 | 抹灰机器人 | 抹灰机器人在建筑工地的实地作业效率已稳定在人工作业效率的5～8倍 | | 是目前行业首家利用智能机器人解决施工场地抹灰作业的公司 |
| | 上海大界机器人科技有限公司 | 2016年 | ROBIM建筑机器人工业软件 | ROBIM建筑机器人工业软件兼容多种品牌机器人、数控机床、末端执行器以及移动设备，通过搭载视觉和其他工业传感器，提供实时和离线仿真模拟 | | 专注于建筑机器人的控制系统、智能算法与人机交互的核心技术的研发，研发了ROBIM建筑机器人工业软件，通过融合计算机技术与机器人技术实现建筑的"设计" |
| | 上海一造科技有限公司 | 2005年 | FUROBOT建筑机器人软件控制平台 | 通过FUROBOT，建筑师可以解决无法直接操控建筑机器人的技术难题。对于建筑机器人软件的研发，能够有效降低机器人操作的门槛，使得建筑师、施工方或者普通的建筑工人，都能通过简单的操作来设定机器人去执行不同的工艺流程 | | 拥有自主知识产权的建筑机器人软硬件一体化平台，通过结合人工智能算法、算力与算量，全面提升设计决策与流程构型能力，整体开发建筑机器人砖构、木构、3D打印、纤维编织等数十种工艺 |

| 地区 | 企业名称 | 成立时间 | 主要产品 | 详情 | 图片 | 优势 |
|---|---|---|---|---|---|---|
| 上海 | 上海同及宝建设机器人有限公司 | 2002 年 | 重型液压提升机器人、自锁型液压爬行器"蝶形"组合吊具、液压滑行器 | 液压提升器通过提升设备扩展组合,提升重量、跨度、面积不受限制;采用柔性索具承重。只要有合理的承重吊点,提升高度不受限制。目前拥有一系列各种类型的液压爬行器,适用于不同场合的滑移施工,额定顶推能力最小50t、最大 400t | | 由同济大学和上海宝冶集团有限公司合资成立 |
| 深圳市 | 深圳广田机器人有限公司 | 2015 年 | 抹灰机器人、抹墙机器人 | 抹墙机器人:墙面平整度小于 3mm | | 自主研发智能抹灰机器人,不但可以实现墙面抹灰,还可以通过更换不同的喷涂泵,喷涂腻子、防火涂料、真石漆、硅藻泥、墙面漆等,实现一机多用 |
| | 中建科工集团有限公司 | 2008 年 | 全自动焊接机器人、AGV 小车、分拣机器人工作站、搬运机器人工作站 | 智能焊接机器人具有三个和三个以上可自由编程的轴,并能将焊接工具按要求送到预定空间位置,按要求轨迹及速度移动焊接工具(焊枪)的机器;其次,比较完整的机器人自动焊应有精密焊接质量闭环控制系统、机器人控制电源、焊接过程动态建模与控制、自主跟踪等系统,并隶属于焊接专家系统 | | 侧重于装配式混凝土建筑和钢结构建筑的智能建造 |

| 地区 | 企业名称 | 成立时间 | 主要产品 | 详情 | 图片 | 优势 |
|---|---|---|---|---|---|---|
| 杭州市 | 杭州云深处科技有限公司 | 2017年 | 高端智能四足机器人、"绝影"系列机器人 | "绝影"系列机器人：帮助人类分担危险和重复性工作，全地形作业，无负载4h作业时间，20kg负载作业＞2h；工业级防水；可攀爬楼梯，台阶高度≥20cm；可在草地、石子路、砂石路面正常行走；可攀爬≥35°坡；高精度激光雷达、深度相机；基于ROS的智能感知计算模块、人工智能模块；目标检测与识别；2.5D/3D地图构建；自主定位与导航、动态避障 | | 全国四足机器人行业应用引领者。致力于高端智能四足机器人研发、生产、销售，掌握四足机器人运动控制关键核心技术，具有多项自主知识产权，自主研发的"绝影"系列机器人在国际同类产品中已经达到先进水平 |
| | 杭州固建机器人科技有限公司 | 2018年 | 机器人焊接设备、焊接机器人工作站、机器人焊接装配生产线、外骨骼机器人搬运、破拆机器人、钢筋机器人、抹墙机器人 | 铝模板自动化生产线采用柔性工装，可以兼容生产最大尺寸为2700mm×400mm的各种型号平面模板，并且通过夹具特殊设计并配上夹具库后可以适用于大部分阳角、阴角等模板的生产 | | 专业从事机器人焊接设备及成套系统的设计、制造、营销以及技术服务 |
| 北京市 | 广联达科技股份有限公司 | 2002年 | 数字建筑平台和"BIM＋智慧工地" | 广联达BIM＋智慧工地数据决策系统集成平台，统一入口，整体呈现项目进度、质安、机械等相关信息；通过物联网技术，接入现场80余类硬件设备，实时监测，及时预警；根据系统存储的软硬件数据，自动生成周报，减轻一线人员工作量 | | 以数字建筑平台和"BIM＋智慧工地"为核心，为工程项目实现全产业链资源优化配置提供整体解决方案 |

续表

| 地区 | 企业名称 | 成立时间 | 主要产品 | 详情 | 图片 | 优势 |
|---|---|---|---|---|---|---|
| 北京市 | 三一筑工科技股份有限公司 | 2016年 | 三一装配式建筑系统-SPCS、SSRE智能钢筋装备、SACE智能AAC装备、三一移动筛分站 | AAC生产线SACE智能AAC装备用于ALC板材和砌块的生产，节能环保，超人性化。SSRE智能钢筋装备用于钢筋网片、桁架加工设备，实现了智能化，无人化 | | 致力于把建筑工业化，"把建筑当产品、把施工当制造"，聚焦混凝土部品部件的智能化生产，开发三一装配式建筑系统-SPCS，具有"空腔搭接加后浇、等效异构好快省"的整体优势 |
| 南京市 | 南京智鹤电子科技有限公司 | 2011年 | 机械指挥官 | 机械指挥官：软硬件结合的物联网解决方案，包括燃油管理、工时管理、租赁管理、渣土车管理、搅拌车管理、隧道及地下施工管理 | | 2019年上市的产品"机械指挥官"致力于工程机械物联网管理，拥有先进的台班管理和燃油管理技术，可为客户提供一整套工程机械信息化管理解决方案 |
| | 南京领鹊科技有限公司 | 2021年 | 腻子乳胶漆喷涂一体机器人、地坪研磨机器人 | 腻子乳胶漆喷涂一体机器人：综合功效为腻子喷涂1000$m^2$/d,油漆喷涂1500$m^2$/d,约为人工批刮5～7倍，支持长时间连续作业。依靠移动涂敷与动态压力控制技术，覆盖墙面、过道顶棚、飘窗、横梁等区域，覆盖率高达95%以上 | | 公司研发人员占比50%以上，核心技术团队来自北大、清华、哈工大、北航等国内知名高校，具有博智林、科沃斯、金螳螂以及好享家等研发+产业的复合背景 |
| 武汉市 | 中建三局集团有限公司 | 2003年 | 智能建造一体化装备平台（简称"造楼机"）、新型轻量化造楼机（住宅造楼机） | "空中造楼机"：在全球首次将大型塔机和安全防护、临时消防、临时堆场等施工设备、设施直接集成于施工平台上，共用支点，同步顶升，可覆盖4层半高度，承载力达数千吨，能抵抗14级飓风 | | 以200～300m量级超高层公建"轻量化空中造楼机"为基础，自主研发新型轻量化造楼机（住宅造楼机），并已在装配式建筑领域应用 |

| 地区 | 企业名称 | 成立时间 | 主要产品 | 详情 | 图片 | 优势 |
|---|---|---|---|---|---|---|
| 济南市 | 中科骊久建筑机器人有限公司 | 2020年 | 混凝土布料机器人、智能铝合金边模、装配式建筑楼板智能化生产线、钢筋智能绑扎机器人 | 混凝土智能布料机器人：通过配置视觉识别技术，智能控制算法，控制布料机运动及其出料方量，全程无数据录入，称重系统实时反馈，智能精准布料，厚度误差±2mm。钢筋智能绑扎机器人：具备视觉识别、深度学习、智能控制和独有运动算法，性能稳定，安全可靠 | | 其智能装备项目是中科院产业技术协同中心引进的先进型技术项目 |
| 杭州市 | 杭州丰坦机器人有限公司 | 2022年 | 室内喷涂机器人 | 喷涂机器人：一天腻子施工大约为800~1000m²，是人工施工的8~10倍；乳胶漆施工大约为3000~4000m²，与手持喷涂机相比，效率为2倍左右。在材料上，机器人可准确调节材料用量并均匀喷涂，可节约20%~25%的材料成本 | | 丰坦机器人未来将围绕建筑施工环节的核心场景，综合运用BIM、人工智能、机器人技术，以提高建筑施工效率、降低施工成本 |
| 湖州市 | 筑石科技（湖州）有限公司 | 2019年 | 地面抹光机、建筑测量机器人、激光地面整平机 | 地面抹光机：自主导航控制方式，施工现场配置简单，适用于规范建筑设计的大面积施工场景。建筑测量机器人：建筑内部结构的几何尺寸测量和缺陷检测，服务于施工过程质量跟踪和完工验收。激光地面整平机：应用于混凝土浇筑后，对地面进行高精度整平施工的设备 | | 以建筑特种机器人研发和生产为主的高科技创业公司，致力于将机器人技术和建筑业有机结合，形成具有专业建筑功能的特种机器人 |

**1. 博智林机器人有限公司**

碧桂园集团旗下广东博智林公司现有在研建筑机器人 50 余款，具有一定自主知识产权，主要用于施工现场作业，覆盖建筑工艺工序多为二次结构以及装修工程。目前已有 30 余款建筑机器人投放碧桂园开发项目的工地现场测试应用，包括地面抹平、PC 内墙板搬运、安装、地砖铺设、外墙喷涂、室内喷涂等不同专项机器（图 1）。

图 1 博智林智能装备

该公司在高精 BIM 模型构建、机器人视觉伺服、自动路径规划、高级排程等核心算法方面也做了较为深入的研发。该公司具有良好的测试应用环境，能以实际应用为导向，研发产品直接在碧桂园地产开发项目上进行实操测试试用，很好地实现了产学研用一体化，研发前景较好。研发的室内喷涂机器人、外墙喷涂机器人、打磨机器人、运输类机器人、PC 内墙板安装机器人、贴墙纸机器人等建筑机器人，目前处于样机试验检测、试用阶段，未进行量产，属于接近成熟的产品，基本成型。在对其效率、效能、先进性等指标进行应用验证并进一步完善后，可以进行实际应用。研发的混凝土整平、地砖铺设、地板铺设、抹灰等机器人以及造楼机尚显不成熟，还需要进一步研发。

**2. 睿住科技有限公司**

睿住科技有限公司是美的集团下属的子公司，主要生产整装卫浴。美的集团收购德国库卡机器人公司，引进了先进的机器人技术生产线，很好地完成了集成卫浴的无人生产。

位于佛山的整装卫浴工厂采用了睿住科技与库卡公司共同研发的全国首条全自动壁板生产加贴瓷砖生产线，智能化水平高，机器人使用效果好，工艺流程先进，基本实现了无人工厂（图2）。

图 2　睿住科技智能装备

瓷砖壁板自动生产线、彩钢板壁板自动折弯线、SMC 防水盘纳米喷涂生产线 3 条智能化生产线，实现智能化生产，机器人自动贴砖精度控制在 0.1mm 以内，整线节拍 90s，比人工生产节拍效率提升 10 倍。工序与工序之间的转运非常成熟，每个机器人的应用发挥了机器人的特点，工艺设计好、操作效率高，在保障质量、节拍方面起了很大的作用，特别是机器人在贴瓷砖和打胶、美缝这样精细的工艺过程中的应用良好，可以推广应用。可以看出，机器人已经具备了对传统建筑部品、建材生产企业进行转型升级的革命性能力。

**3. 中建科工有限公司**

中建科工有限公司（原中建钢构有限公司）钢结构智能工厂，在部件加工、智能下料、自动铣磨、自动组焊矫、钜钻锁、装焊、抛丸喷涂等工序较好实现了智能化、精益化生产。单个工位设置了全自动焊接机器人，物料运输方面采用了 AGV 小车实现了智能运输，分拣机器人工作站和搬运机器人工作站均应用了基于 3D 视觉的机器人分拣码垛技术，整个生产过程采用了监控系统，使得生产过程得到很好的控制。在疫情期间，在工厂只有 100 人的情况下，只用了 3d 时间完成了 1650t 钢结构，构件总量 38000 余件。如果能够引进国内外先进的制造工艺技术，使机器人在各个工序的应用中连续起来，按照智能生产线技术对工艺流程进行再造，将会形成真正智能化机器人工厂生产线，全面实现智能化的无人工厂。

**4. 中建科技有限公司**

中建科技有限公司聚焦绿色装配式新型建造方式，在建筑机器人、智能化 PC 工厂方面进行了系列研发突破。智能钢筋绑扎机器人融合了人机视觉技术、智能控制技术等高新技术手段，可实现钢筋的自动夹取与结构搭建、钢筋视觉识别追踪与定位、钢筋节点的绑扎等智能化工作，已投入到绑扎飘窗钢筋网笼的试生产中，相比较工人绑扎效率显著提升。待进一步研发成熟后，可进行推广使用。轻钢龙骨隔墙装配机器人、三维建筑测绘机器人、轻钢结构焊接自动化生产工作站、异形墙面建造机器人、三维测绘建造机器人、发泡陶瓷板加工机器人等已有样机，在技术上可行，有待尽快完善成熟。采用了全自动的 PC 自动生产线，摆放模板、拆除模板等工序采用了智能机器人做法，通过 BIM 实现了与设计的联动，可进行装配式混凝土构件的智能化生产，技术相对成熟，可在 PC 工厂中进行推广应用（图 3）。

图 3　中建科技预制装配式框架结构体系

**5. 江苏中杰建兆智能装备有限公司**

江苏中杰建兆智能装备有限公司（图4），注册资本3000万元，是一家专注于提供建筑智能装备的设计、制造、销售和售后支持，并提供产业工人培训和劳务配套服务，为智能建造示范项目的深度应用提供硬件设备、人员培训、劳务配套的全新全套解决方案的创新型技术企业。

图4　江苏中杰建兆智能装备有限公司

中杰装备积极与苏州相城区政府合作，协同相城区智能装备研发服务中心实现6批次50多台智能装备的交付，完成产业工人培训12场，培训合格产业工人160多名并颁发机器人领航员证书，在相城区"长三角国际研发社区二期""阳澄湖国际科创园二期""盛北花园"等多个智能建造示范项目得以应用，形成人机协作、多机协同，"1＋12"的建筑机器人综合应用模式，即1个RaaS机器人服务数据管理平台＋12款高效实用机器人，实现多道工序立体全覆盖。

中杰装备还建立了国内首家智能装备4S展厅（图5），分享智能建造实践经验，接待住房和城乡建设部、江苏省住建厅及各类同行企业多达100余次观摩，人机共建的新场景获得了央视、省市各级新闻媒体争相报道，擦亮"苏州智能建造"品牌，形成全国性的示范效应。

图 5　智能装备 4S 展厅

# 三、建筑机器人在智能建造中的应用情况

## （一）建筑机器人应用的建筑阶段

智能建造的应用场景按照建造阶段来说可以分为设计阶段、制造阶段、施工阶段、运维阶段、拆除阶段和全生命周期。从国内外建筑机器人发展状况来看，各个建造阶段都有建筑机器人公司参与研发。但就目前来看，国内建筑机器人技术在智能建造中的应用仍主要聚焦在施工阶段这个节点及其细分环节。相对于其他建造阶段，施工阶段的建筑机器人应用相对比较成熟，诸多应用场景也已相继落地，多款建筑机器人产品已在市场上实现了批量化生产和使用并且根据客户需求不断迭代更新。由于国内建筑机器人公司相对于国外起步较晚，目前的大多建筑机器人公司都集中在单一化的施工工艺环节。

当前智能建造示范项目中大力推广人机协作、多机协同。建筑机器人应用范围包括地面施工（整平、抹平、抹光）、墙面喷涂和打磨、地空联动巡检机（地面巡检和空中无人机）、AGV 和智能无人升降机联动作业、墙板安装机等，实现多道工序全覆盖，有效提高建筑施工的效率和质量。

### （二）中亿丰建筑机器人在示范项目中的应用

中亿丰作为苏州建筑行业龙头，一直保持着对时代潮流、前沿趋势的高度关注，一致秉承"信为本、诚为基、德为源、创为先"的企业发展愿景，积极探索新型技术在工程建设中应用。在机器人及智能装备方面，中亿丰建筑机器人目前选用 12 类机型，应用混凝土工程机器人、砌筑机器人、墙板安装机器人、装饰工程机器人等多款新型智能装备，应用范围涵盖工程建设的多个环节，有效地替代人工完成苦脏累险的工作，保障产业工人生产环境，同时积极开展智能建造领航员专项技能培训，完善建筑机器人产业工人技能培训体系，组织超 200 名产业工人开展建筑机器人技能培训，联合政府机构提供领航员培训证明。

具体实践中，中亿丰选择 24 个试点项目全面推广建筑机器人应用，以长三角国际研发社区二期为例。长三角国际研发社区二期是国家智能建造试点城市苏州的首批智能建造示范项目，建筑面积 212743.4m²，地下室建筑面积 71572.54m²，地下 2 层，局部 1 层，地上两个研发组团，8 栋单体，各组团最高 21 层、19 层。

#### 1. 机器人使用计划

长三角二期项目机器人应用情况及计划　　　　　　　　表 3

| 序号 | 实施部位 | 实施工程量 | 机器人种类 | 实施时间 | 备注 | 实施情况 |
|---|---|---|---|---|---|---|
| 1 | 地下室底板 | 组五 1B 南侧底板约 1750m²<br>组五 1A 东侧底板面积约 3000m²<br>组四 1A 底板面积约 3152m² | 激光整平机器人、履带抹平机器人 | 2022 年 11 月 | 前期模式探索阶段，应用有班组自有手扶式及后期方石机器人 | 已实施 |
| 2 | 地下室顶板 | 留土区及组五西侧约 6000m² | 激光整平机器人、履带抹平机器人、四盘抹光机器人 | 2022 年 12 月、2023 年 4 月 | —— | 已实施 |
| 3 | 地下室内墙涂料工程 | 约 30000m² | 墙面腻子喷涂机器人、墙面腻子打磨机器人、墙面涂料喷涂机器人 | 2023 年 4—6 月 | —— | 已实施 |

| 序号 | 实施部位 | 实施工程量 | 机器人种类 | 实施时间 | 备注 | 实施情况 |
|---|---|---|---|---|---|---|
| 4 | 地下室地坪浇筑 | 约 40000m² | 激光整平机器人、履带抹平机器人、四盘抹光机器人 | 2023 年 7 月 | — | 已实施 |
| 5 | 组四 1A 塔楼垂直运输 | 19 层 | 智能升降电梯及搬运机器人（联动） | 2023 年 3—12 月 | 智能电梯已安装，搬运机器人与施工电梯联动 | 调试中 |
| 6 | 现场无人巡检 | 本项目巡检路线 | 地面巡检机器人空中无人巡检机器人 | 2023 年 2—12 月 | — | 使用中 |

**2. 机器人实测功效分析**

整平机器人功效实测结果（300mm 厚顶板）：整平机器人功效为 328m²/h，人工功效为 345m²/h。整平机器人功效可与人工基本持平，优点是减轻瓦工工作强度，一定程度上改善了工作环境，整平精度高，平整度好。缺点是机身尺寸较大无法适用于墙柱较多的区域；细部需要人工配合；自重较大，塑料马镫难以承受；未能减少人工用量。

履带抹平机器人实测结果（300mm 厚顶板）：履带抹平机与手扶汽油磨光机施工效率相当。优点，减轻瓦工工作强度。缺点，抹平头重量轻转动扭矩不足，无法将混凝土面硬块或小石子甩出，容易产生石子眼（坑）；机身尺寸大；未能减少人工用量。

抹光机器人实测结果（300mm 厚顶板）：优点是减轻瓦工工作强度。缺点是自重轻，四个盘受摩擦力不均匀时，整机易发生自转，压实收光效果差；施工后盘印较多，无法达到质量要求（图 6）。

ALC 安装机器人实测结果：辅助施工速度为 20min/ 块（现场实测时，采用 3m 板材安装机器人安装 3.6m 板材，操作人员非熟练工）。优点是可以短距离搬运；减少体力劳动。缺点是缺乏自动对线功能，板材就位耗时较长；整体施工时间较长。

图 6　混凝土三件套机器人应用场景图

　　墙面三件套机器人应用（图 7）：北区地下室墙面粉刷完成，具备腻子、涂料施工条件，目前已施工约 $500m^2$。优点是机器人施工速度较快、腻子打磨扬尘少；缺点是对腻子要求较高，腻子敷涂过程中颗粒不均匀，局部需要人工辅助，现有款式机器人无法施工超过 4.6m 层高区域，机械臂缺少遇阻停止功能。

图 7　墙面三件套机器人应用场景图

# 建筑业企业技术中心作用发挥的情况调查与建议

王　政　强　化　王小培　姜　伟　朱龙龙

　　高质量发展是全面建设社会主义现代化国家的首要任务。党的十八大以来，习近平总书记围绕推动高质量发展作出了一系列重要指示，强调"在强国建设、民族复兴的新征程，我们要坚定不移推动高质量发展"。加快实现高水平科技自立自强，是推动高质量发展的必由之路。

　　实现高水平科技自立自强，离不开加强基础研究这一关键基石。建筑业企业在国家宏观调控的作用下，面临着诸多挑战和机遇，我们应该紧紧抓住高质量发展这个目标和法宝推进企业的运营，其中科技创新起到了至关重要的作用，不断地研制推出新产品、新工艺、新材料、新技术，而企业技术中心正是为实现这一目标而设立的。本文以江苏江都建设集团有限公司的实际情况进行总结，提出自己的认识和建议。

## 一、建筑业企业技术中心的性质和职能

　　企业技术中心就是要以社会发展需求及自身实际情况进行产品研究、产品创新、工艺创新、材料创新、引进消化二次开发、科技成果转化、企业技术进步发展规划制定和执行为基础，努力由被动变主动，为社会提供更加实用、优质、安全可靠的产品。企业技术中心是企业实施高度集中管理的科研开发组织，起着主导和牵头作用，具有权威性，处于核心和中心地位。

## 二、企业技术中心建设

### （一）企业技术创新战略与规划的实施情况

　　江苏江都建设集团有限公司把技术创新、企业名牌战略和满足客户的

需求目标紧密结合起来，以国家产业政策为指导，遵循"以技术为基础，以质量为根本，以人才为核心"的原则，认真落实科学发展观，以公司技术中心为主体，充分发挥省级技术中心平台优势，不断完善自主创新、产学研合作与市场经济相适应的企业技术创新体系。

## （二）企业技术创新体系建设

江苏江都建设集团有限公司技术中心成立于 2008 年，2009 年被江苏省经信委认定为省级技术中心，2016 年评价等级为优秀。为保证企业技术中心高效开展工作，发挥技术支撑引领发展的作用，公司副总、正高级工程师担任技术委员会主任，高级工程师担任技术中心主任，负责中心的科技创新工作，聘请专家兼职到中心开展科研活动，作为项目课题组的带头人，负责项目课题的研究开发、创新工作。公司总部每年初负责审批技术中心年度科技活动工作计划和年度研发经费预算计划，并按计划下拨研发经费至技术中心，每年底对技术中心进行考核。

年初制定"技术中心年度科技活动工作计划"和"年度研发经费预算计划"并经公司总部批准后实施。审批各分公司"技术工作年度计划"和"年度研发经费计划"，定期下拨给各公司研发经费，检查各分公司"技术工作年度计划"和"年度研发经费计划"的实施情况。科技活动项目设置项目实施情况台账，技术中心和各项目实施分公司定期提交项目实施报告，记录项目实施过程及取得效果等，项目实施结束后，及时编写总结性报告和相关验收记录。

技术委员会每两个月召开一次会议，对研发方向、重点课题和经费预算等重大问题进行决策，制定企业技术中心的年度计划及中长期发展规划；技术委员会在技术中心的研发过程中，给予技术支持，帮助协调解决重大技术难题。

分公司及项目部年初制定"技术工作年度计划"和"年度研发经费计划"报技术中心审批后实施，分公司定期检查项目部的实施情况。分公司设置项目实施情况台账，分公司和项目部定期提交项目实施报告，记录项目实施过程及取得效果等，项目实施结束后，及时编写总结性报告和相关验收记录。

## （三）企业技术创新机制建设

1. 创新投入机制。技术中心的研发经费来源于公司下拨的科研费，公司按年结算收入的 0.3% 提取作为科研经费，分季度下拨给技术中心，技术中心实行单独核算，由公司单独设立财务科目。

2. 人才激励机制。江苏江都建设集团有限公司技术中心制定完善的人才激励制度。公司高度重视技术中心组织工作，除建立健全各项工作制度、配备好专业技术人员外，还对工作实行年度目标责任考核。每年年初，公司同技术中心签订年度工作目标责任状，实行奖酬与绩效挂钩，年终由公司按照考核细则对技术中心全年工作进行考核评分，并依据最终考核结果，对各个责任负责人兑现奖罚，确保年度目标实现。

此外，为了进一步实现科技兴业的目标，推进先进的施工方法、施工工艺及提高建筑工程科技含量，鼓励公司员工积极开展科技创新活动。公司对获得各类技术创新成果奖项给予相应奖励。

3. 科技人才培养机制。在人才培养方面，通过与扬州大学、扬州职大等高校全面合作，利用专升本、本升硕等形式为公司培养了大量人才，为公司的发展提供人才保证，同时公司适时地将善于创新、有特长、有能力的骨干人才充实到技术岗位，通过经常性地对员工业务技能进行专项培训，提高其综合素质，公司还建立了有效的激励机制，调动其积极性和创造性，形成人人奋勇、个个争先的良好氛围。

4. 创新队伍建设。公司积极引进和培养优秀专业技术人才，开展技术中心创新工作。公司拥有一级注册建造师 242 人，企业技术中心专业从事专职研究与试验人员 46 人。企业技术中心拥有高级专家及高级职称人员 30 人，占中心人数的比例为 73.8%。

## （四）企业创新活动开展情况

1. 技术创新产出情况。自 2019 年以来，江苏江都建设集团有限公司共计主编行业标准 1 项，参编国家标准 1 项，中建协团体标准 3 项，省级地方标准 1 项，省级协会团体标准 1 项；创建省级新技术应用示范工程 33 项，省级装配式示范项目 2 项；获得实用新型专利 2 项；省级工法 12 项；全国优秀质量管理小组 QC 成果 13 项，省级优秀质量管理小组 QC 成果 87 项；全国优秀项目管理成果 31 项，省级项目管理成果 1 项；中施企协工程建造微创新技术大赛优胜奖 2 项；省级工程建设科学技术奖 1 项；国家级 BIM 大赛三等奖 2 项，省级 BIM 大赛三等奖 2 项；省级优秀论文 19 篇；市级科技项目 2 项。

2. 技术创新效益。2019—2022 年度公司共创鲁班奖 3 项，国家优质工程奖 2 项，参建国家优质工程奖 1 项，省级优质工程 14 项，省级建筑施工标准化星级工地 47 项，国家级绿色示范工程 1 项，省级绿色施工示范工地表彰 15 项，省级专项优质工程 10 项。

## 三、技术创新情况思考

在新时代背景下，科技创新是建筑业高质量发展的一个助力，目的是促进行业健康稳定有序的发展，是以目前已成熟的施工技术为主，有计划有步骤地开展科技创新活动。从经济性、适用性等方面着手，倡导开展便于项目施工、加快进度、提高安全性和降低成本为目的的技术研发活动。在实际施工过程中遇到的具体问题要具体分析，要进行可行性研究，既要保证技术的先进性也要兼顾成本核算，从而实现建筑企业的高质量发展。

王　政　江苏江都建设集团有限公司技术中心主任
强　化　江苏江都建设集团有限公司上海分公司副总经理
王小培　江苏江都建设集团有限公司技术中心副主任
姜　伟　江苏江都建设集团有限公司技术中心副主任
朱龙龙　江苏江都建设集团有限公司技术中心职员

# 关于苏州金螳螂技术中心作用发挥的情况调查及建议

王　宏　马建华　孙　磊　冯黎喆

## 一、背景

当前，科技创新是影响企业市场竞争力的关键因素，各地政府、企业逐渐认识到科技创新的重要性，加大了对科技创新工作的研发力度。对于企业而言，企业技术中心主要负责科技创新与产品创新，若要提升企业的核心竞争力，势必要重视企业技术中心建设工作。建筑业企业技术中心是为了推动企业技术创新和提高竞争力而设立的重要机构。其主要职责包括技术研发、创新管理、技术培训等方面。

## 二、金螳螂公司企业技术中心发展简介

金螳螂公司从创立之前，就重视自身的技术研发工作，早在 2010 年就设立企业研发（技术）中心。

（一）金螳螂作为国内装饰行业的龙头企业，始终以高标准、严要求的使命感，把每一处细节都做到精益求精，根据现场的实际情况组织项目团队建立并完善施工 BIM 模型，优化施工方案、简化检修方式，上下联动，内外协同，以最合理的数字化施工方式满足业主的要求。

（二）2022 年投入研发费用 7.33 亿元，在新材料、新工艺、新工具方面加大研发力度，积极申报专利。截至 2022 年末，公司累计获得发明专利475 项，组织参与建筑装饰行业多项目质量技术标准编制。多年来在施工

技术方面的打磨，在研发创新领域的钻研，已成为公司的核心竞争优势。

（三）金螳螂坚持绿色健康设计，在酒店、医疗、宗教、住宅、文旅等多项领域形成公司特有的设计方法和设计规范，以设计为先导，最大化地采用环保材料和节能工艺，使设计作品在满足客户审美需求的基础上，能够更加环保、健康。

（四）施工过程中，金螳螂综合现场环境和客户需求，围绕节材、节水、节能、节地四大维度，将绿色施工理念深耕落地，力求最大化降低施工对环境的影响，营造安全、干净、舒适的施工环境。

（五）金螳螂研发了具有自主知识产权的针对装饰行业 BIM 数字化平台，数字化管理项目，效率大幅提升，工期更可控，并通过 VR 技术的应用帮助设计方和业主身临其境感受空间及效果，使设计到施工全程清晰化操作，在营销、设计、施工方面大幅提升效率，降低成本。先后打造了北京大兴机场、中信大厦、上海中心大厦、普陀山观音圣坛等一批具有影响力的共建项目，是国内装饰行业中 BIM、VR 应用体系最为健全、技术最为成熟的企业。

（六）金螳螂获得"2021—2022 年度江苏省装饰装修行业信息化建设标兵企业"，这是对公司的鼓励和鞭策，必将促进公司不断开拓创新，为行业发展做出积极的贡献。

（七）在多个项目落地服务中，金螳螂研发出了"装配式内装十大体系"，即装配式隔墙系统、装配式墙面系统、装配式地面系统、装配式厨房系统、装配式卫浴系统、装配式吊顶系统、装配式管线系统、生态门窗系统、智能舒适健康体系、人性化体系。

作为国家首批"装配式建筑产业基地"，金螳螂围绕"住宅、公寓、酒店、医疗康养、办公"五大核心，构建绿色智造、环保健康的装配式产品，并与住房和城乡建设部科技与产业化发展中心签署战略合作协议，共建装配化装修产业互联网平台和装配化装修产品创新与展示中心等平台。

早在 2012 年，金螳螂就与苏州大学合作成立了苏州市建筑绿色装饰装修工程技术研究中心。后来，金螳螂又因在绿色建筑装饰装修技术领域等方面取得的显著成果与建设成效，被江苏省科技厅认定为江苏省建筑绿色装饰装修工程技术研究中心。

目前在开展进行的创新平台有：**（1）国家装配式建筑产业基地；（2）装配化装修产品创新与展示中心；（3）江苏省建筑绿色装饰装修工程技术研究中心；（4）中国建筑装饰行业 BIM 研究中心；（5）全国博士后科研工作站；（6）建筑装饰行业平台化生态系统。**

（八）公司作为行业领军企业，金螳螂研发中心牵头承担协会团体编制 198 项，参与国家标准编制 9 项，居行业第一。包括：《羊毛吸声绝热制品》GB/T 34562—2017；《室内装修用水泥基胶结料》GB/T 40376—2021；《建筑装饰装修工程质量验收标准》GB 50210—2018；《建筑内部装修设计防火规范》GB 50222—2017；《民用建筑设计统一标准》GB 50352—2019；《建筑信息模型分类和编码标准》GB/T 51269—2017；《建筑信息模型交付标准》GB/T 51301—2018；《建筑用装配式集成吊顶通用技术要求》；《装配式建筑工程施工质量验收标准》。

（九）金螳螂企业研发中心进行技术沉淀，经验总结在项目上进行运用。2016 年至今取得省级创新工法 26 项，其中 2022 年度获取 7 项：

1. 球体曲面合金钢板施工工法；

2. 复杂空间木饰面无胶化收口施工工法；

3. 塔式建筑悬挑结构依附体系安装施工工法；

4. 室内预制框架 GRG 镂空造型整体安装技术工法；

5. 室内大规格薄板铺贴质量控制施工工法；

6. 现浇绿化混凝土护坡施工工法；

7. 老旧街区外立面砖砌墙体局部修复施工工法。

# 三、企业技术中心建设的现状

## （一）专业人才不足

企业技术中心的建设离不开专业人才的支持，国内外的技术创新战略均将专业人才的引进与专业发展视为关键工作，制定了系统的人才引进、培养机制，为专业人才特别是高层次人才提供了健全的服务。

## （二）资金支持力度不足

研发创新工作，研发时间长，成果转化周期长，初期盈利能力弱。资金、人力的投入是影响企业技术创新活动、技术中心建设的关键因素，人力资源的投入企业尚可自己解决，但是资金问题则制约研发工作的开展。大型企业特别是龙头企业具有相对充足的研发资金，但是中小企业因为经营规模有限，愿意投入研发的资金有限。

## （三）科研成果转化力度不足

大部分企业科研成果技术转化能力不高，自主开发能力欠缺，部分企业会选择与高校合作。然而，大部分高校重理论、轻实践，对高校科研成果的转化不够重视，难以为企业的生产经营、技术创新提供支持。在企业与高校的合作过程中，缺乏大型科研项目的经验，科研项目不够成熟，导致科研项目转化力度不足。

# 四、企业技术中心建设的发展建议

## （一）加强战略规划

企业技术中心应明确技术发展战略，与企业整体战略相一致，确保资源投入的方向和目标一致。

企业技术中心的科研工作要结合企业实际情况，逐步转变为多元化经营模式。在这一过程中，技术中心的研究重点不能脱离企业的主营业务，坚持以市场为导向，扩大企业的经营规模，突出企业特色。在研发前，技术中心人员应开展市场调研工作，了解市场需求，保证科研成果与行业发展方向、市场需求一致。

## （二）引进、培养专业人才

专业人才是企业建设技术中心的原动力，企业技术中心的科研活动对专业人才的依赖较大。因此，企业要优化人才管理机制，积极引进专业人才。首先，企业要转变人才管理理念，适当提高技术人员的薪资水平，建立健全薪资分配制，提升企业对专业人才的吸引力，同时激发在职技术人员的工作热情。其次，加强在职技术人员的培训。建立科学的培训制度，定期安排员工参与职业培训，并建立相应的监督机制与考核机制，检查员工的培训效果，使员工可以真正从培训中学习新技术、新理念，提高自身理论水平与技术水平，确保员工能够掌握最新的技术和行业知识，并能够将其应用于实际工作中。

## （三）推动数字化转型

技术中心应积极推动数字化工具和技术的应用，以提高建筑项目的效率和质量，并降低成本。

## （四）定期评估与改进

建立评估机制，定期审查技术中心的绩效，根据反馈意见和市场需求进行调整和改进。企业可以尝试分类考核机制，按照技术类型、科研成果类型、科研项目等分类管理与考核，将技术人员的专业水平、工作态度、科研成果质量纳入考核机制中进行绩效考核。

王　宏　金螳螂股份公司总工程师
马建华　金螳螂股份公司总师室高级工程师
孙　磊　金螳螂股份公司总师室高级工程师
冯黎喆　金螳螂股份公司研发中心研发总监

# 中亿丰建设集团股份有限公司科技研发情况调查及建议

中亿丰建设集团股份有限公司

  中亿丰建设集团始创于 1952 年，是中国民营企业 500 强中亿丰控股集团核心成员企业，聚焦房屋建筑、基础设施建设、建材工业、设计咨询、城建投资等领域，是江苏省首家获得建筑工程和市政公用施工总承包"双特"资质的民营企业，年产值规模达 300 亿级，年纳税额超 7 亿元。荣获住房和城乡建设部创鲁班奖特别荣誉企业、全国优秀施工企业、全国建筑业竞争力百强、全国文明单位、ENR 全球最大 250 家国际承包商以及江苏省政府科技进步奖、江苏慈善奖。

  科技创新是推动企业发展的不竭动力。集团坚持把科技创新放在发展大局的核心位置，在"高、大、难、新、特"项目中，持续释放科技生产力。依托中亿丰科技委员会，立足融合基建研究所、企业技术中心、企业工程研究院，围绕建筑＋城市的更新升级，利用数字技术驱动，打造全面赋能的行业产业链中台。

  集团拥有院士工作站、博士后科研工作站、省优秀研究生工作站示范基地、省智能建造工程技术中心、省城市与地下空间智能建造工程研究中心、住房和城乡建设部装配式产业基地、省建筑产业现代化示范基地和实训基地、省重点实验室等科研技术平台。

  集团科技研发投入逐年提升，与重点院校、科研单位积极开展产、学、研、用合作，成为全国首批智能建造试点城市代表建筑企业。集团重点依托项目建设"一平台、六推进"的智能建造体系，成功实现以长三角研发启动区二期、相城经开区数字金融产业园等地标项目的智能建造示范应用，率先完成苏州智能建造试点项目打造，成为苏州乃至全省、全国智能建造重点观摩企业之一。

按企业科技创新工作实施需求，确保企业每年研发投入占主营业务收入的比重达到 3% 以上，促进科技创新工作有序、合理、高效开展。

同时持续加大科技经费投入，加大研发经费在基础设施和新兴业务领域的投入比例；加强科技经费的制度建设，加强各类科技经费尤其是专项创新基金的制度建设，做好科技经费的规划和预算，高度重视资金流动的效率和安全性，跟踪科技经费实际使用和预算执行情况，实时管控并及时调整经费预算，优化科技经费的管理流程；合理规划科技经费来源，通过合理分析科技经费的导向需求，清晰科技资金的来源渠道，科学规划科技经费的来源，包括集团科技投入、人才保障基金、政府的奖补资金等，以保障科技工作的顺利推进；加强科技经费预算和管控，本着"高效、节约"的原则，制定科技经费支出预算，并做到专款专用、严格以收定支；设立专项创新基金，针对重大科技创新活动（如"双创"项目），可依据实际情况设立专项创新奖励基金，以加强和保障对企业科技人员创新创业的引导和扶持。

# 一、产业孵化投入

## （一）苏州市产业技术研究院融合基建技术研究所

中亿丰建设和苏州相城经济技术开发区、苏州市产业技术研究院及研发团队成员投资共建"苏州市产业技术研究院融合基建技术研究所"，围绕苏州市融合基建产业，打造苏州市首个由龙头企业牵头、围绕传统行业、切入融合基建产业的技术研究所，着重解决 BIM-CIM、智慧物联、人工智能、建筑大数据等核心技术在基建领域的集成和研发，推动建筑行业转型升级，服务地方经济社会高质量发展。集团投入 2000 余万元，并提供相关应用场景及示范项目。

## （二）中亿丰数字科技集团有限公司

由中亿丰建设自主培育一家专注于智能建造、数字建筑和新型城市基础设施的高科技公司，提供多元化行业解决方案，自主打造出数字孪生建筑快速应用开发平台"DT-CLOUD 亿智云"，同时在新城建领域推出智能物联终端"Microdata"硬件产品，形成"软件＋硬件"产品集成服务能力，赋能建筑业数智化转型。

### 案例：绿色建造领域关键技术研发与集成

以中亿丰未来建筑研发中心项目为例，该项目运用F＋EPC＋O模式。苏州市产业技术研究院融合基建技术研究所、中亿丰数字科技集团有限公司在设计、建造、运维全寿命周期中加载中亿丰目前在绿色建筑、智慧建筑、数字建造、建材研发等领域的最新技术和研究成果（项目研发投入近2000万元），纵向发挥中亿丰控股全产业链优势，横向通过管理协同、资源协同充分凸显出中亿丰在工程总承包大趋势下的核心业务能力，打造真正意义上的 F＋EPC 示范样本。力求从设计、技术、质量、安全文明、绿色人文、商业模式等多维度诠释"未来建筑，引领未来"的建造初心。中亿丰未来建筑研发中心项目开展了玻璃幕墙免焊式转接系统、硅墨烯保温板、装配式卫生间、智慧工地等 64 项科技成果研究。

智慧建筑运维管理集成平台、智慧建筑能效监管系统、智能照明软硬件系统，更是能够有效实现对建筑 24h 能耗的动态精准预测，在智慧化高效管理的同时通过技术创新、产业创新实现行业转型升级，助力"双碳"目标实现。

光伏建筑一体化兼顾建筑美学和光伏发电功能要求，并通过加载 BIM 数字化能源运维系统，实现能源管理一个平台、一张网。通过源头减碳、再生负碳、过程控碳、数字配碳等关键技术的研究与应用，为建筑行业数字化转型升级、低碳可持续发展提供参考。

此外该项目还创新性地应用了中亿丰自主研发的 AR 平台，创新性打破虚拟世界和真实空间的边界，将 BIM 模型与施工现场 1：1 匹配叠加，深化设计施工推演，动态实时对比差异。在现实世界中直接利用 BIM 指导建筑施工，解决 BIM 在施工阶段的价值落地问题，极大提升了工程效率与建造品质。

该项目已获授权或受理发明专利 6 件，实用新型专利 8 件，获批省级工法 4 项，《建筑全过程绿色低碳数字化综合技术研究与应用》课题达到国际先进水平。《基于数字孪生的建筑工程施工安全智能管控关键技术研发》列入省重点研发计划。

## 二、"政产学研金介用"等平台投入

中亿丰建设集团全面融入质量、安全、绿色、低碳、环保、效率等元素，充分利用好"中亿丰系"各级科研平台和重大工程研发载体，有效链接"政产学研金介用"等合作平台，强化自主创新、探索联合创新，持续加大关键核心技术攻关，提升企业科技研发能力。集团与东南大学、同济大学、华中科技大学、河海大学、南京航空航天大学等重点高校签订了战略合作协议、科研项目开发合同或建立联合研发中心，每年投入研发资金千万元，通过采用联合开发、技术合作等模式，积极引进、消化和吸收国内外建筑业前沿先进技术，使研发成果尽快转化为生产力。

### 案例：装配式组合框架新结构体系技术研究

中亿丰建设集团和东南大学（郭正兴教授团队）签订了技术开发合同，投入近千万研发资金，开展"新型装配式组合结构体系研究与开发"。研发新一代基于 CFT 柱和 PC 梁的新型装配式框架组合结构体系、大跨预制预应力填芯双向叠合板的新型楼盖体系及柱间钢板阻尼器。

该技术成功在苏州城亿绿建科技股份有限公司 3 号综合楼项目示范应用。《装配式组合框架新结构体系技术研究》科研课题通过住房和城乡建设部组织的专家验收。共授权实用新型专利 2 项，发明专利 2 项。有助加强中亿丰在装配式建筑推广应用中企业的核心竞争力。

## 三、智能建造投入

作为苏州市建筑龙头企业，中亿丰集团将"智能建造"作为企业发展的首要战略，挂牌成立了苏州智能建造产业学院，提供千万专项"智能建造基金"，积极推进建筑机器人研发和应用。目前，中亿丰在业内率先实施"产业工人＋建筑机器人＋培训"的业务模式，打造基于人机协作的劳务分包模式，积极推动建筑机器人操作工人技能培养，推广建筑机器人产业化应用。通过智能机器人在生产、施工、维保等环节的研发应用，进一步探索机器人多机协作、人机协作和关键技术应用标准，加快推动建筑业转型新发展，为全国建筑业贡献新力量。

## 四、项目技术攻关及研究投入

集团积极践行绿色施工理念，将绿色发展贯穿企业生产经营管理全过程中。在施工中严格遵循环保规定，提高环保节能意识，研发应用绿色环保技术与装备，推进绿色施工，实现节能减排目标，追求人与自然、建筑与环境的和谐相处。在保证工程质量、安全的前提下，通过科学管理和技术进步，最大限度地节约资源和减少对环境的负面影响。

**案例：盾构隧道环切式顶推法联络通道施工关键技术研究**

传统的联络通道施工大多采用冻结法或者对其他地层加固、止水，人工开挖的方式进行，冻结法施工联络通道出现了多次重大工程事故、土体加固的方法质量也存在加固体质量风险，使联络通道开挖面土体失稳，不仅会造成已贯通的隧道衬砌结构损坏，而且还会引起周边建筑物的破坏。因此，急需研发一种新型的盾构隧道联络通道施工装备及施工方法，保证相邻主隧道不失稳、不开裂、不坍塌，尽可能减小对环境的不良影响。

基于此，中亿丰建设集团科研团队联合中国铁建重工集团股份有限公司，投入研发资金近 2000 万元，开创性地研发了环切式联络通道掘进机，可将钢筋混凝土管片快速破除，完成联络通道的施工。既消除了主隧道管片的特制化需求，又确保了低能耗快速安全破除管片，实现了掘进过程的安全、低碳、环保。

作为国内首例采用掘进机切削常规钢筋混凝土管片的成功案例，推动了机械法联络通道技术革新，实现了联络通道施工过程的安全与高效，对轨道交通穿越富水地层、环境保护要求高的联络通道工程项目建设有重大意义。

苏州市建设系统科研课题验收。授权专利 14 项，其中发明专利 4 项；受理专利 11 项，其中发明专利 10 项。

# 五、人才引进及培养投入

加快科技人才队伍建设，通过优化高端科技人才培养机制，加大核心人才的培育力度，加快布局复合型和新产业科技人才的培养；通过优化青年科技人才激励导向机制，搭建施展才华的平台。加强高端人才和团队建设，加大力度对行业领军人才计划、优秀技术带头人等高层次科技人才及创新团队引进、选拔和培养计划，着力造就一支具有较强科技创新能力和行业内具有较强影响力的科技创新领军人才和创新团队。

领军人才不断聚集，现有国务院特殊津贴人才 1 名，江苏省双创人才、姑苏创新领军人才和阳澄湖领军人才 5 人，吸引 6 名博士人才、各类 333 领军人才、紧缺和骨干人才 30 余人次。

# 六、研发成果

科技创新对加快公司"提质增效、转型升级"起了重要支撑和引领作用。通过长期、持续稳定的研发投入，集团获得了各项科研成果。

集团获华夏建设科学技术奖 3 项（其中一等奖 2 项、三等奖 1 项）、詹天佑奖 2 项、江苏省科学技术奖 1 项、江苏省建设科技创新成果奖 11

项、苏州市科技进步奖 3 项，其他各类协会 / 学会科技奖近 50 余项，国家级及省级施工工法 160 余项；各类专利（发明、实用新型、外观设计等）300 余项；企业承担各类研发课题共计百余项，累计获批配套研发资金、助力企业税收减免近千万元……企业的科技创新工作步入了高质量发展的快车道，为企业的高质量发展保驾护航！

## 七、建议

（1）建议省建筑行业协会利用平台优势，组织各类专家（院士、教授、总工等），根据企业实际需求，开展科技成果评价活动，并将其作为一项长期业务固定下来；

（2）建议省建筑行业协会组织开展江苏省建筑行业协会科技奖及工法申报活动，每年定期开展申报、评审、颁奖；

（3）建议省建筑行业协会，开展协会科研课题申报及验收活动，并在会员企业课题实施过程中，提供专家支持，课题所需资金可由企业自行承担。

典型案例

# 聚焦"三项工程" 铸入"红色匠魂" 炼就新时代达欣铁军

## ——南通市达欣工程股份有限公司产改工作落地见效

杭小建　吕珊珊　钱美澄

南通市达欣工程股份有限公司（简称"达欣"）具有国家房屋建筑工程施工总承包特级资质，施工分布在国内 10 多个省份以及海外以色列、柬埔寨等国，公司目前施工人数 2 万多人。人才是发展的第一资源，达欣不仅着眼于人才总量的增长，更注重人才素质的提高，打造具有企业特色的产改试点模式，推深做实产业工人队伍建设改革，实现了员工稳定，管理稳固，企业发展走上快车道的良好态势。企业先后获得全国模范职工之家、江苏省文明单位、江苏省非公有制企业党建带工建"三创争两提升"示范单位等多项国家、省级荣誉。

## 一、实施背景

近年来，达欣集团党委深入学习贯彻习近平总书记关于产业工人队伍建设改革重要指示精神，把产改作为人才强企、创新发展的重要支撑。根据产改工作要求，集团结合自身实际，按照"党委统领，工会主抓，行政驱动，职工践行"这一工作思路，实施强基固本、赋能圆梦、暖心聚力三项工程，努力锻造一支高素质产业工人队伍。企业率先成为江苏省建设行业、南通市产业工人队伍建设改革试点企业。

## 二、主要做法

### （一）党委强化领导，狠抓"强基固本"工程

1. 着力思想建设，夯实产改之魂。加强思想政治教育。深入融合"互联网＋微平台"，利用企业报刊、网站、微信公众号等平台，做好宣传引导。强化党性知识学习，引导广大党员职工深刻领悟"四敢"精神内涵要义，自觉将"四敢"精神铭记于心、践之于行。各分公司党支部书记、分公司工会负责人深入施工一线，为党员职工发放《论中国共产党历史》等书籍，在公众号上线"百日学党史云课堂"，把学习内容渗透到生产经营各项业务工作中。注重职业道德培训。结合本公司四十周年庆典活动，邀请老职工讲述公司创业发展史，同时强化"四德"教育，鼓励职工牢固树立"不忘初心、艰苦创业、永争一流"的新时期达欣精神，职工精神面貌焕然一新。

2. 着力组织建设，夯实产改之基。将产改工作纳入集团党委全年工作总体布局，坚持党委统一领导，工会牵头抓总，总部各职能部室和各工程公司协同合作，上下统筹，形成推进产改强大合力。建立产改领导小组，在工会设立产改办。建立贯彻落实协调机制，加强对各工程公司党支部、项目工会宏观指导，制度协调，为产改工作的推进提供组织保障。

3. 着力制度建设，夯实产改之本。建立联席会议制，每季度召开一次党政工三方联席会议，研究解决产改工作中遇到的难题，并落实下一步产改工作目标。实施巡视督查制，每月由工会牵头对产改推进情况进行督查，确保产改工作按照序时进度推进到位。实施考核责任制。把各部室、各工程公司产改工作推进情况与年度总目标挂钩考核兑现，有效保证了产改工作落实落细。

### （二）工会履职尽职，做好"赋能圆梦"工程

1. 建强培训平台，助力技能提升。借势借力抓培训，与上海交通大学、江苏大学等多所高校建立产学研合作。针对建筑行业工种开展适岗培

训，通过考核，提升职工技能等级。整合资源抓培训，通过"达欣大讲堂""达欣集团"公众号等学习平台，采取引进来、走出去等形式，打造素质提升"加油站"。就地取材抓培训，利用农民工夜校、劳模创新工作室党支部、职工食堂等活动阵地，狠抓一线项目工地农民工技能培训，确保一线农民工技能素质逐年提升。

2. 建好竞赛平台，助力岗位建功。围绕重点工程，开展劳动竞赛活动。黑龙江省七台河市人民医院整体改扩建项目是重要民生工程，工会组织职工开展劳动竞赛，不仅提前 30 天完成了交付工程，而且项目成本节约了 26 万元。围绕职工岗位工种，开展岗位建功竞赛活动。在工作中比作风亮形象、比技能亮绝活、比贡献亮业绩，岗位建功在达欣蔚然成风。围绕技术改造、科技创新，开展创新竞赛活动。每年在集团开展创新成果评审、"六小"竞赛活动，鼓励职工投身科技创新活动中去。杭小建的《混凝土梁钢筋的上部支撑定位法》、杨静的《施工现场临时用电优化节电系统》技术均获评江苏省"十大先进操作法"。

3. 建设成长平台，助力职工成才。开展"双推双优先"活动。注重优先将劳模、创新能手推荐入党；优先将优秀党员、技术骨干、推荐充实到项目一线的关键管理岗位以及企业股东层、管理层。开展"双评双挂钩"活动。将评选创新成果、职称评定与评先表彰、技术职务评聘双挂钩，为能成事者、有能力者提供良性成长生态。开展"双奖双兑现"活动。每年投入资金 300 万元，建立健全《科技成果创建、转化实施、奖励与考核制度》，调动广大职工参与科技成果创建、转化工作的积极性、主动性和创造性，提高科技成果技术含量、应用价值及实施效果。

## （三）行政全力驱动，实施"暖心聚力"工程

1. 力推小股权改革，确保职工受益。为进一步增加职工收益，调动职工干事创业的积极性。集团公司在认真调研、广泛征求意见的基础上，在集团大力推行小股权改革，出台了《全面推行小股权改革的实施意见》。目前，集团 108 个项目已全面推行股权改革，职工收入有了明显的提高。

推行小股权是达欣集团在新形势下推行产改工作的一项重要内容，通过实施小股权改革提升了集团竞争力，为集团高质量发展，跻身全省建筑行业前列打下坚实的基础，该经验做法刊登在2022年《中国工运》第一期。

2.力推实名制管理，确保职工权益。在推进产改工作中，公司注重规范一线农民工管理。贯彻实施《保障农民工工资支付条例》，成立农民工工资支付监督领导小组，建立责任追究机制。对进入施工现场的建筑工人实行实名制管理。开设农民工工资专用账户，实现工程款支付与建筑工人工资支付分账管理，确保工资按月足额及时发放到位。近年来，公司未发生一起恶意欠薪事件，职工劳资纠纷调处率达100%。

3.力推"安康行"活动，确保职工健康。以增强安全意识、规范操作行为作为切入点，在施工现场设置安全体验馆，开展各类应急演练，制定劳动保护监督检查实施细则，规范劳动保护监督检查工作，促进职工由"要我安全"向"我要安全"转变。与项目所在地医院签订绿色通道救助协议，让发生意外事件或突发疾病的职工，第一时间得到快速救治，保障职工的生命安全。除了为职工缴纳工伤保险外，企业还为职工办理商业保险，最大限度地保障职工工伤权益。公司每年交纳工伤保险近260万元，保险覆盖率100%。实施《大病救助管理办法》，每年按照施工产值的0.5‰筹集大病救助资金。近年来，集团共启用600多万元资金救助62人次，没有职工因病致贫。

## 三、主要成效

集团通过实施"强基固本、赋能圆梦、暖心聚力"三项工程，在职工中大力弘扬劳模精神、劳动精神、工匠精神，因地制宜开展多工种、多层次、多渠道的技术培训，岗位练兵、技术比武，有效调动人才资源，有力地促进了技能人才队伍建设。近年来，获得全国五一劳动奖章、全国建筑工匠、江苏工匠3人，省、市劳动模范5人，省级企业首席技师1人，省级五一劳动奖章2人，企业拥有中、高级工2800人，技师618人，中、高级职称 862 人，正高级职称 9 人，企业先后有 35 人次在全国、省、市组织的各类劳动技术技能竞赛中获奖，培养了一批有带动力的劳动模范、有影响力的先进党员、有执行力的达欣工匠，一支特别能吃苦、特别能战斗、特别能创新的达欣新铁军队伍正在形成，为企业高质量发展注入强大的动力。企业获得省级五一劳动奖状 1 次、江苏省工人先锋号 3 次、南通市高技能人才培养示范基地。

以"当好主人翁、建功新时代"为主题，以"党员先锋队""青年突击队"等为示范，在项目中，开展"比技能、比作风、比干劲"的"三比"行动，深入开展小革新、小发明、小应用等"六小"竞赛活动，围绕"降能耗、降排放、降成本"的达标竞赛，引导职工争当绿色文明施工中的先行者和带头人，为公司高质量发展集聚新动能。近年来，企业主编、参编国家标准、行业规范 10 部，获得国家级工法 3 项，省级新技术应用示范工程 60 项，省级工法 68 项，国家级优秀 QC 成果 118 项，省级优秀 QC 成果 275 项，上报省、市职工发明成果、十佳操作法、"六小"成果 51 项，企业自主科技创新直接、间接产生经济效益近 1.3 亿元。

# 四、经验启示

产业工人队伍建设是一项长期、系统工程，只有"进行曲"，没有"休止符"。下一步，我们将继续深化产业工人队伍建设改革，奋力担当新时代新使命，以"产改向一线推进，权益在一线维护，创新在一线发力"为工作主线，在提升产业工人政治地位上做实事，在产业工人成长成才上想实招，在维护产业工人合法权益上求实效，加快锻造一支敢担当、能创造、擅作为的高素质产业工人队伍，为书写好中国式现代化达欣新实践而努力！

杭小建　南通市达欣工程股份有限公司党委书记
吕珊珊　南通市达欣工程股份有限公司办公室主任
钱美澄　南通市达欣工程股份有限公司工会委员

# 点燃"双碳"新引擎，激发企业发展新动力

陈　刚　周施璋　吴成泽　邓龙生

## 一、案例背景

2020 年 9 月，我国作出将力争 2030 年前实现碳达峰、2060 年前实现碳中和的庄严承诺。时值我国进入全面建设社会主义现代化国家、向第二个百年奋斗目标迈进新征程的关键时期。受新冠疫情影响，全球经济发展和应对气候变化都面临巨大挑战，为如期实现"双碳"目标与国际承诺，中共中央、国务院等部门陆续发布了《关于完整准确全面贯彻新发展理念做好碳达峰碳中和工作的意见》《2030 年前碳达峰行动方案的通知》等文件，提出"碳达峰十大行动"。绿色低碳全民行动作为"碳达峰十大行动"之一，要求推进经济社会发展全面绿色转型，加快形成绿色生产生活方式。扩大绿色低碳产品供给和消费，倡导绿色低碳生活方式。把绿色低碳发展纳入国民教育体系。开展绿色低碳社会行动示范创建。凝聚全社会共识，加快形成全民参与的良好格局。中国建筑集团有限公司（简称"中建集团"）作为全球最大的投资建设集团，拥有 35 万正式员工，在建 1.5 万余个施工项目，管理 300 万～500 万劳务人员，对应上百万家上游生产企业和供应商，辐射数千万上、下游产业链生产者和消费者。在"双碳"战略发展关键阶段，中建集团有责任、有能力成为中国绿色低碳全民行动的倡导者和先行先试者，有决心、有信心成为中国乃至全球最有影响力的建筑企业绿色低碳全民行动的引领者。

中建生态环境集团有限公司是中建集团唯一的生态环保领域投资、建设、运营公司。公司积极践行"两山"理念，响应"双碳"目标，坚持"科技创新＋资本运作"双引擎驱动，布局"水"（流域水环境综合治理、城

市供排水、农村污水处理的智慧化运营）"土"（场地修复、矿山修复、农村土壤修复）"废"（危废处置、污泥处置）三大领域，在中建集团指导下拓展和参与有关领域碳达峰碳中和新业务，形成融投资、规划设计、技术研发、建设管理和智慧运营等生态环保全业务链的优质建设管控服务体系，致力于成为"行业领先的生态环境治理投资建设运营集团，中国建筑旗下环保行业运营业务最专业公司"。

## 二、目的意义

### （一）绿色低碳全民行动具有可观的减排潜力

根据国际能源署 IEA 数据，2021 年中国二氧化碳排放量为 106.37 亿 t，全国人均碳排放量为 7.5t，已高于全球人均碳排放水平 4.57t/ 年，但低于发达经济体 8.2t/ 年的平均水平。面对居民消费增长和绿色低碳转型双重压力，意味着我国实现碳中和将面临重大挑战。根据碳足迹（北京）科技有限公司对北京市居民生活和消费习惯研究，如果市民选择绿色生活和消费方式，可在 2030 年实现人均减碳 1.13～1.94t。据此估算，仅北京、上海、广州等 16 座人口千万级以上城市，2.46 亿人通过绿色生活和消费即可实现碳减排 2.78 亿～4.77 亿 t。如拓展至三、四线城市，节省碳排放将产生更大的减排社会效益。

### （二）碳普惠是引导绿色低碳全民行动的机制创新

碳普惠概念最早由广东省发改委（2015）提出，是对企业、社区、家庭和个人的节能减碳行为进行具体量化，将减排量赋予一定价值，并建立起以商业激励、政策鼓励和核证减排量交易相结合的正向引导机制。碳普惠制核证减排量（PHCER）指纳入碳普惠制试点地区的相关企业或个人，自愿参与实施的减少温室气体排放 ( 如节水、节电、公交出行等 ) 和增加绿色碳汇等低碳行为所产生的核证自愿减排量，用于抵消控排企业实际排放量（广东已于 2017 年启动）。近几年，碳普惠模式得到进一步发展。截至 2022 年 5 月，上海、重庆、深圳等 4 个地区发布省级碳普惠专项政策，北京、山东、江苏等 13 个地区发布省级碳普惠相关规划。

### （三）经过多级、多方试点，碳普惠模式已趋成熟

我国诸多地区、行业和企业开展了碳普惠试点和碳积分试点。其中，普惠试点模式以国家碳试点交易市场为依托，地方政府所采纳将居民碳普惠与强制碳交易市场拉通。如广东省将 PHCER 纳入碳排放权交易市场补充机制，成都市设立了"碳惠天府"，北京市与高德地图联合开展了"MaaS 出行·绿动全城"的碳普惠活动。普惠碳积分模式是区域政府、企业自行开展的碳普惠相关活动。一种是区域政府开展，市民通过注册绑定"碳普惠"平台使用获赠的碳币或碳积分，在平台上兑换奖品和优惠，倡导市民绿色出行、节约用电等低碳生活方式和消费模式。另一种是企业开展，吸引员工或者大众通过平台积累碳积分，在平台兑换奖品，从而达到推广企业低碳品牌理念，提升公众低碳意识。

### （四）企业碳普惠平台已成为绿色低碳发展新趋势

目前，联想集团、阿里巴巴、中石化等企业均建设了自有碳普惠平台。其中，由国家电投与北京绿色交易所合作推出国家电投"低碳 e 点"，于 2021 年 7 月上线，平台 1.0 版本仅面向自有员工的绿色出行、光盘行动、无纸化办公、户用光伏等减碳行为，以"碳积分"的形式核证为减碳量，并通过员工福利、商城折扣券等形式给予价值激励。近日已推出 2.0 版本，使用对象扩展到全社会人员。联想"乐碳圈"于 2022 年 6 月发布，涵盖绿色办公和低碳生活两大场景，员工可通过低碳差旅、低碳通勤、在线会议、二手衣物、书籍捐赠、电子产品回收等日常行动来获取碳积分。同时具备碳账户记账、碳活动及碳社交、碳积分交易、碳积分奖励以及碳资产管理等功能，未来将面向所有联想用户。

### （五）中建集团亟需开发自有碳普惠平台

碳普惠契合建筑业绿色低碳转型需求，是企业将绿色生产、生活方式融入生产经营全过程、各领域的重要一步。即在原有节能、节材、节水、节电等绿色施工措施基础上，借助碳普惠专用平台开展教育、引导、量化和激励，进一步将绿色低碳理念拓展到机关办公、差旅交通、生活消费和供应链管理等场景。碳普惠有助于落实"双碳"目标、"厉行节约、精简办企"工作要求，推动企业降本增效。在开发PHCER的基础上，通过35万自有员工的低碳理念传播、影响、带动全产业链低碳转型，对提升企业社会形象、改善中建股份ESG治理水平等方面具有深远的政治影响和良好的社会、经济和环境效益。另外，在管理角度，由于中建集团体量大、机构多、分布广，开展绿色低碳教育、交流和考核难度大、效率低、成本高。碳普惠平台的建设在落实"双碳"目标和满足员工低碳教育诉求等方面，都具有强烈的内驱力。

## 三、工作目标

通过建立中建碳普惠机制，推行碳普惠平台软件，开展低碳教育、知识问答、低碳活动和积分兑换，完善中建集团低碳循环发展的考核体系，助力勘察设计产品和投资建设项目全面践行绿色低碳理念，使绿色生产生活方式得到普遍推行。制定《中建碳普惠管理制度》，开发中建碳普惠专用软件1套，形成《建筑施工企业碳普惠行动方案》1部，力争实现年度减碳15万～30万t。

## 四、主要做法

### （一）打造首家建筑行业央企碳普惠数字化平台

开发面向企业所属机构和全体员工的碳普惠微信小程序和APP客户

端，采用实名制注册登记，实现各分支机构和建设项目人员的垂直低碳管理。软件设置低碳活动（覆盖办公、生活、交通等环节，设计 20 余项广泛适用且富有趣味的低碳活动）、低碳课堂（含政策解读、行业培训、技能培训等）、低碳资讯（各级政府部门、行业企业、集团和所属机构在双碳领域的重要资讯和成果）和权益兑换（实物或虚拟商品）等功能。管理后台见图 1。

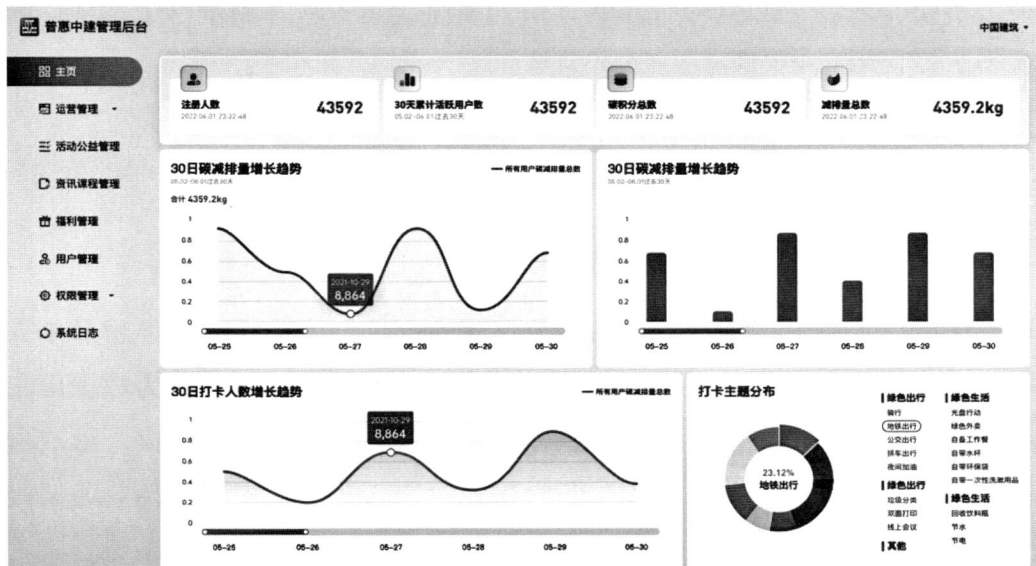

图 1　管理后台图

## （二）建立标准化的碳普惠机制

梳理集团产业特点和建设需求，建立中建集团碳普惠标准化体系，倡导员工低碳活动，对员工的低碳行为和减碳效果进行科学统计，形成个人"碳账户"，让每位员工的低碳行为"有形化"，并通过员工福利进行一定奖励。在此基础上，开展人员能效考核，推进降本增效，并联合主管部门进一步探索碳普惠碳资产交易和绿色消费。

## （三）开发适应中建集团主营业务的普惠方法学

围绕国家发展改革委、生态环境部、住房和城乡建设部、交通运输部等管理部门发起的绿色消费、资源循环、无废城市、低碳出行等主流活动，调研中建集团在上述领域的活动水平与减排潜力，联合北京绿色交易所等机构开发普惠方法学，用于建筑业企业碳普惠交易。

## （四）碳普惠机制和平台的拓展和商业推广

在制度和平台逐步稳定后，向中建集团管理的劳务人员、关联的产业链上下游拓展，协同减碳。并联合相关单位，探索碳普惠减碳量核证、碳交易、绿色消费等内容。

# 五、主要成效

## 1. 业务架构

建设以"以低碳生活、节约办公、绿色工地"为主线，对项目及个人节能减碳行为产生的减排量具体量化并赋予价值，打造低碳行为数据聚集平台，通过以政策鼓励、商业激励、公益支持"三驱动"为支撑，形成覆盖数据采集存储、碳普惠模型、前台功能应用为核心的中建产品业务架构（图2）。

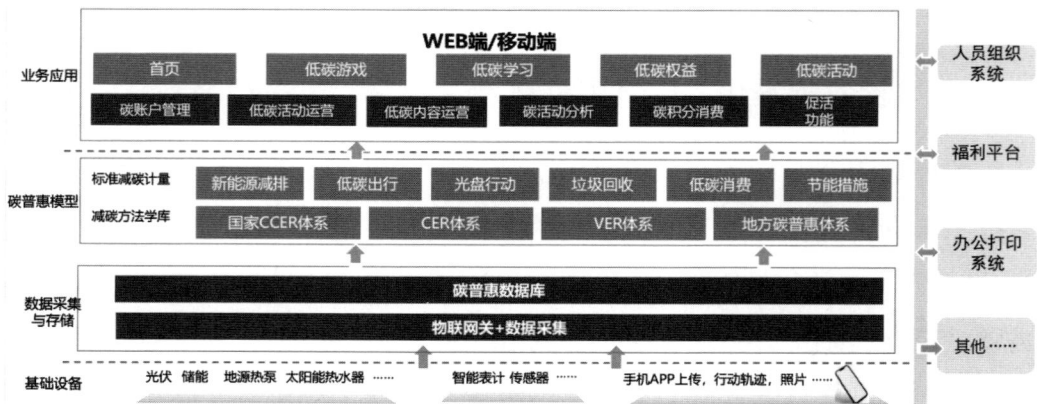

图 2　业务架构图

## 2. 技术架构

建立起覆盖集团多个场景，技术上满足数据可靠采集、存储、模型计算及上层应用，形成高并发、安全稳定的集团碳普惠平台。

碳普惠平台包括六个层次：

（1）基础层：碳普惠平台的资源需求，包括计算资源、存储资源、网络资源。

（2）数据层：根据碳普惠应用的数据需求，集成 OA、办公打印等系统。

（3）服务层：提供应用端和管理服务，支撑碳普惠应用需求。

（4）API 层：包括通用接口、移动端接口、WEB 端接口和用户接口，以支撑不同场景的应用需求。

（5）网关层：提供负载均衡、路由转发能力。

（6）展示层：碳普惠平台提供后台管理、小程序及移动端等访问路径。

### 3. 运营模式

运营模式见图 3。

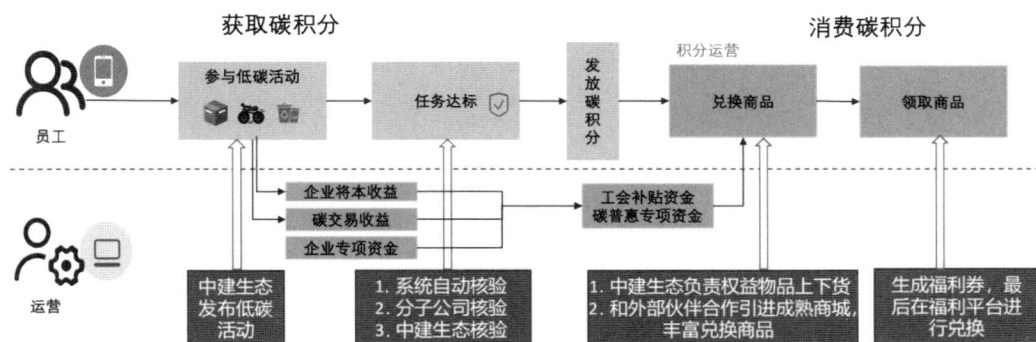

图 3　运营模式

## 六、经验启示

通过组建碳普惠生态联盟，覆盖众多减碳场景、上线更多碳普惠产品，未来平台之间可以打通，打造中建集团上下游企业的碳普惠生态圈。除采用减碳技术减少碳排放外，管理行为和人员的减碳行为减少的二氧化碳减排量也是很可观的。

陈　刚　　中建生态环境集团有限公司华东分公司总经理
周施璋　　中建生态环境集团有限公司华东分公司市场部经理
吴成泽　　中建生态环境集团有限公司华东分公司总工程师
邓龙生　　中建生态环境集团有限公司华东分公司工程部经理

# 坚持稳字当头　强化风险防控
# 推动江都建设集团高质量发展

张宗建　朱　玲

江苏江都建设集团有限公司成立于 1965 年，是一家老牌建筑施工企业，多年来公司始终紧紧围绕"深耕主业，坚守初心，稳步前行，谋发展、防风险、强保障"，在公司高质量发展的征程上谱写了一曲优美动听、耐人寻味的华章。

## 一、案例背景

近年来，我国经济发展面临需求收缩、供给冲击、预期转弱三重压力，给建筑企业带来巨大冲击，多数民营房企资金链断裂，龙头房企出现"爆雷"，房地产市场急剧下滑，给建筑业企业带来了严峻挑战。在此大背景下，"活"下去是每个建筑施工企业的首要任务，也成了江都建设集团的基本目标。

近年来，公司领导层审时度势，研究制定新的经营策略，把稳发展、防风险放在首要位置。公司上下紧紧围绕既定的战略部署，坚持稳字当头、稳中求进的总基调，注重风险防控，以建筑施工为主业，构建覆盖全国、延伸海外的市场布局；立足于资金回收和战略性收缩，谨慎稳妥开展房地产开发经营，确保公司经营业态的基本稳定和持续健康发展。建筑施工板块连续多年在扬州纳税额位居扬州建筑业企业第一，用实实在在的真实数据证明了经营业绩的规模和实力，实现了公司高质量发展史上的新跨越。

## 二、主要措施

1.稳中寻机，加速新市场拓展，激发主营板块活力。建筑施工板块是公司发展的核心主力，面对建筑行业受到疫情冲击和经济大环境影响，2020年以来，公司领导层及时调整企业经营策略，把稳定放在第一位，在稳定中捕捉发展的机遇，在危机中寻求发展的新机，制定了稳固长三角、环渤海等传统市场，积极开拓中西部和东南沿海新兴市场的发展策略。

结合工作实际，坚持以新市场、新项目拓展为突破口，将新市场的开拓作为扩大市场份额的重点，积极探索新市场、新项目，近年来先后在珠海、深圳、中山、湛江等新市场承接了部分工程，2022年在广东市场合同额达30亿元。经过积极努力，公司项目多点开花，主营施工板块实现了稳步发展。2020—2022年，公司先后中标上海英威达三期工程、兖州华勤幸福里·御苑小区工程等造价亿元以上项目92项，稳住了企业发展的基本盘。

同时，公司继续紧跟"一带一路"的发展步伐，继2008年、2010年在马达加斯加、蒙古国承建了安巴托维镍钴矿项目和奥尤陶勒盖铜金矿开采建筑安装等工程后（其中蒙古国奥尤陶勒盖项目最终工程结算总价突破76.8亿元，成为当时江苏省最大的境外总包项目），凭借着境外总承包中的优异表现，以及自身技术和资源优势，江都建设集团成为国际援建项目的主力候选单位。2020年，成功中标造价7.58亿元的援塔吉克斯坦政府办公大楼，为集团海外业务的可持续发展注入了新活力。

2.创优争先，质量兴业，着力提升集团品牌形象。江都建设集团始终秉承"诚实、守信、至诚、致远"的企业宗旨，致力于用一流的管理，打造一流的企业品牌，树立一流的企业形象。在实践过程中，始终坚持品牌建设，从实体质量和服务质量两个方面入手，不断优化企业运行质态，提升企业品位，提高企业品质，塑造品牌、提升形象。

为进一步赋能企业发展，公司坚持以创优创安为抓手，制定出台了《集团创优创安、科技创新奖励办法》，通过建立激励机制，进一步调动各分公司、项目部人员的创优争先积极性，为公司市场开拓和品牌建设提供了严格的制度保障，营造了良好的氛围。多年来，公司要求每一个区域公司每年必须推选出一至两个示范项目进行观摩，通过观摩活动进一步提高工程质量，提升创优档次，推进过程文化，大力推广江都建设集团创优、创安和科技创新的经验。公司各大重点区域市场力争打造被当地主管部门推荐的质安观摩项目。通过品牌化战略的实施，江都建设集团承建的工程受到广大业主、市场的广泛赞誉和认可，不少业主慕名而来，企业的品牌效应得到极大的提升。

3. 建章立制，强化管理，筑牢风险防控屏障。无规矩不成方圆，2021年公司以提升企业内部管理为抓手，紧扣各项工作之关键，深度结合高质量发展实际和市场发展需求，进一步梳理和完善公司原有各项管理制度，出台了《企业管理制度汇编》，并组织公司高管、部门经理、区域公司经理、项目经理对《基础管理制度及考核细则》等10项管理制度和考核细则以及120多个各类通知和规定进行了多样化的培训和宣贯，实现制度体系的可控性和连续性，在提升管理水平、防范化解经营风险、增强公司核心竞争力等方面彰显了内控实效。

持续三年的新冠疫情，给建筑行业带来了强力冲击。为了确保公司的持续健康稳定发展，将疫情影响降至最低，江都建设集团始终把内控管理作为预防和化解生产经营风险的重要手段，公司领导层要求各分公司、各部门紧盯关键环节，组织开展排险控险专项行动，优化风险识别和管控机制，建立和完善覆盖全公司的风险管理指标体系。逐步推进风险管理信息化，持续做好重大风险识别和动态管控，筑牢风险防范根基。持续坚持以审计监督为抓手，加强审计问题整改和追责问责，全面提升内控管理水平，形成内控监督合力。多年来，公司对房地产项目垫资量大、使用商票进行支付工程款的项目实行一票否决。受疫情和房地产"爆雷"的影响，公司全面加强排查与各房地产公司的合作项目，加强风险防控，并大规模减少承接有风险的房地产项目，确保特殊时期公司的平稳发展。由于管控有力，这次房地产的"爆雷"对江都建设集团没有产生大的影响。

## 三、主要成效

1. 主营板块平稳，综合实力稳步提升。2020 年以来，建筑业受到疫情冲击和经济大环境影响，不少企业面临前所未有的生存危机。在剧烈动荡的形势之下，公司通过调整经营策略，将稳定放在第一位，通过积极应对，2022 年公司建筑施工板块在扬州本地纳税 3.43 亿元，连续多年保持扬州建筑业企业在本地纳税额第一的位置，被扬州市政府授予纳税突出贡献企业，被省住建厅授予建筑业百强企业；连续多年被中施协评为工程建设诚信典型企业，被中建协评为 AAA 级信用企业，被江苏工商联评为江苏民营企业 200 强，被全国工商联评为全国民营企业 500 强，被江苏省企业联合会评为江苏百强企业，同时被权威机构授予"2021 年度中国建筑企业年度中标业绩 500 强企业"。

2. 创优创安，科技创新成果显著。得益于对质量和品质的执着追求和不懈努力，2019—2022 年公司累计创鲁班奖 3 项、国优 2 项、省优 22 项；主编行业标准 1 项，参编国家标准 1 项、团体标准 3 项，创省级新技术应用示范工程 33 项，省级装配式示范项目 2 项，省级绿色施工 20 项；获实用新型专利 2 项，省级工法 12 项，全国优秀质量管理小组 QC 成果 13 项，全国优秀项目管理成果 31 项等。其中，援建的老挝人民革命党中央办公楼项目荣获 2018—2019 年度境外工程鲁班奖，实现了扬州建筑业创境外工程鲁班奖零的突破；援坦桑尼亚达累斯萨拉姆大学中国图书馆项目荣获 2020—2021 年度境外工程鲁班奖。工程质量和服务水平的提升，为江都建设集团立足海外市场打下了良好的基础，提升了公司在建筑行业和境外市场的知名度和影响力。

3. 内控体系不断加强，管理水平逐年提高。通过强化内控体系建设，注重过程管控，一手抓经营开拓，一手抓内部管理，深度结合公司高质量发展实际和市场发展需求，进一步夯实各项基础管理工作，持续深化依法诚信经营、加强财税制度执行、强化法律事务管理等方面工作，有效预防了各类经营风险。各区域公司严格按照集团公司的统一要求和部署，持续将公司的各项管理制度落到实处，使管理向标准化、规范化方向发展。集团公司各部门联动，形成工作合力，不断提升管理水平、防范化解经营风险、增强公司核心竞争力。

4.回馈社会，彰显企业责任与担当。作为一家有着高度社会责任感的企业，江都建设集团在自身不断发展壮大的同时不忘对社会公益活动的支持，对回馈社会的坚守。特别是在三年抗疫期间，始终坚持高站位顾大局，在关键时刻做表率、当先锋。2020年1月，公司向江都区疾控中心捐赠总价值200万元的5辆救护车及5套急救设备；2021年8月，向江都区红十字会捐赠500万元现金；2022年12月，向区委区政府捐赠了200万元现金和总价值100万元的抗原检测试剂，三年累计捐赠达1000万元。董事长褚勤多年来更是始终坚持投身公益事业，自2013年他个人单笔出资3000万元设立英成教育基金以来，每年将不低于240万元的基金收益捐赠出来，用以促进扬州教育事业奖教助学活动的开展。同年，还单笔出资2000万元成立了"英成集团褚元凤重大疾病救助基金"，将每年不低于150万元的收益全部用于救助患有重大疾病的贫困家庭和激励医务工作者培训学习；2020年1月，向区红十字会捐赠100万元现金。截至目前，董事长褚勤累计捐资助学、支持家乡医疗事业达3600万元。

# 四、经验启示

1."诚信"是生存发展的立企之本。诚信问题不仅关乎国民的道德素质，更关涉民族和国家的形象。江都建设集团始终把"诚信"作为企业生存发展的立身之本，成立58年来，始终坚持以质量取胜、以诚信立身，对于每一项工程，始终做到精益求精，坚持"建一项工程，树一座丰碑，拓一方市场"的理念，以品质、诚信赢得业主、主管部门和市场的肯定，用实际行动诠释了对质量、品质的专注和对工匠精神的坚守。特别是近年来，紧随国家"一带一路"倡议，稳步推进在建项目的实施，两个援建项目获得境外工程鲁班奖，用诚信和过硬、卓越的质量在境外市场树立了良好的形象，赢得了受援国领导人的赞扬。

2."创新"是引领发展的不竭动能。创新是一个民族进步的灵魂，是一个国家兴旺发达的不竭源泉。在江都建设集团的发展历程中，"创新"始终是推动企业进步、持续发展的第一动力，2018年底随着国有资本的入股，江都建设集团进行了二次改革，公司领导层创新发展理念，积极推进企业深化改革，认真谋划发展蓝图，以政府平台重组江都建设集团为新的起点，加快改革步伐，提出了五大跨越发展目标。经过不懈努力，目前五大跨越目标已基本实现，为推动公司新一轮创新发展提供了坚实的保证。

3.稳字当头，筑牢风险管控大堤是长盛不衰之法宝。强化风险管控是助力企业发展行稳致远的重要法宝。回首江都建设集团的发展历程，内控管理是预防和化解生产经营风险的重要手段，在公司发展过程中，始终坚持稳字当头、稳中求进工作总基调，强化目标引领和问题导向，切实抓好经营管理、质量安全管理、财务管理、人力资源管理、审计管理等各项工作的风险管控，建立健全全面风险管理和内部控制的组织体系、制度体系，形成"体系健全、运行有效"的风险管控运行机制，保证企业生产经营的稳步发展，为巩固公司持续健康发展奠定了坚实的基础。

张宗建　江苏江都建设集团有限公司常务副总裁
朱　玲　江苏江都建设集团有限公司办公室副主任

# "廉洁疫苗工程" 筑牢一线防腐屏障

中国核工业华兴建设有限公司

2022 年,中国核工业华兴建设有限公司(简称"中核华兴")纪委立足项目分散特点,聚焦内容和形式"双创新",策划开展"廉洁疫苗工程",在推动基层干部管理监督常态长效的基础上,不断增强廉洁教育的针对性和实效性,从精神层面注入廉洁"疫苗",增强基层领导干部拒腐防变的免疫力,深入打通基层治理"神经末梢",切实增强基层领导干部规范用权、清正廉洁意识,筑牢廉洁从业的思想防线,营造良好廉洁从业文化氛围,以永远在路上的清醒和坚定,坚持不懈地把全面从严治党向纵深推进,一体推进"不敢腐、不能腐、不想腐",助力构建中核华兴高质量发展新格局。

2022 年,中核华兴在困境中开局,在逆境中奋进,在变革中突破,在转型中发展,一年来,精准发力、动真碰硬,难中求成、成绩斐然,实现营收突破 300 亿元,同比增长 15.65%,净利润、经济增加值(EVA)、新签合同等主要经济指标均超额完成年度计划。

## 一、为什么要推动"廉洁疫苗工程"?

预防病毒,接种疫苗是最好的方式。根据目前专家判断,病毒在不断发生变异,要将病毒彻底消灭将是非常困难的。必须接种疫苗已成业界共识,而且要尽早接种、及时接种。这与纵深推进党风廉政建设的方针一样:预防为主、防治结合。

当前,中核华兴在建工程 238 个,遍及全国 30 多个省份,以及英国、巴基斯坦、新加坡、马来西亚、约旦、沙特、文莱、阿尔及利亚、莫桑比克等多个国家和地区。工程项目点多、面广、较为分散且周期长短不一，与内外部市场的接触面大、融合点多，项目接口多与权力机构和人打交道，物资采购、分包招标、工程结算、行政后勤管理等方面存在诸多廉洁风险隐患。项目经理是项目管理、分包管理、资金管理"最后一公里"的执行者，其权力的行使直接关系公司和职工的切身利益。同时，项目经理作为基层一线且具有一定权限的领导干部，大多分散在全国各地，难以时刻受到组织的关注和保护，其面对的诱惑、遭受腐败气息"感染"的风险大大增加。为防控项目廉洁风险，保障项目顺利推进，保护干部健康成长，中核华兴纪委策划开展了"廉洁疫苗工程"，在精神层面给基层领导干部接种"廉洁疫苗"，增强"防腐拒变"的免疫力。

## 二、"廉洁疫苗工程"如何开展？

"廉洁疫苗工程"以项目经理为重点，开展"悟廉洁""送廉洁""助廉洁""要廉洁""保廉洁"等系列工作，真正将纪律和规矩内化于心、外化于行，营造风清气正健康发展氛围。

**悟廉洁：**将警示教育纳入"会前五分钟"制度中，深化以案为鉴、以案明纪、以案说法。每季度至少集中开展一次廉洁警示教育，或组织参观"红""廉"教育基地，教育引导领导干部崇廉尚洁、抵制腐败，做到忠诚干净担当、勤政为民务实。2022年中核华兴纪委组织所属单位充分挖掘利用所在区域红色资源、廉政教育资源，先后组织参观了"一大"会址、四行仓库、广东省反腐倡廉教育基地、南京市廉政教育示范基地红色李巷纪念馆等红色基地。开展廉洁读书征文、项目经理廉洁演讲比赛、廉洁承诺等一系列活动，引导基层领导干部主动思考，切身体会廉洁从业的人生价值，进一步坚定"追求高尚情操，严守纪律底线"的廉洁信念。

**送廉洁：**每逢重要节假日向全体干部职工发送精心设计的廉洁短信，以温馨祝福叠加警示提醒引导干部职工过好"廉节"，守好"廉关"。2022年，中核华兴纪委将廉洁格言警语的书法作品送上66名项目经理的办公室墙面，让项目经理埋头干项目、抬头受教育。逐级开展纪委书记约谈年轻干部、关键岗位员工 1076 人次。既起到了警示震慑作用，又为务实清廉干部提供了坚强的组织后盾。向领导干部及关键岗位人员赠送《年轻干部廉洁教育案例读本》《红色家规》等廉洁教育书籍 783 册，既起到了常打"预防针"的作用，又达到了关爱提醒的目的。

**助廉洁：**做好分供方、干部家属工作，筑牢夯实项目经理廉洁"防火墙"。开展分供方助廉系列活动，通过组织分供方参与警示教育，项目经理与现场分包负责人签订廉洁承诺书，敲响反腐的警钟，构建"亲""清"和谐关系；开展家庭助廉系列活动，包括向领导干部家属发送 151 份家庭助廉倡议书、感谢信、节前廉洁提醒，赠送廉洁家风书籍，邀请家属现场参加集中廉洁警示教育等，加深了家属对公司的认同度，助力提升员工的归属感，家属纷纷表示"跟着公司干事有前途、人在公司工作安全放心"。2022 年，中核华兴选送廉洁文化优秀作品荣获集团党组党风廉政办公室表彰一等奖 2 项、二等奖 2 项、三等奖 1 项、优秀奖 2 项，其中以项目经理的家风家教为主线制作的《梦醒时分》获中核集团廉洁文化微视频"一等奖"，发挥了廉洁文化的熏陶、引导和感召作用，形成廉洁从业的内在文化动力，进一步增强了广大干部的廉洁信心。

**要廉洁：**项目经理要求职工"廉"的同时，要做表率先"自廉"。2022 年，35 位项目经理在所在项目讲授专题廉洁课，与现场分包负责人开展了廉洁约谈，告诫对方"要"遵守公司廉洁从业相关规定，更重要的是对自己"要"廉的警醒。据随机抽样 20 家分包单位问卷调查显示，公司党员干部没有"吃拿卡要"行为，分包对公司廉洁建设满意度高达99.5%，通过领导干部主动作为，营造了崇尚廉洁的氛围。

**保廉洁：**畅通"信、访、网、微、电"五位一体的信访举报渠道，中核华兴领导班子在下基层"三讲三谈三查"中，明确将"廉洁"作为"三讲"之一，要求班子成员到基层时开展廉洁宣贯，并通过座谈、约谈、听取汇报等方式听取了解基层项目的党风廉政建设情况。2022 年 19 名领导干部上交了党风廉政一岗双责履职报告。向核电工程项目、重大工程、系统工程等重点项目派驻纪检监督专员，量身定制责任清单、监督清单，派驻纪检监督专员每季度上报一次监督工作台账，重大问题及时上报，在监督项目廉洁运营、顺利推进的同时，对项目经理起到了很好的监督和保护作用。此外，通过领导帮、群众提、自己找的方式，查找出项目管理过程中的廉洁风险点2259条，完善"三重一大"集体决策制度、分包采购程序、财务内控等331条管理制度、工作程序，堵塞了制度和监控机制方面存在的漏洞，健全廉洁风险防控机制。

## 三、下一步"廉洁疫苗工程"如何继续深入推进？

尽管"廉洁疫苗工程"较好改善了公司长期以来"小远散"项目廉洁风险防控难题，但我们必须清醒地认识到反腐败斗争一刻不能停、全面从严治党永远在路上。中核华兴纪委将继续深入学习贯彻党的二十大、二十届中央纪委二次全会精神，结合公司"十四五"发展规划、年度重点工作及影响制约公司高质量发展的突出问题，不断更新"廉洁疫苗工程"的年度重点和工作清单，在抓常、抓细、抓长上下真功夫。

2023年，中核华兴纪委将继续立足问题导向，坚持系统思维，开展深度探索实践，以制定《党员领导干部"八小时以外"活动监督管理的实施办法》、印发《党员领导干部廉洁自律提示卡》、征集监督志愿者等创新活动载体，增强"廉洁疫苗工程"的生机与活力，进一步提升工作成效，持续为公司"12510"总体战略目标及高质量发展目标实现营造风清气正的良好氛围。

# 智能建造助力工程高质量建设

中亿丰建设集团股份有限公司

## 一、行业发展背景及趋势

智能建造是指在建筑全生命期中，综合运用信息化、自动化、智能化等新兴技术手段，实现工程安全、品质提升、降本增效的新一代建造模式与管理理念，是工业化建造、数字化建造融合一体的技术。

智能建造产业具有科技含量高、产业关联度大、带动能力强等特点，既有巨大的投资需求，又能为新一代信息技术提供庞大的消费市场。智能建造的实施能对工程生产体系与组织方式进行全方位赋能，通过智能建造可以有效减少施工安全风险，提高工程建设质量，实现工程创优报奖目标达成，同时通过智能建造也能创新行业监管与服务模式，实现高质量履约诚信建造，赋予行业发展更深远的意义。

随着社会对工程质量安全、效益和品质的要求不断提高，利用智能技术和新一代信息技术提高建造过程的智能化水平已成为建筑业发展新趋势，通过提高工程智能化水平，创新数字化人才需求，创造更多就业岗位，依靠智能建造技术在建造过程中强化安全质量监管将顺应时代所需，成为推动建筑业高质量发展的革命性力量。

当前，智能建造已成为建筑业发展的必然趋势和转型升级的重要抓手，是建筑业转型升级的必经之路。2022年，智能建造加速推进。2022年11月，住房和城乡建设部将北京市、天津市、重庆市、河北雄安新区等24个城市列为智能建造试点城市，试点为期3年。江苏省住房和城乡建设厅印发《关于推进江苏省智能建造发展的实施方案（试行）》明确到2030年末，智能建造适宜技术在大中型工程建设项目中应用占比70%，培育 100 家智能建造骨干企业。

中亿丰作为苏州建筑行业龙头，一直保持着对时代潮流、前沿趋势的高度关注，一致秉承"信为本、诚为基、德为源、创为先"的企业发展愿景，积极探索新型技术在工程建设中的应用，创新工程管理模式，赋能行业诚信发展。为了更好地实现企业由"建造"向"智造"能级提升的目标、赋能建筑行业数字化升级，中亿丰打造了 BIM ＋数字一体化设计、部品部件智能生产、智能施工管理、建筑机器人及智能装备、建筑产业互联网、数字交付和智慧运维的智能建造体系，通过数字化技术应用，提高工程施工质量，强化过程安全监管，确保项目顺利交付。通过设立首批智能建造试点项目，创建国家级智能建造示范观摩项目，综合运用信息化、自动化、智能化等新兴技术手段，实现工程安全、品质提升、绿色低碳、降本增效的新一代建造模式与管理理念，将绿色化建造、工业化建造、数字化建造融合一体助力行业高质量发展。

## 二、中亿丰智能建造推进

中亿丰在推进智能建造过程中，搭建数字住建平台，并率先打造长三角国际研发社区启动区二期、相城区数字金融产业园 2 个智能建造示范项目，构建"一平台、六专项"的智能建造体系，实现全国性观摩，为全国推进智能建造发展提供可复制、可推广的"中亿丰经验"贡献力量。

### （一）搭建数字住建平台助推区域工程建设透明化监管

中亿丰协助相城区搭建相城区一体化数字住建平台，引入了多种数字化设备、设施和应用系统，不仅应用于中亿丰在建项目，还快速对接相城区内的 400 余项建筑工程项目，帮助主管部门实现区内工程从注册报监、告知交底到启动监督等流程标准化，通过在事前健全信用承诺制度、拓展信用报告应用，在事中通过现场无纸化开单记录信用行为、进行信用风险预警、实施信用分级分类监管，在事后开展追究违法失信责任，大大提高监管部门对辖区内项目的监督执法效率。同时，中亿丰帮助主管部门搭建监管系统，以项目全生命周期为对象，设计阶段开展 BIM 审查，联动苏州市图审中心，加快工程前期报批报建，施工阶段实行 BIM 监管，以管控指标为核心，形成管控与监测并重，竣工阶段开展 BIM 归档，实现工程数字化交付，建立相城区 BIM 模型数据中心，使相城区建筑业市场在开展智能建造相关工作上更为规范。

## （二）长三角国际研发社区启动区二期助推苏州市示范项目建设

长三角国际研发社区启动区二期项目通过建立项目级产业互联网平台，整合 BIM 数字一体化设计、智慧工地、机器人、部品部件、产业互联网、数字交付与运维，实现项目建设数据智能采集、项目智能管理、资源智能调度，保障进度按期推进，观摩工作如期完成。

在 BIM 数字一体化设计应用方面，综合应用 BIM 技术服务建筑工程项目设计、施工、运维等阶段，打造设计—建造—交付—运维全过程数字化衔接的集成体系，通过 BIM ＋ AR 技术确保现场和模型一致性，建立各阶段各专业数字化模型，实现一模到底的应用，提高工程质量与沟通效率的新型全生命周期 BIM 应用。

在部品部件智能生产方面，通过传递 BIM 设计数据到工厂，基于智能建造运管平台实现与嘉盛 PC 叠合板、城亿绿建陶粒板、罗普斯金型钢、新亿泰混凝土等工厂建立数据连接，通过二维码实现从构件订单、生产、运输、现场安装全流程管控。

在智能施工管理方面，通过智慧工地管理平台实现"人、机、料、法、环"等要素的数据采集，实现工地绿色施工；并通过集成中亿丰企业管理平台，实现对项目合同、成本、质量安全、物资等项目管理；本项目同步打通项目级智慧工地平台与企业级智慧工地管理平台、政府级项目监管平台，实现工地现场政企项数据连通，实现数据三级联动，通过智能化系统应用，实现现场安全无死角监控。

在建筑机器人及智能装备方面，项目运用 12 款建筑机器人针对地面、墙板工序，完成地面从整平到抹光，墙面从放线到喷涂，实现两道工序全覆盖，通过无人值守升降机系统，实现机器人自主运送，通过打造 Raas 系统，实现机器人作业状态实时监控、作业进出场集中管理、操作人员统一调配。

在数字交付与运维方面，严格按照相城区数字交付与运维标准，搭建数字交付与运维平台，实现对建筑视频、设备、楼宇自控等软硬件系统数字化集成，提升项目智能化水平，让业主真正感受到智能化带来的便捷。

### （三）相城区数字金融产业园实现项目高质量交付

相城区数字金融产业园从"数据驱动""以人为本""绿色低碳"三大场景切入，以"数字设计、智能生产、智慧施工、智能装备、产业互联网及智慧运维"六大维度为着力点，将 51 项技术在试点项目中进行了深度应用，针对性地解决参数化设计、构件生产信息追溯、施工作业"危、繁、脏、重"、项目业财一体化管理、数字孪生建筑信息模型交付等行业痛点。

在 BIM 数字一体化设计应用方面，项目通过 BIM ＋ VR 辅助设计，主要解决了 $850m^2$ 超大复杂能源站综合管线深化设计；基于 BIM 的算量造价分析，控制项目成本，并通过 BIM 技术解决了 2 幢塔楼复杂坑中坑的放样及算量工作；通过中亿丰智能建造运管平台，以项目 BIM 策划为基准，对过程 BIM 应用点及时进行跟踪管理，通过碰撞检查、工艺模拟实现图纸、模型、进度、应用点管理，助力 BIM 技术的应用落地。

在部品部件智能生产方面，通过基于 BIM 的构件拆分及参数化设计，在塔楼叠合板深化设计阶段，运用 BIM ＋工具，通过参数化设计完成叠合板的自动拆分，根据生成的拆分模型，基于深化规则，一键绘制叠合楼板的构件详图，导出生产所需的 BOM（物料清单），包含混凝土强度等级、钢筋用量等生产数据信息，向工厂同步传递生产数据，实现 BIM 模型数据从设计端到工厂端打通。

在智能施工管理方面，使用大体积混凝土自动测温系统，对基础内外部以及进出水管进行测温记录，密切监视温差波动，以指导混凝土的养护工作，解决工程核心筒大体积混凝土施工难题。通过智能爬架安全监测系统及非接触式形变监测系统，对 A、B 塔楼爬架提升过程同步性监测、工作状态平衡性监测，实现爬架提升过程毫米级的实时监测，进行爬架提升实时监测预警。

在建筑机器人及智能装备方面，项目应用多款新型智能装备，应用范围涵盖工程建设的多个环节。其中，混凝土工程机器人作业面积 10000m² 以上，达到单项工程量的 70%，项目通过无人叉车短拨、AVG 运输车与智能施工升降机联动，率先实现运输机器人自动定位和导航、路径规划、独立自主呼梯乘梯上下楼搬运作业，提高智能施工升降机的运输效率，为后续墙板进楼层积累了技术基础。

## 三、中亿丰智能建造成果

**实现项目数字化交付，提升工程履约能力。** 通过以关键工序、共性技术为基础，打造"一平台六推进"的智能建造体系（图 1），从智能建造"一平台六推进"七个角度来实现建筑行业的"加减乘除"，智能建造诠释建筑产业的"高质量发展"，其中"提质增效、节本降耗"是企业的生存根本，"价值创新、生态共赢"则是企业可持续健康发展的必由之路，通过智能建造技术加持，企业建造能力大为提升，为工程履约提供了极好的技术保障。

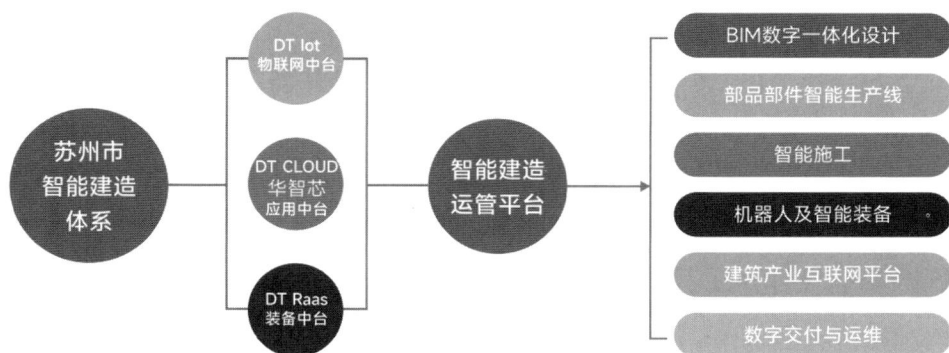

图 1　智能建造体系

**为业主实现项目建设降本增效**。通过 BIM、无人机等技术的实施，将检测出的碰撞问题反馈给业主，通过 BIM 碰撞检测避免施工过程中碰撞问题，从而提高施工质量和工期，节省成本造价。通过智能建造运管平台的应用，实现项目管理系统化集成，提高管理效率 15%～20%，降低建筑成本，提高企业的生产效率和管理水平。智能建造的建筑机器人技术，能够减少施工人员的操作时间和劳动强度，提高施工效率进而缩短建筑工期。通过数字化交付和运维，将建立空调、照明等方面的智能控制系统，与传统建筑相比，可节能 15%～30%，经济效益可观。

**推进苏州市智能建造示范项目观摩，创造良好的社会品牌效应**。2023年3月13日至14日，江苏省住建厅党组书记费少云带队赴相城区，专题调研相城区智能建造及特色田园乡村建设工作。2023 年 3 月 23 日，住房和城乡建设部建筑市场监管司司长曾宪新一行及 21 个省级住房和城乡建设主管部门、24 个智能建造试点城市的有关负责同志，莅临由中亿丰建设的长三角国际研发社区启动区二期项目观摩智能建造相关工作。通过示范项目观摩的举行，为行业带来了建造新理念，为诚信建造提供可复制的经验。

## 四、未来智能建造的规划和畅想

乘智而上、建造未来，智能建造要做的远不如此，站在新的历史起点，中亿丰将会继续坚持科技引领，勇于担当，继续加大对 BIM、物联网、人工智能等智能建造关键技术的研发力度，提升企业实力，智造精品工程，为业主提供全方位技术服务和支撑，提高工程设计、施工和维护的效率和质量，为城市转型探索出路、为未来发展塑造价值、为行业高质量发展贡献力量。

# 开源节流 提质增效
# 奋力谱写企业高质量发展新篇章

王莉莉 张 隆 黄 诚

## 一、案例背景

经济从高速增长阶段转向高质量发展阶段是中国特色社会主义迈入新时代的鲜明特征，而经济高质量发展归根结底需要通过企业高质量发展予以实现。高质量发展在相当长一段时间将成为中国经济发展的重大战略方向，随之而来的质量变革、效率变革和动力变革则成为中国经济发展"补短板"的重点。

"高质量发展"虽然是以宏观层面的经济高质量发展为缘起而提出，但是它必然也涵盖中观层面的产业高质量发展和微观层面的企业高质量发展，形成贯穿微观、中观和宏观的高质量发展完整体系。企业是宏观经济发展的微观主体，是中观产业发展的基本组织，经济高质量发展归根结底需要通过企业高质量发展予以实现。无论是推动经济发展方式转变、经济结构优化和增长动力转换，还是实施质量变革、效率变革和动力变革，都离不开企业的主体性作用，其成功与否的关键在于企业，在于能否实现企业高质量发展。

近几年来，由于新冠疫情的影响和房地产行业的冲击，建筑产业内外部环境正在变得严峻和复杂，建筑企业转型改革刻不容缓。江苏鸿升建设集团有限公司（简称"公司"）自复工复产以来，在全体员工的共同努力下，积极推进业务承揽和项目建设，经营情况持续向好。鉴于市场经济形势发生变化，集团公司及时调整经营策略，围绕"开源节流、提质增效"的方针开展各项工作，集团上下思想理念高度统一，工作步调趋于一致，通过精细化管理，运用信息技术，积极推动企业管理和各项生产经营工作步入程序化、规范化、制度化的运行轨道。

## 二、主要做法

1. 持续实施品牌打造工程，兼容并蓄，内外兼修。保持了集团公司持续、稳定的发展态势。以质量和诚信抢占市场，加强工程质量安全管理。努力做到做一个项目，树一个精品，获一方信誉，占一个市场。不断夯实品牌基础，全面提升品牌形象和核心竞争力，推动品牌新发展，促进公司的持续、稳定、快速发展。

2. 通过优化经营布局，逐步打造"多点开花"新格局，形成市场与业务双增长，并积极加强与大型设计企业、房地产企业的深度合作，在细分市场的同时抢占领先优势。每到一个新市场，一切都是陌生的，这就势必要求我们着力发展特色，培植优势、巩固强项，敢于在承建"高、新、精、尖、特"等项目上下功夫，打造真正属于自己的品牌，逐步提升集团公司的总体竞争实力。

3. 为了实现安全质量目标，严密控制各个工作环节，理顺工作过程，细分工作职责，明确目标任务，使企业管理进一步走向规范化。通过数字化、信息化系统的运行，将原先滞后的工作流程大为简化，实现了标准化工作流程；通过工程项目签约授旗，强化了过程管理，提高了工作效率，实现了企业人、财、物等核心信息的综合平衡和优化管理，提高了精细化管理水平。

4. 加大技术创新和研发投入。高投入研发使得鸿升建设集团在技术方面保持领先，推动企业高质量发展，提升了在行业内的核心竞争力。

## 三、主要成效

形成了以建筑装饰、建筑幕墙设计与施工为主导，融合建筑工程总承包、市政工程总承包、建筑机电安装、消防设施、电子与智能化、钢结构、特种工程（结构补强），展览馆设计与施工壹级以及博物馆展览陈列工程及金属门窗产品系列化发展，相互促进、相辅相成的特色经营格局。

承建的工程先后获得行业的多项荣誉——近三年获得"中国建筑工程装饰奖"27项、"全国建筑行业科技示范工程奖"9项、"全国建筑行业科技创新成果奖"13项目、"江苏省优质工程奖'扬子杯'"6项、"江苏省标化星级工地"10项等；现持有70余项国家专利和新型实用专利，参编多项行业标准，为国家级高新技术企业和公司发展奠定了基础。

公司连续多年被评为中国建筑装饰百强企业、中国建筑幕墙50强企业，多次获评江苏省建筑业百强企业、守合同重信用企业。在最新发布的2021年度中国建筑装饰行业综合数据统计中，公司在全国幕墙类排名14名，装饰类排名49名、设计类排名49名。

## 四、经验启示

第一是质量，质量是企业高质量发展的基石，关系到企业的盈利和发展，乃至生死存亡。这些年，鸿升建设集团不断发展，工程项目增加以及施工地域不断扩展，工程质量管理任务日益加大。我们始终不忘建筑人的初心，牢固树立"质量第一"的思想，把确保工程建设质量作为企业生产的重中之重。

第二是创新，创新是企业高质量发展的动力，能够使自己的企业在市场竞争中处于优势地位。通过创新能够带来理念的转变、技术的更迭、管理的提升。随着新材料、新工艺、新技术的不断涌现，建筑工程逐步向节能、环保、智能化、高技术方向发展，建筑、装饰、幕墙部品工业化、标准化水平不断提高。我们将坚定实施创新驱动发展战略，建立以企业为主体、市场为导向、产学研深度融合的技术创新体系，强化知识产权创造、保护、运用，打造新的创新链、价值链、生态链，不断提升自身的核心竞争力和企业间合作的质量，在经济竞争中携手抢占新的制高点。

第三是效率，效率是企业高质量发展的核心，如何高质量发展，效率是一个重要方面。效率高，成本就低，在市场竞争中，效益就好，并且还能拥有最为宝贵的话语权。提升效率的手段在于信息化技术的应用。在建筑工程中应用信息技术，可以不断优化其管理环节和管理模式，从而使管理人员准确地掌握施工情况，以便对建筑工程实时监督与控制。如果项目出现问题，可以准确而及时地进行解决，从而为工程的顺利实施奠定基础，在确保质量的同时，节约成本，从而达到降本增效的目的。

第四是持续，可持续发展是企业高质量发展的基本要求，人才是企业可持续发展的不竭资源。企业发展的背后是源于员工的成长，表现形式则是人才充足、后备干部成长迅速，也正是人才的不断涌现给企业发展带来了源源动力。要想人才旺，就需要营造好的成长发展环境和氛围，塑造优秀的文化传承。

第五是共享，共享是企业高质量发展的助推剂。在国家大力倡导供给侧结构性改革、建筑产业化发展、发展绿色建造方式等政策背景下，给建筑行业带来了天翻地覆的变化。一个人走得很快，一群人才会走得更远，搭建起行业间产品、信息、技术、资源交流互通、共享发展的高端平台，将助推建筑产业规模做大、质量做优、市场做强，实现经济效益和社会效益同步提升。

王莉莉　江苏鸿升建设集团有限公司董事长
张　隆　江苏鸿升建设集团有限公司总经理
黄　诚　江苏鸿升建设集团有限公司行政经理

# 书写龙海速度　彰显民企担当

扬州市龙海建筑安装工程有限公司永辉纺织项目建设侧记

王朝柱

2022 年 11 月 28 日，扬州市龙海建筑安装工程有限公司承建的扬州永辉纺织科技生产车间一、二、三项目顺利通过竣工验收，确保了业主 2023 年 1 月投产计划的实现。永辉纺织科技公司负责人竖起大拇指兴奋地说到："我们万万没有想到，16 万多平方米的厂房项目真的 7 个月就能竣工，龙海人用行动书写了龙海速度，用实力彰显了民企担当！龙海建安真的了不起！"

## 一、坚定信心，大胆承接挑战项目

2022 年 4 月初，正当传艺智纬项目工程处于紧锣密鼓施工之际，龙海建安公司又承接到"2022 年本市重点项目工程"永辉纺织科技厂房施工项目。永辉纺织科技厂房施工项目工程量为车间一、二、三，总施工面积为 16.53 万 $m^2$，合同价为 1.98 亿元，2022 年 4 月底开工，2023 年 7 月 16 日竣工，工期 445 天。施工合同签订后不到 10 天，业主出于 2023 年 1 月要开工投产的目的，突然提出缩短工期要求，2022 年 12 月 30 日竣工，工期缩短至 240 天。业主的要求给公司带来了一大难题：一边是 30 万 $m^2$ 的传艺智纬项目施工进度仅完成 40%，一边是 16 万多平方米的永辉纺织科技厂房 12 月底要竣工交付，要确保两边施工进度施工力量都要兼顾。带着这个问题，公司召开了由项目经理以上人员参加的专题研讨会，在集思广益的基础上，董事长倪德富同志最终拍板：多年的施工证明，我们龙海建安是一支特别能战斗的队伍，业主之所以选择我们，是因为相信我们，我们必须树立业主至上观念，不管难度多大，在确保传艺智纬项目序时进度的同时，集中优势兵力，苦干加巧干，坚定必胜信心，确保永辉业主提出的 2022 年 12 月底竣工目标。

## 二、精心筹划，确保工程有序进行

为确保项目目标的落实，公司精心筹划、周密部署，从组织管理、项目资金等方面加以重点保障，举公司之力，调遣精兵强将为项目工程强力推进提供了重要支撑。

**1. 组建优秀的班子。**能不能把项目做好，管理与技术固然重要，但建筑行业的决定因素还是在于人。公司领导经认真研究，决定由指挥能力、敬业精神较强、管理经验丰富的直属项目部经理、公司党支部副书记曹士平同志担任项目部经理。同时确定本项目由施工能力较强、技术过硬的公司直属项目部和两个附属项目部负责施工承建。曹士平同志接到任务后，迅速带领相关人员进场勘查，在确定该工程主要工程量的基础上，精心编制施工方案，制定进度控制管理的主要节点完成时间，并据此拟定各工种在基础、主体、二次结构及装饰阶段所需投入的劳动力、材料及机械数量计划。谋定而后动，厚积而薄发，这些工作的提前谋划为后期项目高效推进打下了坚实基础。

**2. 攻坚克难保工期。**永辉纺织科技工程项目在施工过程中先后遇到了两只"拦路虎"：第一只"拦路虎"是刚刚进入正式施工之际，新冠疫情再次爆发，因疫情道路封闭，导致施工人员和物资无法进入施工场地。为确保防疫、施工两不误，项目部负责人积极投入到疫情防控战斗，并按疫情防控指挥部要求，对施工现场实行封闭式管理，只设置一个出入口，并安排 3 名防疫人员配合门卫，在出入口专职登记进出人员的体温及行程码、健康码两码合一检查，发放医用口罩；每天对工地出入口、办公区、生活区和施工区进行消毒；对外来职工提供 14 天隔离住宿区，在隔离期满后转至工地务工；对材料运输提前向防疫部门报备，保证了材料运输及时充足。由于严防死守，防控措施得力，整个施工过程没有一个人感染新冠病毒，为项目序时推进提供了可靠保障。第二只"拦路虎"是7—9月连续炎热高温，白天无法施工。为了抢工期、保序时，项目部管理人员及现场800多名作业人员早上4点到达工地，上午9点至下午4点前休息，4点继续上班，正常晚上8点下班，遇有特殊情况，还要加班加点到晚上10点甚至12点，高峰期夜间使用照明镝灯高达36盏。整个工地现场始终洋溢着一派龙海人"拼"字当头、日夜合力攻坚氛围。在项目部经理曹士平的正确指挥下，在全体参建人员的共同努力奋斗下，该工程于2022年11月28日顺利通过竣工验收，比业主提出的竣工日期12月30日提前了1个月。2022年永辉纺织科技工程项目部被扬州市主管部门表彰为"优秀项目部"。

## 三、强化管理，确保工程质量创优

施工过程的质量控制是确保施工项目按照设计要求和标准进行施工的重要环节，它的目标是确保施工过程中的每个步骤都达到高质量标准，并且最终交付给业主的成果符合技术要求。为了保证工程质量，在项目施工期间，着重从以下几方面重点控制：

### 1. 原材料质量控制

工程原材料、半成品、构配件的质量是形成工程项目实体质量的基础，对其进行质量控制是实现工程质量的重要环节。为此，我们对所有外购材料，事先按照工程技术规范、设计图纸和其他要求编制了采购质量大纲，作为材料招标的依据，明确参加招标的材料供应商必须是"守合同、重信用"企业。然后根据材料计划和施工需求，组织材料招标，确定供应单位，签订供货合同。材料进场时还需对材料实行"四验"（即自检、互检、交接检、专项检），并做到"三拒收"（材料无出厂质量合格证明文件拒收，材料质量文件与材料不匹配拒收，材料的规格、型号、数量不符合设计及规范要求拒收），在经质量员检验认可合格后，方可在工程施工上使用。

## 2. 施工过程质量控制

在施工过程中质量控制，是保证工程质量的关键。首先制定了工程质量计划对整个工程项目的质量控制进行详细的计划和安排，包括质量控制组织、质量控制措施、质量检查和测试的频率和方法等内容，并明确相关人员的职责和责任；编制施工方案，明确应执行的施工规范和标准，以确保施工过程中的每个步骤都能够按照统一的标准进行操作。其次，为保证工程质量，在整个施工过程中，严格执行样板先行制度，组织施工人员开现场会，观摩样板工序，明确施工工序的操作方法和应达到的质量标准。最后以样板的质量标准进行验收，对不符合样板要求的施工方法坚决予以否定。

## 3. 质量验收控制

项目部建立内部三检制度。施工过程中，每道工序的检查应执行"三检制"，即施工班组自检，项目现场施工员复检，项目部专职质检员终检验收。施工班组对现场施工情况按照图纸、规范要求自行进行检验。通过自检，施工班组及时了解施工情况的质量问题以及工序所处的质量状态，当出现问题时，能及时寻找原因并采取改进措施；项目现场施工技术员在施工班组自检的基础上对施工情况进行检查和抽检即复检，是对自检的监督和补充，能有效防止施工班组因疏忽大意出现的质量问题；终检是由项目质量管理部专职质检人员进行的检验。"三检"均合格后方可申报监理验收，监理签字确认合格后，才能进行下道工序的施工。

总之，项目部在抢抓工期进度的同时，坚持把质量管理放在第一位。建立健全质量管理体系，严格控制施工过程的质量，从方案计划、材料进场、劳务监管、检查评比，层层管控，严格遵守方案先行、技术交底和三检制度，以确保施工过程中的每个步骤都能够按照统一的标准进行操作。在后期工程质量控制方面，更加注重工程收尾与细部处理做精做细。针对防水、防腐、地下水管道等专业性施工，均制定出符合实际要求的施工方案和技术保证措施，确保工程交付后使用功能正常运行。由于层层质量管控到位，工程交付时得到建设单位、监理单位的一致认可，该工程荣获2020年度扬州市市级优质结构工程，永辉项目QC小组《减少石膏抹灰空鼓，提高成品合格率》活动课题获得2022年扬州市建筑业QC活动二等奖，2023年获得市"秦邮杯"优质工程奖。目前该工程的"琼花杯"优质工程奖申报工作正在有条不紊地准备之中。

## 四、强化安全，确保工程文明施工

安全生产是建筑施工中一项重要环节，因此开工之初，项目部就落实了安全责任制，健全了各种安全规章制度，制定了安全操作规程、安全教育记录、班组安全活动记录、安全技术交底、安全检查验收等相关规章，把安全生产与管理落实到每一个环节。对参建人员分别按工种进行进场安全知识教育，日常施工过程中也适时开展经常性安全教育，真正实现让每一个参建人员都把安全生产入脑、入心、入行；特种作业人员一律实行持证上岗。安全员每天保持不停地对工地进行安全巡查，一旦发现违章行为或危险源，第一时间会同班组长进行整改或制止，从而使安全警钟长鸣，参建人员的安全意识显著提升。现场材料分类堆放整齐，对于临时周转材料卸货，做到卸货后立即吊运至施工作业面。拆除的周转材料做到现场堆放材料分规格打包堆放整齐，退场材料及时运离施工场地，确保施工现场均处于安全可控、场容场貌整洁状态，实现了安全与生产齐头并进、规范和现场融为一体，守住了安全生产的底线和红线，本工程从开工到竣工未出现一起安全事故。

为了做好本工程绿色施工工作，从项目进场开始便落实了扬尘防控相关措施：首先将永久性厂区道路路基及沥青面层下层混凝土施工完成，作为施工现场主要道路，既满足了扬尘控制要求又节省了经济成本。其次现场土方施工实行湿作业法，采用移动式雾炮机3台，跟随挖掘机作业，现场土方、渣土和施工垃圾的运输使用密闭式运输车辆，现场出入口处设置冲洗车辆设施，出场时必须将车辆清理干净，不得将泥砂带出现场。另外，对施工现场办公区和生活区的裸露场地进行绿化及防尘网覆盖，现场配置了 2 辆洒水车和全方位覆盖喷淋系统，安排 5 名专职人员随车清扫路面，做到路面保持湿润但不积水，运输遗漏物和垃圾及时清理保持现场整洁。由于安全管理、绿色施工措施到位，该工程荣获 2022 年度扬州市建筑施工文明工地。

星光不问赶路人，时光不负有心人。龙海人在工程量大、工期紧、疫情严重等困难面前，坚持以业主为中心，以特别能吃苦、特别能战斗、特别能奉献的精神，不负众望，打破常规，攻坚克难，将不可能变为可能，最终以优异的成绩向业主提交了一份满意的答卷。

王朝柱　扬州市龙海建筑安装工程有限公司办公室主任